项目资助

国家社科基金教育学青年课题"农村留守儿童情绪智力研究：量表问题、前因、后果及学校支持策略"（CFA130154）

留守儿童情绪智力发展的教育生态系统研究

王树涛 / 著

中国社会科学出版社

图书在版编目（CIP）数据

留守儿童情绪智力发展的教育生态系统研究 / 王树涛著 . —北京：中国社会科学出版社，2021.2
ISBN 978 - 7 - 5203 - 7565 - 8

Ⅰ. ①留… Ⅱ. ①王… Ⅲ. ①农村—儿童教育—研究—中国 Ⅳ. ①G61

中国版本图书馆 CIP 数据核字（2020）第 244151 号

出 版 人	赵剑英	
责任编辑	赵　丽	
责任校对	王佳玉	
责任印制	王　超	

出　　　版	中国社会科学出版社	
社　　　址	北京鼓楼西大街甲 158 号	
邮　　　编	100720	
网　　　址	http://www.csspw.cn	
发 行 部	010 - 84083685	
门 市 部	010 - 84029450	
经　　　销	新华书店及其他书店	

印　　　刷	北京明恒达印务有限公司
装　　　订	廊坊市广阳区广增装订厂
版　　　次	2021 年 2 月第 1 版
印　　　次	2021 年 2 月第 1 次印刷

开　　　本	710 × 1000　1/16
印　　　张	16.5
字　　　数	230 千字
定　　　价	95.00 元

目　　录

第一章　引言

第一节　研究背景

　　20 世纪 80 年代以来，伴随着中国城市化进程的加快，越来越多的农村剩余劳动力流入城市，大量的孩子因为无法随父母流动到城市生活和学习，只好继续留在农村，成为留守儿童。"留守"是农民工大举进城后出现的新称谓，泛指农村剩余劳动力进城务工后，仍然留在农村生活的农民工子女和其他成员的一种特殊生活状态。由于父母一方或双方进入城市，留守儿童长时间与父母不能生活在一起，他们之间的亲子互动受到时间和空间的阻隔，以传统家庭教育为起点的教育体系失去了基础，父母对孩子的情感关爱和教育影响力大大削弱。这使得这些孩子无法享受到正常的亲情关爱，正常情感发展与社会化受到负面影响，出现情感缺失、学习倦怠、道德失范、行为失控甚至犯罪等社会化不良症状，成为社会上不可忽视的弱势群体。

　　在中国，留守儿童的规模是惊人的。2010 年中国第六次人口普查反映，中国有 6102.55 万农村留守儿童，占农村儿童的 37.7%，占中国儿童的 21.88%。五年后，段成荣根据 2015 年全国 1% 人口抽样调查样本数据计算得出，0—17 周岁留守儿童在全国儿童中所占比例为 25.39%，而农村留守儿童在全国儿童中所占比例为 15%。据此推算，2015 年全国留守儿童规模为 6876.6 万，其中农村留守儿童规模为 4051 万。在农村留守儿童中，父母均外出的占 48.09%，其规模为 2641.3 万。[①] 如此大规模的留守儿童，因为长期与父母分离，无法得到很好的家庭监护，其身体和心理的健康状况受到严重威胁。如果这些负性情绪情感没有得到及时疏导和调控，就容易引发各种情绪问题或问题行为，如焦虑、抑郁、打架、自杀等。频繁出现的留守儿童负面报道也十分令人震惊：2015 年 6 月 9 日，贵州毕节 4 名儿童在家中集体喝农药中毒自杀；2015 年 6 月 16 日，湖南衡阳一名留守投毒杀害两名同学；2015 年 10 月 18 日，湖南邵东 3 名留守儿童劫杀老师，最大孩子 13 岁，已读初三……由此可见，近年来的留守儿童之"殇"愈演愈烈。由于长期亲情缺失，他们承受着比物质匮乏更为严峻的精神折磨，精神家园危机重重。"父母在远方，身边无爹娘，读书无人管，心里闷得慌，安全无保障，生活无希望"，这一顺口溜形象而深刻地反映了农村留守儿童糟糕的生活状况。甚至有些留守儿童因长期情感缺失导致情绪抑郁，出现了轻生的念头。有一则报道就描述了一位留守儿童给在长沙打工的母亲频发的"死亡短信"，短信这样说道"我和弟弟一年到头见不到你和爸爸，没人跟我们说话，不知道找谁撒娇，在学校受了委屈也不知道说给谁听……我们哭了你们不知道，笑了你们也不知道，你们总是说你们很忙，我们只有死了，才会引起你们的注意"。[②]

如何保证留守儿童获得充分的关爱，为他们的健康成长创造良好的条件，已经成为中国转型期的一个独特的社会问题，引起社会的广泛关注。国务院颁发的《关于加强农村留守儿童关爱保护工作的意见》明确指出要加大教育部门和学校对留守儿童的关爱保护力度。可见，学校是留守儿童关爱保护体系的重要一环，如何发挥学校的作用以弥补其家庭功能的不足关乎这些孩子的发展及国家的未来。纵览留守儿童的诸多问题与困境，其情绪情感发展问题似乎最为严峻和棘

---

① 段成荣、赖妙华、秦敏：《21 世纪以来我国农村留守儿童变动趋势研究》，《中国青年研究》2017 年第 6 期。

② 李强：《大国空村：农村留守儿童、妇女与老人》，中国经济出版社 2015 年版，第 5 页。

手，也最应成为被关注和服务的重点。情绪智力（Emotional Intelli-gence，EI）是测量个体情绪情感发展的重要指标，指准确地知觉、评价和表达情绪的能力，情绪促进思维的能力，理解情绪和相关知识的能力以及调节情绪以促进理智的能力。Mayer 和 Salovery 提出这一概念以来，它就迅速引起学者们的广泛关注和研究兴趣。尤其是随着情绪智力的作用和意义被越来越多地挖掘，人们普遍地相信情绪智力与认知智力一样，甚至比认知智力更能预测个体的成功。并且幸运的是，情绪智力不像认知智力那样难以改变，在某种程度上更容易被塑造。而学校毫无疑问是除家庭之外个体情绪情感塑造的最重要场所，对于缺少足够家庭支持的留守儿童来讲更是如此，因为入学后他们超过三分之二的觉醒时间是在学校中度过，学校教育及环境可能对其情绪智力发展具有重要作用。[①]

　　人的发展是自身与外界环境系统相互作用的过程。世界是一种关系存在，任何生物都需要不断地与外界环境进行物质循环和能量交换，才能维持自己的生存与发展。个体的情绪智力发展也同样如此，无时无刻不受以个体为中心所构成的微观、中间、外部以及宏观环境的影响。美国著名发展心理学家布朗芬布伦纳将其称为人类发展生态学，并将其界定为"对成长中的有机体与周围动态环境之间相互调适进行研究的科学"。[②] 他认为个体的发展与成长与他/她所感知的环境密切相关，并且复杂的环境系统由近到远地与个体的成长过程相互交互、相互依恋。于是，依据个体内心发展、人际互动以及所处环境之间的互动距离与强度，布朗芬布伦纳将两者的互动关系用同心嵌套圆的结构，由里到外分为了四个系统：微观系统（Microsystems）、中间系统（Meso-systems）、外部系统（Exosystems）以及宏观系统（Macr-osystems）。其中，微观系统是个体可以直接体验的活动、角色和人际

---

① 王树涛：《学校氛围对留守与非留守儿童情绪智力影响的比较及启示》，《现代教育管理》2018 年第 4 期。

② 殷世东、靳玉乐：《回归与运作：生态取向学生发展》，《东北师大学报》（哲学社会科学版）2015 年第 2 期。

关系的系统层次；中间系统是个体所处的两个或两个以上的微观系统要素之间的关系；外部系统是个体不直接接触或参与，影响中间要素或微观要素的系统；宏观系统主要从整个社会环境、文化传统、风俗习惯、意识形态、教育改革、政治政策等宏观背景，影响人们的思维习惯、生活方式、价值体系，进而影响个体内在身心的发展与成长，宏观系统要素影响所有子系统。这就告诉我们同样可以从儿童与他者的交际、儿童受社会文化制度的规约、儿童在时空中的交融等环境系统方面入手，理解留守儿童情绪问题形成的原因。

建构富有情感支持的学校生态系统具有重要的现实意义。在基于证据的教育管理改进思潮下，几个关键的问题尚待实证回应，即当前留守儿童情绪情感发展的教育支持系统现状是怎样的？教育支持系统对留守儿童情绪智力发展具有怎样的影响？什么样的教育支持系统对留守儿童情绪智力发展更具意义？如何构建对留守儿童富有情感关爱的教育支持系统？本书将通过实证的方式对以上问题给予回应。

第二节　文献综述

一　留守儿童问题相关研究

留守儿童是指父母一方或双方外出务工，本人长期留在户籍所在地，不和父母双方共同生活的儿童。这一群体的出现是由于 20 世纪 80 年代以来大量农民工涌入城市却无法带子女一起生活，但直到 1995 年这一群体才开始为人们所关注。20 多年来留守儿童研究由少量关注到成为社会热点，吸引了教育学、心理学、社会学、经济学、法学等多个学科的学者，他们从多个方面进行了全面而深入的研究，取得了大量的研究成果。时至今日，留守儿童仍是社会最关注的群体之一，相关研究方兴未艾。站在新十年的起点上，有必要对过去 20 多年的研究进行回顾和总结，为继续推进该领域更全面而深入的研究助力。

（一）留守儿童问题研究阶段

以留守儿童、留守子女、留守孩为关键词在 CNKI 进行文献搜索，共搜出 3950 篇相关文献，根据这些文献内容进行阶段划分，可以分为以下三个阶段：

1. 1995—2003 年：呼吁期

"留守儿童"这一提法最早出现于 1994 年《视点》杂志，但那时的留守儿童内涵和现在意义上的内涵是不同的，指的是因父母出国而交由祖父母或亲属抚养的儿童。现在意义上的留守儿童最早可查的出现于 1995 年《文汇报》刊登的《留守儿童堪忧》一文，那时农村学校中的留守儿童已经占了相当大的比例，且队伍不断扩大，令人担忧。某些儿童或者"饱受寄人篱下之苦，变得郁郁寡欢，"或者变成骄纵、蛮横的问题儿童。

有学者认为，父母外出打工留下尚未成年的孩子，家庭教育成为空白，使他们成了"父母健在的孤儿"，让他们走上了诸如逃学、打架、偷盗、赌博、酗酒等歪路，成为"问题儿童"和"犯罪儿童"。① 湖南安化县一个镇的一次"严打"中，抓获的 50 名犯罪分子，其中有 20 名为留守青少年。② 这一时期更多是担心留守儿童成为问题孩子，走上犯罪的道路。

但这一阶段，留守儿童的受关注度不及留守女。留守女指由于青壮男劳动力到城市打工，而留下操持家务的女性，她们承担了赡老扶小的家务重任，田头收种的农忙劳动，且常受到骚扰而心生怨恨，怕被抛弃而忧心忡忡，从而产生较重的精神负担。③ 1995—2003 年，关于留守儿童的研究总共只有 42 篇，且多为呼吁性文章，留守儿童问题作为一个社会问题尚未受到足够的重视。

2. 2004—2009 年：活跃期

可见，留守儿童问题很早就出现，但一直没有引起学术界足够的重视。自 2004 年四川省一名留守儿童因父母外出打工无人照顾而出现严重事件被曝光后，作为社会转型背景下的社会新问题，留守儿童

---

① 刘德芳、王寿桢：《请多关心"留守孩子"》，《致富呼声》1996 年第 11 期。
② 胡能灿：《农村"留守孩"呼唤关注》，《农村天地》1997 年第 10 期。
③ 路边：《农村"留守女"的呼唤关注》，《农家之友》1996 年第 8 期。

才开始引起广泛的关注。随着《人民日报》、《光明日报》、中央电视台、新华网等主流媒体的"狂轰式"报道，学界也迅速将目光投向他们。2004年5月底，教育部基础教育司召开了"中国农村留守儿童问题研究"研讨会，这标志着留守儿童问题正式进入政府工作日程，成为留守儿童报道、研究和干预迅速"升温"的重要推力。与此同时，教育部委托中央教科所等研究机构就留守儿童问题展开调研，形成的《农村留守儿童问题调研报告》等成为最早且被频繁引用的一批文献。①

2004—2009年是国内关于留守儿童研究增速最快的一个阶段，2009年的文献量是2004年的近40倍。学者们对留守儿童的概念、规模、地区分布、家庭结构、产生原因、产生影响、社会支持及其对策等多个方面进行了大量的研究，吸引了教育学、心理学、社会学、经济学、法学等多个学科学者的共同参与。虽然看起来呈现"百花齐放""欣欣向荣"的局面，但基于问题的单一视角、研究方法缺乏规范使得该领域研究千篇一律、简单重复，引起了人们的质疑和诟病。

3. 2010—2015年：反思期

此阶段关于留守儿童的研究数量仍在快速增长，但不再如之前阶段那样只是单一的问题视角，而是对研究取向、方法等进行了深刻的反思。首先是研究取向的反思，有学者呼吁以客观的态度关注留守儿童问题，认为我国留守儿童问题被媒体过度渲染，他们对留守儿童入大学后的学习能力、生活适应、人际关系等方面进行了追踪调查，结果发现他们与没有留守经历的同学没有明显差异。② 也有学者认为，留守儿童存在的问题有被夸大趋势，并认为将留守儿童的不良问题简单归咎于父母的外出是不恰当的，留守儿童存在的种种问题其他非留守儿童可能也同样存在。至于为什么会形成问题的取向，有学者认为为了吸引公众注意，媒体进行选择性的议题设置，将复杂问题简单

---

① 吴霓：《农村留守儿童问题调研报告》，《教育研究》2004年第10期。

② 万明钢、毛瑞：《当前我国"留守儿童"研究存在的若干问题》，《西北师大学报》（社会科学版）2010年第7期。

化，并在"焦虑性引导"下强化了留守儿童的问题命题。① 其次是研究方法的反思，有学者认为当前的留守儿童问题研究存在着诸多误区，如在研究设计、资料收集、数据处理和分析过程明显带有先入为主的"问题儿童倾向"，忽略不同留守儿童的群体差异，也并未采取适合的研究范式，使得很多结论互相矛盾。②

从中国留守儿童 20 年的研究历程可以看出，该研究问题的兴起并成为学术热点并非是学术界"内生"的结果，其离不开"媒体—社会—学术界"之间的三角互动，即媒体的爆炸性新闻引发社会尤其是政府的关注，进而推动学术界的介入。可问题是学术界为什么没能成为突出社会问题研究的引领者？学术对现实的观照是否渐行渐远？这值得我们反思。另外，研究取向的单一往往会禁锢研究者的思维，

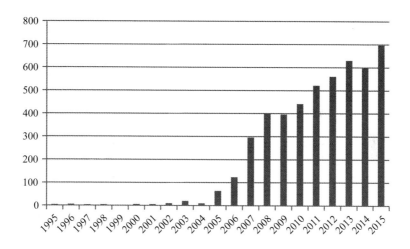

图 1 - 1　1995—2015 年中国留守儿童 20 年研究文献数量统计

使其先入为主地戴着"有色眼镜"去审视研究对象，导致研究结论的信度降低，阻碍了该领域研究的深入进展。

---

① 陈世海：《留守儿童的社会建构：媒介形象的内容分析》，《新闻与传播研究》2012年第 2 期。
② 赵兴民：《农村留守儿童教育问题的实质与解决路径》，《广西师范大学学报》（哲学社会科学版）2011 年第 6 期。

（二）留守儿童问题研究内容

目前国内对留守儿童教育的研究内容主要有以下几个方面：

1. 留守儿童的情绪问题研究

留守儿童情绪问题类型探究。一些研究表明，由于父母教养责任的缺失、监护人监管的不力、社会的不良因素影响等多方面的原因，留守儿童比同龄的非留守儿童群体表现出更多的情绪和行为问题，如自尊感更低，情绪更不稳定，有更强烈的孤独感，社会行为问题更多，人际交往不良等。[①] 也有许多的研究表明，留守经历并不一定导致儿童的情绪和行为问题，相关研究对 2000 多名留守儿童的学习成绩进行了抽样调查，结果表明留守儿童中不乏成绩非常优秀的个体。[②] 另有多项研究表明留守儿童和非留守儿童整体的心理健康状况并不存在显著的差异，[③④⑤] 甚至不存在主观幸福感等积极情感的差异。[⑥]

留守儿童情绪问题原因探究。（1）留守儿童自身因素。首先是人口学因素。有研究从性别、年龄、是否独生子女等人口学资料对留守儿童进行简单归类。[⑦] 其次是学业成绩因素。有研究显示学业成绩和学业困难程度对留守儿童孤独感有显著影响。学习成绩较差往往会受到父母的责骂，可能会引起恐惧、焦虑、激越等不良情绪。

[①] 罗静、王薇、高文斌：《中国留守儿童研究述评》，《心理科学进展》2009 年第 5 期。

[②] 叶敬忠、王伊欢、张克云、陆继霞：《对留守儿童问题的研究综述》，《农业经济问题》2005 年第 10 期。

[③] 何资桥、曹中平、刘永刚、李子鹏、谢兴华：《湖南农村"留守孩"心理健康状况调查分析》，《中国健康教育》2006 年第 6 期。

[④] 胡心怡、刘霞、申继亮、范兴华：《社会支持、应对方式对留守儿童心理健康的影响》，《第十一届全国心理学学术会议论文摘要集》2007 年 11 月 1 日。

[⑤] 张若男、张丽锦、盖笑松：《农村留守儿童是否有心理健康问题?》，《中国心理卫生杂志》2009 年第 6 期。

[⑥] 陈亮、张丽锦、沈杰：《亲子关系对农村留守儿童主观幸福感的影响》，《中国特殊教育》2009 年第 3 期。

[⑦] 罗静、王薇、高文斌：《中国留守儿童研究述评》，《心理科学进展》2009 年第 5 期。

父母外出务工使得留守儿童学业成功或失败时，父母较少有机会采取直接有效的方式给予鼓励、奖赏或正确引导。（2）父母外出时间因素。有研究显示父母在孩子越小时外出打工对留守儿童的焦虑水平影响越大。长期亲子分离使得留守儿童呈现出一种紧张、不确定感状态，使得留守儿童表现出一种较高的焦虑特质。（3）监护类型因素。有学者将留守儿童划分为三类：其一是隔代监护型，即由祖辈抚养的监护方式；其二是上代监护型，是指由儿童父母的同辈人（亲戚或朋友）来监护的方式；其三是自我监护型，即由留守儿童自己管理自己。段成荣和周福林[1]把留守儿童分为父外留守、母外留守、隔代留守和单独留守等类型。范兴华和方晓义[2]从监护类型对留守儿童进行分类，认为祖辈监护或单亲监护的儿童问题行为更多。凌辉等[3]的研究从分离年龄和留守时间把留守儿童分为幼年期留守和非幼年期留守两种类型。（4）教育因素。有学者认为，农村学校教育存在诸如课程体制、目标、结构、内容等与农村实际脱节现象，在实施教育过程中由于种种原因无暇更多关注留守儿童，加之，普遍片面追求学习成绩的倾向，势必会影响留守儿童的全面发展。[4] 另有学者通过调查指出，农村留守儿童教育实际上与农村基础教育存在的其他问题如师资力量薄弱、班级过大、办学条件差等相互交织，并相互影响[5]。有学者指出由于受到城乡分割的二元社会经济结构和自身经济条件的限制，那些进城务工的青壮年农民工很难解决子女

① 段成荣、周福林：《我国留守儿童状况研究》，《人口研究》2005年第1期。
② 范兴华、方晓义：《不同监护类型留守儿童与一般儿童问题行为比较》，《中国临床心理学杂志》2010年第2期。
③ 凌辉、张建人、钟妮、易艳、周立健、洪婉妍、文晶：《留守儿童的孤独感与友谊质量及社交地位的关系》，《中国临床心理学杂志》2012年第6期。
④ 叶敬忠、王伊欢、张克云、陆继霞：《对留守儿童问题的研究综述》，《农业经济问题》2005年第10期。
⑤ 周宗奎：《农村留守儿童心理发展与教育问题》，《北京师范大学学报》（社会科学版）2005年第1期。

在城市接受教育的问题。① （5）宏观社会因素。有学者指出，留守很大程度上是由于农村父母认为家庭经济压力大想继续增加收入，从而选择外出打工或经商。但城乡二元结构使进城的农民工无法长期将子女带在身边给予照顾，或者农民工无法承担高额随迁成本，这些都成为留守儿童这一群体产生的背景。② 另有学者指出，留守儿童实际是"三农"问题的衍生物。③ 有学者对"留守子女"问题进行了社会和政策因素分析，认为从家庭这个微观单位来看，留守儿童是由经济结构转换引起家庭功能失调或错位所致。同时，他指出留守子女问题源于转型期的特殊性，是传统体制的滞后性在转型期的突出表现。④

2. 留守儿童的教育问题研究

父母外出打工对留守儿童学业成绩影响的研究。蒋忠等⑤最早提出了留守儿童的学习成绩与父母的分居有直接关联。有学者选取了江西、湖南、河南三省的初中二年级和小学四年级学生作为调查对象，研究结果发现父母外出打工的儿童与父母在家的儿童相比学习成绩并没有差异。⑥ 另有学者通过对四川某乡镇中心小学的调研，指出91名留守儿童中，仅有3%的人成绩优秀，10%的人成绩较好，42%的人学习成绩中等偏下，45%的人成绩较差。⑦ 有学者指出，留守儿童长

① 杨菊华、段成荣：《农村地区流动儿童、留守儿童和其他儿童教育机会比较研究》，《人口研究》2008年第1期。

② 王艳波、吴新林：《农村"留守孩"现象个案调查报告》，《青年探索》2003年第4期。

③ 齐学红：《质的研究与生活世界的重建》，《南阳师范学院学报》（社会科学版）2004年第10期。

④ 彭大鹏、赵俊清：《农村"留守子女"问题之社会和政策因素分析》，《基础教育参考》2005年第1期。

⑤ 蒋忠、柏跃斌：《"民工潮"下的农村家庭教育现状及思考》，《江西教育科研》1998年第3期。

⑥ 朱科蓉、李春景、周淑琴：《农村"留守子女"学习状况分析与建议》，《教育科学》2002年第4期。

⑦ 吴永胜、喻本云：《父母离了乡，孩子怎么办》，《光明日报》2004年5月13日第B1版。

辈自身的文化水平不高，以致对留守儿童本身的学习介入过少导致他们学习问题的出现。一方面，父母外出打工的家庭中，隔代监护人的文化水平相对较低，无法对儿童的学习进行辅导；另一方面，父母一方在家的家庭中，留在家里的父亲或母亲由于承担了全部的家务和田间工作，没有时间去关注孩子的学习。有学者认为监护权的缺失是造成留守儿童学习不好的直接原因。另有学者也指出，留守儿童的监护人的特点给留守儿童的学习造成一定影响，导致留守儿童学习心理负担重，成绩难以提高，许多留守儿童成绩停滞不前甚至下降。[1] 另有学者通过调查认为，父母外出打工的留守儿童大多数能体谅父母的艰辛，并将对父母的思念、感激变为学习动力，学习自觉、上进、表现良好。

留守儿童的教育支持问题研究。目前对留守儿童教育支持的研究还相对较少，学者们已经认识到对留守儿童而言，由于家庭教育功能的弱化，需要政府、学校、社区、媒体、公益组织来不断完善、弥补或补救。大部分学者按照支持源来提出相应观点，缺乏系统性以及理论的深度观照。具体如下（表1-1）。

表1-1　　　　　　　　　　支持源及相关观点

支持源	观点
政府支持	发展经济，促进农民工回流[2][3][4][5]

① 范先佐：《农村"留守儿童"教育面临的问题及对策》，《国家教育行政学院学报》2005年第7期。
② 许传新：《"留守儿童"教育的社会支持因素分析》，《中国青年研究》2007年第9期。
③ 季彩君：《基于实证调查的留守儿童教育支持研究——以苏中X地区为例》，《全球教育展望》2016年第3期。
④ 李敏、陈道发：《社会支持理论视域下农村留守儿童的教育问题研究》，《教学与管理》2015年第18期。
⑤ 左鹏、史金玲：《农村留守儿童的成长障碍与社会支持系统构建——来自四川W县的调查》，《北京科技大学学报》（社会科学版）2010年第1期。

续表

支持源	观点
政府支持	制定支持性政策、制度、法律①②③④
	协调各部门，加强服务⑤
学校支持	改善寄宿条件⑥⑦
	"代理家长"制度⑧
	加强与家长联系⑨⑩⑪
	城市学校放宽入学门槛，变留守为流动⑫
	丰富课余生活⑬
	建立成长档案⑭

---

① 许传新：《"留守儿童"教育的社会支持因素分析》，《中国青年研究》2007 年第 9 期。

② 殷世东、朱明山：《农村留守儿童教育社会支持体系的构建——基于皖北农村留守儿童教育问题的调查与思考》，《中国教育学刊》2006 年第 2 期。

③ 季彩君：《基于实证调查的留守儿童教育支持研究——以苏中 X 地区为例》，《全球教育展望》2016 年第 3 期。

④ 李敏、陈道发：《社会支持理论视域下农村留守儿童的教育问题研究》，《教学与管理》2015 年第 18 期。

⑤ 许传新：《"留守儿童"教育的社会支持因素分析》，《中国青年研究》2007 年第 9 期。

⑥ 殷世东、朱明山：《农村留守儿童教育社会支持体系的构建——基于皖北农村留守儿童教育问题的调查与思考》，《中国教育学刊》2006 年第 2 期。

⑦ 左鹏、史金玲：《农村留守儿童的成长障碍与社会支持系统构建——来自四川 W 县的调查》，《北京科技大学学报》（社会科学版）2010 年第 1 期。

⑧ 左鹏、史金玲：《农村留守儿童的成长障碍与社会支持系统构建——来自四川 W 县的调查》，《北京科技大学学报》（社会科学版）2010 年第 1 期。

⑨ 殷世东、朱明山：《农村留守儿童教育社会支持体系的构建——基于皖北农村留守儿童教育问题的调查与思考》，《中国教育学刊》2006 年第 2 期。

⑩ 梁富荣：《农村留守儿童教育的社会支持网络探讨》，《文史博览（理论）》2012 年第 11 期。

⑪ 左鹏、史金玲：《农村留守儿童的成长障碍与社会支持系统构建——来自四川 W 县的调查》，《北京科技大学学报》（社会科学版）2010 年第 1 期。

⑫ 许传新：《"留守儿童"教育的社会支持因素分析》，《中国青年研究》2007 年第 9 期。

⑬ 李敏、陈道发：《社会支持理论视域下农村留守儿童的教育问题研究》，《教学与管理》2015 年第 18 期。

⑭ 李敏、陈道发：《社会支持理论视域下农村留守儿童的教育问题研究》，《教学与管理》2015 年第 18 期。

续表

支持源	观点
社区支持	设立关爱机构①
	改善社区环境②
	整合资源，举办各种支持活动③
	"代理家长"④
家庭支持	加强与学校联系⑤⑥
	外出父母加强与留守儿童沟通⑦
	加强祖辈、亲属监护⑧⑨⑩
媒体支持	舆论塑造⑪⑫
公益组织支持	开展爱心活动⑬

———————————

① 殷世东、朱明山：《农村留守儿童教育社会支持体系的构建——基于皖北农村留守儿童教育问题的调查与思考》，《中国教育学刊》2006 年第 2 期。

② 李敏、陈道发：《社会支持理论视域下农村留守儿童的教育问题研究》，《教学与管理》2015 年第 18 期。

③ 黄颖、叶敬忠：《家长学校在留守儿童教育中的作用研究——基于四川 Q 县农村中小学家长学校的调查》，《中小学管理》2007 年第 9 期。

④ 左鹏、史金玲：《农村留守儿童的成长障碍与社会支持系统构建——来自四川 W 县的调查》，《北京科技大学学报》（社会科学版）2010 年第 1 期。

⑤ 殷世东、朱明山：《农村留守儿童教育社会支持体系的构建——基于皖北农村留守儿童教育问题的调查与思考》，《中国教育学刊》2006 年第 2 期。

⑥ 李敏、陈道发：《社会支持理论视域下农村留守儿童的教育问题研究》，《教学与管理》2015 年第 18 期。

⑦ 李敏、陈道发：《社会支持理论视域下农村留守儿童的教育问题研究》，《教学与管理》2015 年第 18 期。

⑧ 季彩君：《基于实证调查的留守儿童教育支持研究——以苏中 X 地区为例》，《全球教育展望》2016 年第 3 期。

⑨ 李敏、陈道发：《社会支持理论视域下农村留守儿童的教育问题研究》，《教学与管理》2015 年第 18 期。

⑩ 左鹏、史金玲：《农村留守儿童的成长障碍与社会支持系统构建——来自四川 W 县的调查》，《北京科技大学学报》（社会科学版）2010 年第 1 期。

⑪ 李敏、陈道发：《社会支持理论视域下农村留守儿童的教育问题研究》，《教学与管理》2015 年第 18 期。

⑫ 许传新：《"留守儿童"教育的社会支持因素分析》，《中国青年研究》2007 年第 9 期。

⑬ 李敏、陈道发：《社会支持理论视域下农村留守儿童的教育问题研究》，《教学与管理》2015 年第 18 期。

3. 留守儿童的问题行为研究

农村留守儿童的代养人大多数为祖辈，由于代养人文化水平和教育能力低下，对留守孩的教育不利，留守孩在学校外的行为是代养人和学校都难以控制的。外部不良因素的影响，使这群缺少父母管教的孩子在行为方面容易出格，影响留守孩身心的健康发展，而且在一定程度上扰乱了社会治安。有学者指出，在隔代教育中，祖辈们较多地采用溺爱的管教方式，只求物质、生活上的满足，而缺少精神和道德上的管束和引导。同时，祖辈们在孩子的行为习惯方面即使明知不对，也大多持一种宽容甚至放任的态度，从而导致孩子"骄娇"二气严重，养成放任甚至放纵的性格特点。①② 有学者在研究中指出，留守儿童操行得分等级为"差"的比例明显高于其他儿童③。另有学者指出，农村劳动力外出务工给留守儿童的影响是多方位的，但总体来说，负面影响相对较大。④ 还有学者通过对留守儿童和非留守儿童社会行为的比对研究发现，父母外出对低年级儿童的社会交往活动及社交技能的负面效应较大，而对初中学生的社会交往行为及社交技能并无显著影响。由于父母不在身边，监护人困于传统伦理道德纲常的束缚，很少给留守儿童青春期性教育的相关知识，其边缘性行为以及实质性行为发生概率增加。因此，留守儿童青春期性教育应当引起家庭、学校、社会和地方政府的高度重视。⑤ 另有学者通过对我国农村劳动力输出最为集中的安徽、河南、湖南、江西和四川五个省多名留守儿童及其他相关群体进行深入的实地调查，指出留守女童当中，有些要经常干家务，要经常或者不时地照料同样留守在家的爷爷奶奶或

---

① 龚建平：《浅谈农村留守学生的家庭教育问题》，《四川教育学院学报》2004 年第 8 期。

② 何奕敏：《加强对农村"留守幼儿"的教育》，《学前教育研究》2004 年第 6 期。

③ 张艳萍：《农村"留守子女"的教育问题及对策研究》，《当代教育科学》2005 年第 13 期。

④ 叶敬忠、王伊欢、张克云、陆继霞：《对留守儿童问题的研究综述》，《农业经济问题》2005 年第 10 期。

⑤ 蒋平：《从学习习惯不良看农村留守儿童教育之困惑》，《北京青年政治学院学报》2008 年第 3 期。

其他监护人,对家人进行"逆向监护"。①

(三)留守儿童问题研究方法

对钟秉林教授的教育研究方法分类②进行简化,提出包含思辨研究、调查研究、历史研究、比较研究和实验研究五个类别的分析框架。对 3950 篇留守儿童研究文献的研究方法进行统计分析,结果发现留守儿童研究:

1. 以思辨研究为主,调查研究也占较大比例

从图 1-2 中我们可以看出,近 20 年关于留守儿童的研究主要以思辨研究和调查研究为主,其中思辨研究占总研究的 70.72%,每年的研究占总研究的比例也基本维持在 70% 左右。这说明思辨研究一直是留守儿童研究的最主要研究方法,在这些研究中又主要以经验总结与分析为主,占总思辨研究的 82.31%,真正通过理论视角进行深入透视的研究是少数。调查研究占总研究的比例为 27.06%,近些年虽然呈现略微下降的趋势,但也基本维持在 23% 以上,这些研究中又主要以问卷调查为主,占总调查研究的 95.86%,只有 4.14% 的研究为个案调查。

2. 实验研究缓慢增长,研究设计有待加强

由图 1-2 可见,实验研究呈现缓慢上升的趋势,但未超过 4%。实验研究涉及留守儿童的身体、心理、教育等多个方面。例如有学者选择两所寄宿制留守儿童学校为实验对象,以活动为载体,从"4+1"层面对留守儿童实施培养干预,结果表明留守儿童的心理健康水平的前后测定结果存在显著性差异,以此说明"4+1"模式的有效性。③另有学者的研究设置了实验组与对照组,④对亲子活动与留守

---

① 叶敬忠:《农业劳动力转移中"留守儿童"关爱的城乡统筹》,《上海城市管理职业技术学院学报》2008 年第 2 期。

② 钟秉林、赵应生、洪煜:《我国高等教育研究的现状分析与未来展望》,《教育研究》2009 年第 7 期。

③ 白勤、林泽炎、谭凯鸣:《中国农村留守儿童培养模式实验研究——基于现场干预后心理健康状况前后变化的数量分析》,《管理世界》2012 年第 2 期。

④ 彭建兰:《和谐的亲子活动是培养留守儿童良好个性的教育之道——对 100 余位留守儿童两年教育的实验研究报告》,《教育学术月刊》2010 年第 1 期。

儿童个性发展之间的关系进行了实验研究。今后，更多的实验研究有待设计和加强。

3. 历史研究缺位，比较研究严重匮乏

由图 1 - 2 可见，关于留守儿童的历史研究尚未出现，需要在该领域作进一步的开拓。比较研究也较少，占总研究的比例始终在 3% 以下。许多人可能认为，留守儿童是中国当今时代所独有的现象，无法与国外进行比较。但实际上，留守的实质是父母与未成年子女的亲子分离，这是较为普遍的社会现象，不管是中国还是外国，都是经常存在的情况。有学者就将中国的留守儿童问题与日本的"单身赴任"现象作了比较，因企业在国内外设立分公司引发的员工流动频繁造成日本社会的"单身赴任"现象，该现象造成的一些问题与中国人口大规模流动所造成的留守子女问题有类似之处，该研究启发我们要关注社会问题的"问题化"过程，关注社会心态，探讨问题中存在的社会学意涵等。[①] 辜胜阻也从产生背景、产生原因、地域分布等三个

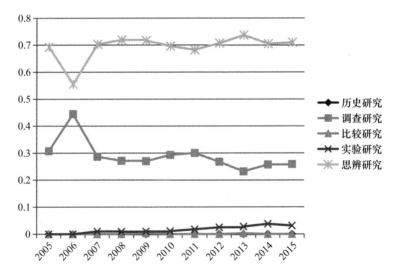

图 1 - 2 1995—2015 年中国留守儿童 20 年文献研究方法比例

---

① 佘凌、罗国芬：《日本"单身赴任"研究对我国留守子女研究的启示》，《青年研究》2005 年第 10 期。

方面比较了中国留守儿童与日本的"单身赴任"所造成的留守子女问题。[①]

（四）留守儿童问题研究视角

有关留守儿童的研究视角经历了一个由单一到多元、由静态到动态、由狭小到广阔的发展过程，这一过程蕴含着学者们对该研究领域的不断反思与批判，具体如下：

1. 静态研究视角

留守儿童研究之初主要目的在于让人们了解留守儿童的问题现状，静态的问题描述与比较是两个常用的视角。（1）问题描述视角。受媒体"悲情式"报道的影响，学术界弥漫着对留守儿童群体的同情，这使得学者们在进行留守儿童研究时，先入为主地认为留守儿童是有问题的，并采用全景式取向来描述这些问题。全景描述严格来讲不能算作一种视角，更应该被看作一种取向，研究者通过简单的调查或反思，全面地描述留守儿童所存在的生活、教育、心理、行为等问题。全景描述取向的可取之处在于有利于人们对留守儿童问题作概观的了解，但随着研究的深入，这一取向不但没有推动留守儿童研究走向繁荣，反而饱受诟病，引发研究危机。主要表现在研究报告低层次重复，研究过程先入为主的问题化趋向，缺乏对研究结果的梳理整合等，研究者在各自狭小领域中自说自话等。危机的根源在于缺乏统一综合的分析框架，缺乏清晰明确的视角意识。（2）比较视角。随着全景描述以及问题化取向受到越来越多人的诟病，人们不禁怀疑：留守儿童问题是真实地存在还是媒体和学者的建构？是否有被夸大的倾向？所呈现的一系列问题是否为留守儿童所独有？带着这些疑问，学界开始在心理、行为、学业、生活等方面对留守与非留守儿童进行比较，通过比较细致区分哪些特征为留守儿童所独有，而哪些为留守与非留守儿童所共有。

---

① 辜胜阻、易善策、李华：《城镇化进程中农村留守儿童问题及对策》，《教育研究》2011年第9期。

2. 动态生命历程视角

静态的视角存在许多问题，最典型的莫过于留守是一种暂时的状态，一名留守儿童可能要经历留守与非留守，留守与流动，单亲分离到双亲分离等多种身份的转化，静态的研究简单将儿童区分为留守与非留守而忽略了这些身份转换所带来的效应。近些年，学界开始转向留守儿童的动态研究，生命历程就是一个突显的视角。生命历程是指在人的一生中随着时间的变化而出现的，受文化和社会变迁影响的年龄、角色和生命事件序列，它关注的是具体内容、时间的选择，以及构成个人发展路径的阶段或事件的先后顺序。有学者认为，以往的研究大都基于静态、共时态和结构性，忽略了农民工及其留守子女的动态生命历程，尤其是农民工流动和留守儿童自身流动两个复杂的维度。在父母流动与儿童流动的交互机制下，"留守""流动"和"非留守"之间反复的"身份"转化，研究有必要采取一个动态化的概念范畴，将留守儿童放在一个历时态的生命过程中去加以看待和考察。① 另有学者运用生命历程理论考察了留守儿童家庭抚育策略，认为留守儿童家庭抚育的决策时机不仅与留守儿童个体生命历程的"标准时间表"保持一致，而且其决策过程和时机往往依托留守儿童与他人构成的关系网络和抚育资源，来回应社会历史力量的冲击。② 还有学者用生命历程的视角研究发现，第二代农民工的现状与流动或留守经历高度关联，他们更可能成为城市和农村之间真正的"两栖人"；同时，"乡—城流动""外出打工"的代际传承并未使第二代农民工获益，并未提升他们对城市的认同感。③

3. 积极心理视角

随着问题取向不断为人们所诟病，学者们在对之前研究的"问

① 唐有财、符平：《动态生命历程视角下的留守儿童及其社会化》，《中州学刊》2011年第4期。
② 杨汇泉、朱启臻：《农村留守儿童家庭抚育策略的社会学思考——一项生命历程理论视角的个案考察》，《人口与发展》2011年第2期。
③ 梁宏：《生命历程视角下的"流动"与"留守"》，《人口研究》2011年第4期。

题取向"的反思基础上，提出一个问题，即为什么同样是处境不利环境下，有的留守儿童适应良好，有的却适应不良呢？有学者们开始转向对留守儿童积极心理品质的研究，抗逆力就是其中一个视角。抗逆力，也称心理弹性、心理韧性，是指在面临压力事件时恢复和保持适应性行为的能力，是一种在困境中保持健康成长的心理机制。有研究者认为，不利环境不必然导致儿童发展不良，在一些保护性因素影响下，儿童仍有机会保持正常的发展。因此，我们需要挖掘与"留守逆境"相对抗的保护性因素，这些因素可以在一定程度上平衡、战胜、补偿或削弱留守带来的消极影响。另有研究者认为留守儿童成长环境中保护性因素缺失，风险因素的发生概率变大，建议从消除制度壁垒、构建家庭发展能力等方面，增强保护因素，构建系统的风险防范机制。[①] 还有研究者建议围绕着留守儿童心理弹性增长构建针对留守儿童个体、家庭、学校和社会等方面的社会支持网络系统。

4. 再生产视角

随着研究的进展，就留守谈留守的狭窄视野束缚了对这一领域的扩展和深入，学者们开始从更广阔的背景，如社会转型、社会结构来看待这一问题，劳动力再生产视角开始受到关注。持这一视角的研究者认为留守儿童问题是中国特殊的社会大转型背景下产生的结构性、制度性问题，如有学者对流动儿童的研究发现，他们通过"制度性自我放弃"以及"反学校文化"获得自尊的同时，"心甘情愿"地提前进入次级劳动力市场，殊途同归地实现阶级再生产。[②] 另有学者借鉴布洛维的"拆分型劳动力再生产模式"提出"拆分型家庭模式"的概念，并认为户籍制度和城乡二元分割制度所衍生出的"低成本优势"所依靠的低工资、低福利制度是造成这一家庭模式的

---

① 吴帆、杨伟伟：《留守儿童和流动儿童成长环境的缺失与重构——基于抗逆力理论视角的分析》，《人口研究》2011 年第 6 期。

② 熊易寒：《底层、学校与阶级再生产》，《开放时代》2010 年第 1 期。

关键，并进一步导致其子女受支持资源的减少和边缘化。① 还有学者提出"流动拉力"的概念，即留守经历和父母流动背景能帮助新生代农民工获得比没有留守经历的同批人更好的收入，这种"拉力"和"诱惑性"强化了留守子女更早放弃学业外出打工，从而顺利实现了劳动力的再生产。②

（五）留守儿童问题研究质量

1. 研究发表情况

3950 篇"留守儿童"相关研究成果中，发表在 CSSCI 期刊上的研究成果有 415 篇，占总发表成果的 10.51%，发表在各学科权威期刊上的成果仅有 12 篇，占总研究成果的 0.30%。这说明该领域虽然比较"热"，吸引了众多学者的参与并产出了众多的成果，但是在 CSSCI 等核心期刊上产出的高质量论文比例较低，尤其是权威期刊刊出的高水平论文更低。拿与之相似的"流动儿童"研究领域作为对照，同期虽然关于流动儿童的研究成果总共只有 1521 篇，远低于留守儿童的研究，但发表在 CSSCI 期刊的成果 301 篇，占总发表成果的 19.79%，是留守儿童研究这一比率的近两倍；发表在各学科权威期刊的成果有 9 篇，占总研究成果的 0.60%，也是留守儿童研究这一比率的两倍。

2. 研究引用情况

从引用情况来看，有关留守儿童研究的 3950 篇文章总共被引用 26544 次，平均每篇被引用 6.72 次。截至 2015 年，被引用最多的三篇文章分别是发表于《人口研究》杂志的《我国留守儿童状况研究》（被引 1060 次），《北京师范大学学报》（社会科学版）杂志的《农村留守儿童心理发展与教育问题》（被引 807 次）以及《教育研究》杂志的《农村留守儿童问题调研报告》（被引 574 次）。与此相对应的同期有关流动儿童的 1521 篇研究总共被引用 11773 次，平均每篇被

---

① 谭深：《中国农村留守儿童研究述评》，《中国社会科学》2011 年第 1 期。
② 吕利丹：《从"留守儿童"到"新生代农民工"》，《人口研究》2014 年第 1 期。

引用7.74次，显著好于留守儿童研究的引用情况。

3. 研究 H 指数

H 指数（H-index），原指一种评价一个人学术成就和学术质量的新方法，H 代表"高引用次数"（high citations），一名科研人员的 H 指数是指他至多有 H 篇论文分别被引用了至少 H 次。H 指数能够比较准确地反映一个人的学术成就，一个人的 H 指数越高，则表明他的论文影响力越大。引申到一个领域的学术质量，则同样适用，留守儿童研究领域论文质量的 H 指数为64，也即有64篇文章被引用了至少64次。与之相对应的流动儿童文章 H 指数为46，即有46篇文章被引用了至少46次。留守儿童研究的 H 指数略高于流动儿童，但考虑到留守儿童研究总量是流动儿童的2.6倍，只能说明留守儿童研究更受关注，但很难说质量更高。

通过以上三个方面的对比可以看出，留守儿童研究是一个"大"但难以说"强"的领域，研究质量尚待提高。

（六）留守儿童问题研究分歧

留守儿童研究引起了不同学科学者的广泛关注，但针对某些问题已有的许多研究结论并不一致，尚未达成共识。总结起来，该领域有以下三个典型的研究分歧：

1. 留守对儿童学习产生怎样影响？

父母外出务工对留守子女的学习会产生怎样的影响，目前结论不一，尚未达成共识。许多学者认为父母外出所导致的家庭分离、监护缺失等问题对留守子女的学习成绩会产生负面影响；[1] 但也有学者认为没有证据表明父母外出务工对子女的学习成绩有负面影响，其带来的家庭收入增加能够弥补家庭分离所带来的不利影响，增加对子女的教育投资，反而对其产生正面影响。[2] 而另有一种观点认为，这取

---

[1] 叶敬忠、王伊欢、张克云、陆继霞：《父母外出务工对留守儿童情感生活的影响》，《农业经济问题》2006年第4期。

[2] 陈欣欣、张林秀、罗斯高、史耀疆：《父母外出和农村留守子女的学习表现——来自陕西省和宁夏回族自治区的调查》，《中国人口科学》2009年第5期。

决于父母外出务工地区与家庭所在地教育回报率的大小比较，如果大于可能促进父母对留守子女的教育投资，如果小于则会对教育投资产生抑制作用。[①]

2. 留守儿童是否为"问题儿童"？

和对学习成绩影响的研究一样，学者们对父母外出务工对留守子女的心理影响也是众说纷纭。有学者认为留守儿童长期与父母分离，缺乏与双亲的情感交流，在儿童心理发展的关键期受到的关爱不足，这导致留守儿童亲子关系淡漠[②]、孤僻、自卑[③]，认知、价值偏离等心理障碍[④]，且消极情绪[⑤]、歧视知觉[⑥]、问题行为[⑦]等显著高于非留守儿童，而情绪控制[⑧]、情绪应对等[⑨]又显著低于非留守儿童。但另一部分学者则认为父母打工对其留守子女的学习影响具有"一币两面性"，父母外出打工也有正面影响，如锻炼独立性、磨炼意志等。[⑩]他们能很好地适应留守生活，自主学习，自我管理，在生活与心理发展上并不亚于非留守儿童。[⑪] 也有学者认为大多数留守儿童在生活、

---

① 李庆海、孙瑞博、李锐：《农村劳动力外出务工模式与留守儿童学习成绩——基于广义倾向得分匹配法的分析》，《中国农村经济》2014 年第 10 期。

② 黄应圣、刘桂萍：《农村"留守孩子"道德品质状况的调查与思考》，《教书育人》2004 年第 11 期。

③ 刘霞、赵景欣、申继亮：《农村留守儿童的情绪与行为适应特点》，《中国教育学刊》2007 年第 6 期。

④ 姚云：《农村留守儿童的问题及教育应对》，《教育理论与实践》2005 年第 4 期。

⑤ 叶敬忠、王伊欢、张克云、陆继霞：《父母外出务工对留守儿童情感生活的影响》，《农业经济问题》2006 年第 4 期。

⑥ 申继亮、胡心怡、刘霞：《留守儿童歧视知觉特点及与主观幸福感的关系》，《河南大学学报》（社会科学版）2009 年第 6 期。

⑦ 殷世东、张杰：《农村"留守"学生行为：失范与矫正》，《教育导刊》2006 年第 11 期。

⑧ 崔丽娟：《留守儿童心理发展及其影响因素研究》，《上海教育科研》2009 年第 4 期。

⑨ 段宝霞：《农村留守儿童教育和管理探析》，《河南师范大学学报》（哲学社会科学版）2006 年第 5 期。

⑩ 张显宏：《农村留守儿童教育状况的实证分析》，《中国青年研究》2009 年第 9 期。

⑪ 朱丹：《初中阶段留守儿童安全感的特点及弹性发展研究》，《中国特殊教育》2009 年第 2 期。

学习和心理发展等方面与非留守儿童没有差别。① 与学业成就的分歧类似，对这部分的研究也需要更精细的研究设计和方法给予澄清。

3. 留守与流动：哪种决策更优？

有学者比较了留守与流动儿童的社会化程度，发现流动儿童的身心健康社会化、知识面广度以及人际关系都要优于留守儿童，总体社会化效果具有明显优势，因此认为选择让子女与父母一起流动更有益于子女健康发展。② 也有学者从自尊、生活满意度、孤独感、抑郁、社交焦虑和问题行为等方面比较了流动与留守儿童的社会适应性，结果发现流动儿童的社会适应性要优于留守儿童。③ 而其他学者的比较则给出了不同的结论，有学者的实证研究指出留守儿童的心理复原力得分显著高于流动儿童，④ 教育机会也显著高于流动儿童甚至是其他普通儿童，尤其是与母亲一起留守的儿童。⑤ 又有学者的研究发现流动儿童的网络成瘾比率几乎是留守儿童的两倍，并指出流动儿童可能在新环境中体验到不适感，不能有效地与他人建立联系，出现社交焦虑或者障碍，缺乏自信和控制感，更可能在网络虚拟社区中寻找满足感。⑥ 但实际上，留守与流动对儿童影响的优劣仅仅是影响家长决策的一个方面，其他方面诸如母亲是否外出，就学难易程度、住房条件、生活成本等是子女是否随迁的更重要影响因素。⑦

---

① 雷万鹏、杨帆：《对留守儿童问题的基本判断与政策选择》，《教育研究与实验》2009 年第 2 期。

② 刘成斌、吴新慧：《流动好？留守好？农民工子女教育的比较》，《中国青年研究》2007 年第 7 期。

③ 范兴华、方晓义：《流动儿童、留守儿童与一般儿童社会适应比较》，《北京师范大学学报》（社会科学版）2009 年第 5 期。

④ 周文娇、高文斌、孙昕霙、罗静：《四川省流动儿童和留守儿童的心理复原力特征》，《北京大学学报》（医学版）2011 年第 3 期。

⑤ 杨菊华、段成荣：《农村地区流动儿童、留守儿童和其他儿童教育机会比较研究》，《人口研究》2008 年第 1 期。

⑥ 金灿灿、屈智勇、王晓华：《留守与流动儿童的网络成瘾现状及其心理健康与人际关系》，《中国特殊教育》2010 年第 7 期。

⑦ 杨舸、段成荣、王宗萍：《流动还是留守：流动人口子女随迁的选择性及其影响因素分析》，《中国农业大学学报》（社会科学版）2011 年第 3 期。

二 情绪智力相关研究

（一）情绪智力的概念及结构

桑代克（E. L. Thorndike）于 20 世纪 20 年代提出了社会智力概念，将其定义为"理解和管理男人和女人、男孩和女孩从而妥善处理人际关系的能力",[1] 这可谓是情绪智力概念的萌芽。随后加德纳提出的多元智力理论包括人际智力，指能够有效理解别人和与他人交往、合作的能力和内省智力（intrapersonal intelligence），能够深入自己内心和情感世界，并以此指导自己行为的能力,[2] 均涉及情绪智力现象。

真正经过深入研究并提出富有影响力的情绪智力概念及其理论框架的当数 Salovey 和 Mayer。1990 年，Salovey 和 Mayer 重新解释了情绪智力这个概念并提出了较系统的理论。随后对情绪智力的研究便得到了迅速发展，情绪智力这个术语也得到了广泛使用。他们把情绪智力看作个体准确、有效地加工情绪信息的能力集合，认为情绪智力是"个体监控自己及他人的情绪和情感，并识别、利用这些信息指导自己的思想和行为的能力"。[3] 根据这一概念，情绪智力包含三个维度：情绪感知和表达能力、情绪管理能力以及情绪应用能力。

随后，在 1997 年他们又进一步深化了情绪智力的内涵，将其丰富为"精确的知觉、评估和表达情绪的能力；接近或产生促进思维的情感能力；理解情绪和情绪知识的能力；调节情绪促进情绪和智力发展的能力"。[4] 为此概括出了情绪智力所包括的四级能力，它们在发

---

① Harden R. M., "Stress, pressure and burnout in teachers: Is the swan exhausted", *Medical Teacher*, Vol. 21, No. 3, 1999.

② Gardner, H., *Frames of mind: The theory of multiple intelligences*, New York: Basic Books, 1983.

③ Salovey, P., & Mayer, J. D., "Emotional intelligence", *Imagination, Cognition, and Personality*, Vol. 9, 1990.

④ Mayer, J. D., Salovey, P., *What is emotional intelligence?* In Salovey, P. & Sluyter, D. (Eds.), *Emotional development and emotional intelligence: Implications for educators*, New York, NY, USA: Basicbooks, Inc, 1997, pp. 3 – 31.

展与成熟过程中有一定的次序先后和级别之分。一级能力最基本和最先发展，四级能力比较成熟而且要到后期才能发展。这四方面能力的具体内容为：（1）情绪的知觉、鉴赏和表达能力：从自己的生理状态、情感体验和思想中辨认和表达情绪的能力；从他人、艺术活动、语言中辨认和表达情绪的能力。（2）情绪对思维的促进能力：情绪对思维的引导能力，情绪影响注意信息的方向；与情绪有关的情绪体验如味觉和色觉等对情绪有关的判断和记忆过程产生作用的能力；心境的起伏影响思考能力；情绪状态影响问题解决等。（3）对情绪的理解、分析能力：认识情绪本身与语言表达之间关系的能力，例如对"爱"与"喜欢"之间区别的认识；理解情绪所传送的意义的能力；理解复杂心情的能力；认识情绪转换可能性的能力等。（4）对情绪的成熟调控：根据所获得的信息，判断并成熟地进入或离开某种情绪的能力；觉察与自己和他人有关的情绪的能力，调节与别人的情绪之间的关系等。

（二）情绪智力的影响因素研究

1. 家庭因素对情绪智力的影响

家庭教养方式对情绪智力的影响。父母教养方式对于青少年的情绪管理、情绪调节及其策略等发展都具有重要影响,[①] 其中，支持性父母教养方式有利于青少年情绪智力的发展。[②] Lafreniere 从以下三个方面的理论对其做出了解释：依恋关系模式，强调父母—孩子关系是社会情绪发展的最主要关系；社会学习模式，强调父母—孩子相互作用过程中父母的强迫、惩罚和模范作用；归因模式，强调父母归因对其子女情感表达和社会化行为的影响。有研究显示，支持性父母教养方式中的温暖与理解有助于青少年在调节焦虑情绪时采用成熟型的情

① Biradar, S. , "The analysis of parenting style and emotional intelligence of the college students", Doctoral dissertation, University of Agricultural Sciences, Karnataka: Dharwad, 2006.
② Liau, A. K. , Liau, A. W. L. , Teoh, G. B. S. , et al. , "The case for emotional literacy: the influence of emotional intelligence on problem behaviours in Malaysian secondary school students", *Journal of Moral Education*, Vol. 32, No. 1, 2003.

绪调节策略,① 如选择面对和解决问题,向外界求助等,有助于减少自责、幻想等不成熟型的情绪调节策略的选择。② 而过分干涉和保护以及拒绝和否认等不良教养方式则会导致青少年情绪调节过程中选择不成熟型情绪调节策略。与之相一致的对留守儿童的研究也表明,父母越是采用良好的教养方式,留守儿童越倾向于采用认知重评作为自己情绪调节的手段;父母越是采用不良的教养方式,留守儿童越倾向于采用表达抑制作为自己情绪调节的手段。③

父母支持对情绪智力的影响。情绪智力的发展受益于亲子关系质量,感知到的父母温暖,与情绪感知、情绪理解和情绪管理显著正相关。④ 在控制了大五人格和言语智力之后,从父母那儿获得的社会支持与情绪管理相关显著。⑤ 有研究显示,家庭功能对子女情绪智力具有显著预测作用,在父母与孩子的沟通、对孩子的关注、监控等家庭中的人际互动过程中,孩子能够通过观察,获得感知理解他人情绪、运用情绪促进协调人际交往等能力。⑥ 也有研究显示,父母心理控制中爱的撤回、引发内疚感等行为本身可能直接引发消极情绪体验,长期消极情绪体验会使个体自我修复能力受损,并习惯于通过压抑情绪表达来获得暂时缓解,而不能从根本上减少消极情绪体验。

依恋风格对情绪智力的影响。依恋理论认为,个体将早期与主要照料者的互动经验内化并整合到内部工作模式（internal working mod-

---

① 贾海艳、方平:《青少年情绪调节策略和父母教养方式的关系》,《心理科学》2004年第5期。

② Wanner, B. M. , & Phillips, D. A. , "Beyond beliefs: parent and child behaviors and children's perceived academic competence", *Child Development*, Vol. 63, 1999.

③ 詹启生、武艺:《留守经历大学生家庭教养方式对情绪调节策略的影响:亲子沟通的中介作用》,《中国特殊教育》2016年第10期。

④ Ciarrochi, J. V. , Chan, A. Y. , & Caputi, P. , "A critical evaluation of the emotional intelligence concept", *Personal Individual Difference*, Vol. 28, 2000.

⑤ Lopes, P. N. , Salovey, P. , & Straus, R. , "Motional intelligence, personality, and the perceived quality of social relationships", *Personal and Individual Difference*, Vol. 35, 2003.

⑥ 程玉洁、邹泓:《中学生人际适应的特点及其与家庭功能、情绪智力的关系》,《中国特殊教育》2011年第2期。

el）之中，这种内部模式的差异会影响个体情绪调节的有效性以及将来的适应：安全型依恋个体用积极乐观的方式解释生活事件，用积极主动的方式寻求支持、消除威胁、减少痛苦，导致情绪积极扩展；焦虑型依恋个体用悲观的态度对待生活事件，倾向于以强烈的痛苦感对威胁性事件作出反应，夸大消极后果，导致"悲观—夸大"的情绪认知模式。① 安全的依恋与有效的情绪调节和良好的适应相联系；不安全依恋则会导致个体无效的情绪调节和适应不良。② Kafetsios 发现，安全型依恋与情绪智力总分及三个分量表得分（促进情绪、理解情绪和管理情绪）呈显著正相关。③ Kim 也发现，大学生在安全依恋维度上的得分越高，他们的情绪智力水平也越高；在焦虑矛盾依恋维度上的得分越高，他们的情绪智力水平则越低。④ 国内实证研究显示，安全依恋有助于提高个体的情绪智力，对情绪智力的五个维度均有显著的正向作用；焦虑依恋对情绪智力的作用较为复杂，有积极作用也有消极作用，具体来讲，对情绪智力的了解自我情绪和经营人际关系维度有正向作用，而对情绪智力的管理情绪维度具有负向影响，对自我激励和识别情绪维度则不表现出显著的影响。⑤

2. 学校因素对情绪智力的影响

教育质量对儿童情绪智力的影响。有学者的研究发现不同质量学校教育并未对学生情绪智力产生显著影响，即所谓好学校学生的情绪智力并不显著高于差学校学生的情绪智力，据此学者们认为这表明中国目前的教育在这一方面存在一定问题，没有很好地发挥学校教育对

① Diener E. , "Subjective well-being：The science of happiness and a proposal for a national index", *American Psychologist*, Vol. 55, No. 1, 2000.

② Steankova, Z. , "Attachment in childhood and adolescence in relation to emotional regula-tion", *Ceskoslovenska Psychologie*, Vol. 49, 2005.

③ Kafetsios K. , "Attachment and emotional intelligence abilities across the life course", *Personality and Individual Differences*, Vol. 37, 2004.

④ Kim Y. , "Emotional and cognitive consequences of adult attachment：The mediating effect of the self", *Personality and Individual Differences*, Vol. 39, 2005.

⑤ 梁凤华、程肇基：《大学生人际依恋风格与主观幸福感：情绪智力的中介效应》，《教育学术月刊》2012 年第 5 期。

情绪智力的促进作用。[1]

学校支持对儿童情绪智力的影响。研究显示，对学校恐惧的儿童其情绪识别存在障碍，对恐惧表情的识别正确率显著低于普通儿童，对悲伤面孔的反应时间也显著长于普通儿童。[2]

同伴关系对儿童情绪智力的影响。Gross 认为在不良同伴交往中，儿童倾向于使用表达抑制策略，这掩盖了重要的社会互动信息，因监视自己的面部表情和声音信号而分散了对交流伙伴情绪信息的注意，进而对社会沟通和社会互动产生消极影响，在社会交往中表现出孤立、退缩和排斥行为。[3]

社会支持对儿童情绪智力的影响。有研究显示歧视知觉能够增加留守儿童的消极情绪，降低其积极情绪。这进一步表明，歧视知觉是留守儿童情绪适应的重要危险因素。[4] 父母都不在家的儿童更容易被别人看作"没有父母要"的孩子，因此对外界的歧视会更加敏感;[5] 而且，双亲外出儿童拥有的父母支持与陪伴最少，遭受歧视后无人倾诉会导致个体产生更多的无助感或丧失感。

3. 个体因素对情绪智力的影响

年龄对情绪智力的影响。Parker 等人追踪研究大学新生长达 32 个月，结果发现情绪智力水平随着年龄增长而不断提高，并且具有相对稳定性。[6] 另有研究认为随着年龄的增长，儿童能更多地使用认知

① 杨建锋、徐小燕、张进辅：《关于中学生情绪智力的调查研究》，《西南师范大学学报》（自然科学版）2003 年第 8 期。

② 彭明、原琳、周仁来：《学校恐惧倾向儿童的情绪识别能力》，《中国特殊教育》2012 年第 1 期。

③ Gross J. J. , John O. P. , "Individual differences in two emotion regulation processes: Implications for affect, relationships, and well-being", *Journal of Personality and Social Psychology*, Vol. 85, No. 2, 2003.

④ 赵景欣、杨萍、马金玲、黄翠翠：《歧视知觉与农村留守儿童积极/消极情绪的关系：亲子亲合的保护作用》，《心理发展与教育》2016 年第 3 期。

⑤ 申继亮、胡心怡、刘霞：《留守儿童歧视知觉特点及与主观幸福感的关系》，《河南大学学报》（社会科学版）2009 年第 6 期。

⑥ Parker J. D. A. , Saklofske D. H. , Wood L. M. , Easeabrook J. M. , Taylor R. N. , "Stability and Change in Emotional Intelligence: Exploring the Transition to Yong Adultthood", *Journal of Individual Differences*, Vol. 26, No. 2, 2005.

策略、以建设性的方式来调节情绪。① 另有多项研究认为，情绪智力并不存在年龄差异。②③

性别对情绪智力的影响。有研究发现情绪智力没有显著的性别差异。④⑤⑥ 也有研究认为情绪智力的发展存在性别差异。Petrides 和 Furnham 等人研究发现，性别是情绪智力自评量表的一个重要的预测变量。⑦ Parker 等人也认为性别对情绪智力的诸多方面具有显著作用。⑧

（三）情绪智力的作用研究

1. 情绪智力对网络成瘾的影响

多数研究显示情绪智力与个体网络成瘾呈负相关，⑨ 究其原因，情绪智力高的大学生在遇到挫折时更倾向于从周围的支持系统中寻求帮助，而不是借助上网来忘却烦恼与责任。网络具有易进入性、易支付性、匿名性等特点，这对低情绪智力个体很有吸引力。易进入性、易支付使得他们很容易进入网络世界，以很小的代价获取很大的满足感和愉

---

① 乔建中、饶虹：《国外儿童情绪调节研究的现状》，《心理发展与教育》2000 年第 2 期。

② Andrew H. Kemp, Nicholas J. Cooper, "Toward an Intergrated Profile of Emotional Intelligence: Introducing a Brief Measure", *Journal of Integrative Neuroscience*, Vol. 4, No. 1, 2005.

③ Karma Hassan & Maliha Sader, "Adapting and Validating the BarOn EQ-i: YV in the Lebanese Context", *International Journal of Testing*, Vol. 5, No. 3, 2005.

④ Harrign, Daniel Connlly, "The relationship between emotional intelligence scores and self-ratings of physical health: A regressional approach", *Dissertation Abstracts International: Section B: The sciences & Engineering*, Vol. 63, No. 1, 2002.

⑤ Barbara Mandell & Shilpa Pherwani, "Relationship between Enotional Intelligence and Transformation Leadership Style: A gender conparision", *Business and Psychology*, Vol. 17, No. 3, 2003.

⑥ 张秋艳等：《中学生情绪智力与应对方式的关系》，《中国心理卫生杂志》2004 年第 8 期。

⑦ Petrides K. V., Adrian Furnham, "Gender differences in measured and self-estimated trait emotional intellgence", *Sex Roles*, Vol. 42, No. 6, 2000.

⑧ Parker J. D. A., Saklofske D. H., Wood L. M., Easeabrook J. M., Taylor R. N., "Stability and Change in Emotional Intelligence: Exploring the Transition to Yong Adultthood", *Journal of Individual Differences*, Vol. 26, No. 2, 2005.

⑨ 李兰花、张利平、刘兆兰：《2009 年潍坊某高等学校大学生网络成瘾及情绪智力因素对其影响调查》，《预防医学论坛》2010 年第 9 期。

悦感；匿名性使他们可以摆脱很多现实交往的限制，地域、外貌、种族等可能成为现实交往障碍的东西在互联网上被忽略，这种更容易建立的人际关系无疑对不善交际的低情绪智力大学生有巨大的吸引力。①

　　研究显示情绪智力的各个分维度也对网络成瘾具有显著影响，其中情绪管理与个体网络成瘾呈负相关。② 增强青少年的情绪管理能力，包括情绪认知、情绪表达、合理宣泄等能力③，可以有效地降低父母冲突对青少年网络成瘾的不良影响。情绪调节对个体网络成瘾呈显著相关，其中认知重评与网络成瘾存在负相关，而表达抑制则与网络成瘾存在正相关。④ 情绪调节包括认知重评（cognitive reappraisal）和表达抑制（expressive suppression）两大核心策略。认知重评又称激活策略，作用于情绪反应倾向被激活前，通过改变对情境的解释方式来改变其带来的情绪影响。认知重评在个体可控的环境之下有利于增加正性情绪体验和表达，表现出符合情境需要的行为，属于适应性策略。表达抑制又称反应策略，作用于情绪反应倾向完全产生后，通过抑制情绪表达来阻止情绪表露在外。表达抑制会同时减少负性和正性情绪的表达，且不断监控自身面部表情和声音信号会使个体因分心而无法对他人的情绪线索做出有效反应，属于非适应性策略。

　　也有研究显示情绪智力与大学生网络成瘾不存在显著相关，⑤ 但发现情绪智力与大学生孤独感呈显著负相关，而孤独感与大学生网络成瘾呈显著正相关。

　　2. 情绪智力对问题行为的影响

　　这方面的研究主要从以下几个方面展开：

---

①　李兰花、张利平、刘兆兰：《2009 年潍坊某高等学校大学生网络成瘾及情绪智力因素对其影响调查》，《预防医学论坛》2010 年第 9 期。

②　邓林园、张锦涛、方晓义、刘勤学、汤海艳、兰菁等：《父母冲突与青少年网络成瘾的关系：冲突评价和情绪管理的中介作用》，《心理发展与教育》2012 年第 5 期。

③　刘彭芝、王珉珠：《学习与心理》，中国人民大学出版社 2010 年版。

④　赖雪芬、王艳辉、王媛媛、张卫、杨庆平：《父母控制与青少年网络成瘾：情绪调节的中介作用》，《中国临床心理学杂志》2014 年第 3 期。

⑤　赵建敏、解志韬、祝金龙：《大学生情绪智力、孤独感与网络成瘾的个体差异及其关系研究》，《思想理论教育》2010 年第 9 期。

首先是情绪调节策略对个体问题行为的影响。曹慧等在青少年暴力犯的研究中发现，青少年暴力犯比普通中学生更少使用认知重评，更少使用压抑的情绪调节方式，更少积极的情绪表达。[①] 刘志军等的研究则发现，初中生的重评策略与问题行为的各个维度之间均存在显著性负相关，表达抑制策略与交往问题行为、性格问题行为以及情绪问题行为等存在显著性正相关。[②] 这与 Gross 的"重新评价更多地与积极的结果相联系，表达抑制更多地与消极的结果相联系"的研究结论相一致。[③]

其次是情绪调节能力对个体问题行为的影响。有研究显示出现外显性的问题行为（如攻击行为、敌意行为）的儿童对生气的体验强烈，抑制行为表现的能力低，缺乏害怕或社会性焦虑；相反，那些出现内向性问题行为的儿童则表现出较高的消极情绪体验，缺乏适应的调节模式，并且过分抑制社会性行为。[④] 另有研究表明，情绪调节水平低的儿童往往具有攻击、抑郁和社会性退缩等特点。[⑤] 紧张或消极情绪出现频率高的儿童比其他儿童同伴接受性差，并且在儿童期和青少年期出现的问题行为多。[⑥] 在社会交往情境中，那些经常表现出消极情绪的儿童可能出现社会性退缩，社会技能水平低的问题。[⑦] 另外，

① 曹慧、关梅林、张建新：《青少年暴力犯的情绪调节方式》，《中国临床心理学杂志》2007 年第 5 期。

② 刘志军、刘旭、冼丽清：《初中生情绪调节策略与问题行为的关系》，《中国临床心理学杂志》2009 年第 2 期。

③ 王振宏、郭德俊：《Gross 情绪调节过程与策略研究述评》，《心理科学进展》2003 年第 6 期。

④ Fox, N. A., Schmidt, L. A. D., Calkins, S. D., Rubin, K. H., & Coplan, R. J., "The role of frontal activation in the regulation and dysregulation of social behavior during the pre-school years", *Development and Psychology*, Vol. 8, 1996.

⑤ Eisenberg, N., Fabes R. A., Losoya S., "Emotional responding: Regulation, social correlations, and socialization", In Salovey P., Sluyter D. J. eds., *Emotional development and e-motional intelligence educational implication*, Basicbooks Inc., 1997, pp. 129 – 163.

⑥ Eisenberg, N., Fabes, R. A., Murphy, B., Maszk, P., Smith M., Karbon, M., "The role of emotionality and regulation in children's social functioning: a longitudinal study", *Child Development*, Vol. 66, 1995.

⑦ Rubin K. H., Coplan R. J., Fox N., & Calins S. D., "Emotionality, Emotion regulation, and Preschoolers' Social Adaptation", *Developmental and Psychology*, Vol. 7, 1995.

控制冲动性行为的能力与社会技能发展水平有正相关，而与问题行为呈负相关，[①] 调控能力高的儿童社会技能发展水平较高、问题行为出现较少。[②]

3. 情绪智力对学业成绩的影响

在涉及个体情绪智力与学业成绩的关系时，人们往往将其与人之智力相比较。情绪智力是否对学生学业成绩具有显著影响？其影响是否超过了传统的认知智力？Schutte 在大学生中研究发现，情绪智力分数与学年末的成绩存在相关，[③] 这一结果与国内的研究者结论相似，[④] 其认为情绪智力与学业成绩存在一定的相关，情绪智力对学业成绩的影响力大小有待进一步研究。认知活动和情绪活动是一个相互联系、相互统一的过程，学生的情绪智力会影响到学生的认知学习活动。拥有较好情绪调控能力、善于管理情绪的学生，能更好地调节自己情绪状况，从而可以专注于学习活动。VanDerZee 等人在控制了认知智力和人格后发现，大学生情绪智力仍然可以预测学业成绩。[⑤]

但也有学者得出了不同的结论，朱仲敏采用 EIS 研究结果表明，情绪智力与学业成绩的相关不显著，情绪智力对学业成绩的解释力不如认知智力。[⑥] 尹志国和陈权[⑦]的研究也得出了相似的结论，他们认

---

① Block, J. H., & Block, J., "The role of ego control and ego-resiliency in the organization of behavior", In Collins W. A. ed., Development of cognition, affect, and social relation, *Minnesota Symposium on Child Psychology*, Vol. 13, 1980.

② Eisenberg, N., Fabes, R. A., Murphy, B., Maszk, P., Smith, M., Karbon, M., "The role of emotionality and regulation in children's social functioning: a longitudinal study", *Child Development*, Vol. 66, 1995.

③ Schutte, N. S., Malouff, J. M., Hall, L. E., "Development and validation of a measure of emotional intelligence", *Personality and Individual Differences*, Vol. 25, 1998.

④ 张建荣、陈树婷、何贤晨、陈定湾：《学生情绪智力与学业成绩、心理健康的相关研究》，《浙江社会科学》2008 年第 9 期。

⑤ VanDerZee, K., Thijs, M., Schakel, L., "The Relationship of Emotional Intelligence with Academic Intelligence and the Big Five", *European Journal of Personality*, Vol. 16, 2002.

⑥ 朱仲敏：《情绪智力与认知智力、人格特质、学业成绩的关系研究》，硕士学位论文，上海师范大学，2004 年。

⑦ 尹志国、陈权：《对大学生情绪智力、学业成绩和社会成就关系的探究》，《教育与职业》2012 年第 35 期。

为学业成绩的高低主要取决于个人的努力程度以及学习能力的高低。学习能力主要包括听、说、读、写、计算、思考等学习文化知识的能力，涉及感觉运动、知觉、语言、思维、自我监控等心理过程。这正和传统的智力观相一致。传统的智力测验强调抽象思维或推理的能力，比如图形推理、言语推理和数学推理的能力。这些能力与学生的学习活动直接相关，以往也有研究表明智力对学业成绩具有显著的解释力。而情绪智力主要涉及情绪的知觉、表达、识别和调节能力，以及利用情绪解决问题的能力。这些能力跟传统智力所强调的大相径庭，尽管情绪智力可能对个体形成良好人际关系、保持良好心态等方面起作用，有利于学习活动的进行，但这些作用是间接的，因而情绪智力对学业成绩没有预测力是可以理解的。[①]

三　留守儿童情绪智力相关研究

对于留守儿童情绪智力发展的研究目前尚不多见，少有的研究主要分为以下两类：

（一）留守儿童情绪智力发展的影响因素

首先是学校因素。王树涛就学校氛围对留守与非留守儿童情绪智力影响进行了比较，发现相比非留守儿童，学校氛围对留守儿童情绪智力的影响更为显著，支持性的学校氛围对留守儿童的情绪智力发展更具正面意义，而控制性的学校氛围则具有破坏性。[②] 也有学者研究了年级对留守儿童情绪智力的影响，结果发现高年级儿童的情绪调节能力强于低年级儿童，初中生强于小学生；与父母联系频率高的儿童比与父母联系频率低的儿童有更强的情绪调节能力；父母回家频率高的儿童比父母回家频率低的儿童有更强的情绪调节能力。[③]

① 尹志国、陈权：《对大学生情绪智力、学业成绩和社会成就关系的探究》，《教育与职业》2012年第35期。
② 王树涛：《学校氛围对留守与非留守儿童情绪智力影响的比较及启示》，《现代教育管理》2018年第4期。
③ 何朝峰、覃奠仁、李培：《河池市农村留守儿童的情绪调节能力与社会行为》，《河池学院学报》2010年第1期。

其次是家庭因素。有学者研究表明，留守儿童亲子依恋能显著正向预测情绪调节能力和情绪健康；① 另有学者研究表明，留守所导致的亲子分离现象对儿童行为适应及情绪发展存在不利影响，年幼时（6岁以前）与父母分离，无论留守时间长短，都将对儿童的行为和情绪发展造成消极影响；而年龄较大时（6岁以后）与父母分离，则分离时间越长，对行为和情绪发展的消极影响越严重。② 范兴华则考察了不同监护类型留守儿童与一般儿童情绪适应的差异，发现留守现象对儿童情绪适应有不利影响，有留守经历的三类儿童明显差于父母监护的一般儿童。③

最后是个体因素。有学者研究了神经质人格对农村留守儿童焦虑抑郁情绪的影响，发现留守儿童的神经质人格与抑郁、特质焦虑以及状态焦虑均呈显著正相关；留守儿童的希望显著低于非留守儿童，希望与留守儿童的神经质人格以及抑郁、特质焦虑、状态焦虑均呈显著负相关。④

（二）情绪智力对留守儿童发展的影响

有学者研究了留守儿童情绪智力对幸福感的影响，发现情绪体验和心理健康在情绪智力与幸福感间起链式中介作用。一方面，情绪智力可以通过改变情绪体验提升幸福感；另一方面，存在"情绪智力→情绪体验→心理健康→幸福感"的路径。⑤ 另有学者研究了农村寄宿制留守儿童情绪管理与心理健康的关系，农村寄宿制留守儿童情绪管理与心理健康有相关关系，寄宿制能在一定程度上促进儿童情绪管理

① 王玉龙、袁燕、唐卓：《留守儿童亲子依恋与情绪健康的关系：情绪调节能力的中介和家庭功能的调节》，《心理科学》2017年第4期。
② 凌辉等：《分离年龄和留守时间对留守儿童行为和情绪问题的影响》，《中国临床心理学杂志》2012年第5期。
③ 范兴华：《不同监护类型留守儿童与一般儿童情绪适应的比较》，《中国特殊教育》2011年第2期。
④ 赵文力、谭新春：《神经质人格对农村留守儿童焦虑抑郁情绪的影响：希望的中介效应》，《湖南社会科学》2016年第6期。
⑤ 梁晓燕、汪岑：《留守儿童情绪智力对幸福感的影响：情绪体验及心理健康的中介作用》，《中国临床心理学杂志》2018年第2期。

与心理健康。① 还有学者研究了留守儿童心理健康水平的情绪管理团体咨询效果，发现情绪管理团体咨询对提高留守儿童心理健康水平具有显著的效果。②

四　留守儿童情绪研究的未来展望

（一）加强对留守儿童的历史研究和比较研究

历史研究和比较研究有一个共同的作用就是能够通过"历史之镜"和"他山之石"来观照中国农村留守儿童当前的现实问题，但目前这两类研究较为匮乏。

对待留守儿童问题不应把它仅仅看作 20 世纪 80 年代以来的一个特例，而是应该用更深邃的历史眼光，从历史的长时段来看待这样的问题。按照当前留守儿童的定义，中国历史上几次较大规模的人口迁移中，如下南洋、走西口、闯关东等，多少成年男性外出讨生活，而留下妻儿在家，这部分留守子女是如何生活和受到教育的，历史的光彩应该照进现实，问题是我们必须具备独特的历史视角与深邃的目光。

比较研究也同样如此，除了日本的"单身赴任"外，其他国家父母外出甚至跨国务工都会导致子女留守，比如墨西哥农村每 15 个家庭就至少有一个成员有跨国务工经历，③ 印度尼西亚和泰国 2%—3% 的儿童有父母其中一人在国外工作，④《救救孩子们》报告大约一百万斯里兰卡儿童被他们外出务工的父母留在家中。这说明留守儿童问题是一个国际问题，并不为中国所独有。其他国家有很多好的经验和

---

① 肖敏、葛缨、曹成刚：《农村寄宿制留守儿童情绪管理与心理健康关系分析》，《中国学校卫生》2011 年第 11 期。

② 侯洋等：《留守儿童心理健康水平的情绪管理团体咨询效果研究》，《中国学校卫生》2009 年第 3 期。

③ David McKenzie, Hillel Rapoport, "Can migration reduce educational attainment? Evidence from Mexico", *Journal of Population Economics*, Vol. 24, No. 4, 2011.

④ Bryant, J., *Children of international migrants in Indonesia, Thailand and the Philippines: A review of evidence and policies: Innocenti working paper no.* 2005 – 05, Florence, Italy: UNICEF.

值得肯定的做法可供我们去比较和发掘。

（二）用多元化的视角来看待留守儿童问题

止步于留守儿童研究的全景式描述，只会加深这一领域的"研究危机"，简单重复的成果即使大量增加也不能说明这一领域研究的强大，所以必须增强该领域研究的视角意识。通过视角研究留守儿童问题可能不是全面的，但一定十分透彻且令人印象深刻。留守儿童研究这一领域之所以如前所述"大而不强"，是因为视角缺乏其认识的多样性和深入性。这就要求我们用更多元化的视角来审视留守儿童问题：第一，加强动态研究视角的应用。留守儿童的身份是动态转换的，用单一的身份来界定他们是不合适的，他们可能要经历非留守、留守、流动等多种身份的变化，这些动态变化可能对他们产生不同的影响。因此，将留守儿童身份看成动态的，运用诸如生命历程等视角可能更好地加深人们对他们的认识。第二，用积极的视角看待留守儿童问题。正如之前学者的观点，留守儿童问题有被夸大化的趋势，新闻媒体"悲情式"的报道使得学者先入为主地带着问题的视角进行留守儿童研究，重复性地得出留守给儿童发展带来消极影响及埋藏隐患等结论。但不可否认，面临相似的环境，某些留守儿童的学习或心理与非留守儿童并无显著差异，甚至还要好于非留守儿童。这启发我们环境是个体建构的结果，不同人对挫折的适应以及恢复能力是不同的，因此留守儿童存在着许多积极的能量和保护性因素，我们需要更多地去发掘这些保护性因素，助其自助。第三，用更广阔的视角看待留守儿童问题。留守的本质是亲子分离，这意味着这是一个跨越城乡、国界的群体。着眼于这一本质就应跳出"以留守看留守"的狭窄圈子，转而从社会转型这一广阔视角来看待导致其产生的结构性和制度性问题。城乡二元体制、社会阶层复制、法律发挥缺失、对儿童权益漠视等可能是有关留守儿童更为本质的问题。

（三）研究设计和方法需更加精细和规范

留守儿童研究结论之所以矛盾和分歧重重，其中一个重要的原因就是研究设计的粗糙与研究方法的不适当。以往的相关研究通过简单的均值比较、t检验、方差分析等统计分析忽略了"样本非随机选择问题"这一社会领域研究进行因果判断时必须解决的问题，留守儿童家庭和非留守儿童家庭往往在多个因素上存在差异，这些差异常常造成估计的偏差。例如多数研究证明，家庭经济情况对儿童学习成绩有正向影响，如果样本中留守儿童家庭经济情况本身低于非留守儿童家庭，将两组样本在结果变量上的差异作因果效应的估计值就将高估"留守"的影响效应，反之则低估影响效应。近些年有研究者通过匹配法就较好地解决了"样本非随机选择问题"所产生的估计偏差问题。① 一些干预实验设计，即使教育实验达不到理工科那样精准的实验设计，至少应该满足准实验设计的规范性，否则实验前后的差异可能是其他无关变量的结果，而并非实验干预使然。这些都说明留守儿童的研究尚需更加精细的设计、规范的方法来保证其研究的质量及结论的可信性。

第三节　研究意义

一　理论意义

（一）建构留守儿童情感支持的教育生态系统框架

当前的留守儿童关爱保护研究呈现"碎片化"的特征，不同的研究者在各自的领域里自说自话，缺乏一个完整统一的理论框架。本书以美国著名人类学家、心理学家，康奈尔大学布朗芬布伦纳教授所建构的不断发展的微观系统、中间系统、外部系统及宏观系统的"俄罗斯套娃"式的发展生态系统理论作为指导，建构出一个符合留守儿童特殊性的情感发展的教育支持生态理论框架，这对于后续的研究具有整合的作用，也有利于后续研究的加速推进。

（二）提出影响留守儿童情感发展的教育生态系统理论框架

情感支持的本质是为留守儿童提供资源及情感支持网络，学校

---

① 梁文艳：《"留守"对西部农村儿童学业发展的影响》，《教育科学》2010 年第5 期。

作为影响个体情绪智力发展的重要因素已经被众多学者验证，但不同的环境要素相互之间的关系是怎样的？如何整合？本书以布朗芬布伦纳的发展生态理论为框架，对科尔曼的社会闭合理论（父母参与及代际闭合）、布迪厄的社会网络资源理论、普特南的群体社会资本理论、布朗的社会资本理论及其他学者的理论进行深入剖析、重新分类、整合、建构，提出一个符合留守儿童特殊性的情感支持系统框架，为留守儿童情绪智力发展的教育支持系统的建立提供理论支持。

二 实践意义

（一）为农村留守儿童情感支持体系的建立提供指导框架

中国农村有 6102.55 万留守儿童，占农村儿童的 37.7%，占中国儿童的 21.88%。有研究表明，60% 以上的"留守孩"成绩较差，60% 存在心理问题，还有 30% 恨自己的父母。离开父母的监管，儿童更容易出现情感、心理和学业问题，长期留守使得不少儿童产生了学习倦怠、自我封闭、胆小敏感，甚至悲观厌世等不良情绪，长此以往将引发大量的社会问题。如果教育不好这 6000 余万个孩子，一方面是国家人才的损失；另一方面这一庞大的群体将会对社会的和谐稳定造成强烈的冲击。2016 年，国务院颁布了《关于加强农村留守儿童关爱保护工作的意见》，目标是促进"家庭、政府、学校尽职尽责，社会力量积极参与的农村留守儿童关爱保护工作体系全面建立"。本书将为农村留守儿童教育关爱保护体系的建立提供理论指导框架和实证依据。

（二）为农村留守儿童情感支持体系的建立提供实证依据

加强留守儿童情感智力发展的教育支持系统建设是实现党的十九大指出的提升农村教育质量，推进义务教育均衡化，促进教育公平的必经之路，是国务院、教育部关于加强留守儿童教育关爱保护的重要支撑，也是实施乡村振兴战略的关键举措，具有十分重要的意义。留守儿童超过 2/3 的觉醒时间是在学校中度过，由于父母外出务工造成留守儿童家庭功能的弱化，学校作为唯一发挥教育影响力的制度化机构应在关爱保护体系中发挥主导作用，承担起促进留守儿童关爱的重任。本书基于布朗芬布伦纳教授所建构的不断发展的发展生态系统理论，通过实证的方式探索各个系统层级的影响因素有助于形成完整和系统的政策关注点，为留守儿童情感支持的政策体系的建立提供令人信服的实证依据。

第四节　研究方法

一　文本分析法

依托清华大学公共管理学院政府文献中心已建立完成的"中国公共政策数据库"（简称 GDIS），考察并梳理改革开放以来中国留守儿童教育支持政策的历史沿革与发展历程。通过政策工具关键词的文献计量及内容分析，总结中国不同发展阶段、不同政策导向下留守儿童教育支持政策的共性与差异，提炼出不同关爱层次结构的嬗变趋势。

二　比较研究法

基于本书的框架，本书选取美国、欧洲国家为对象，研究这些国家对儿童尤其是处境不利儿童的教育支持机制，归纳和借鉴有益的支持经验，为我国留守儿童教育支持政策的完善提供参考。

三　问卷调查法

本书编制《留守儿童教育支持生态系统问卷》，通过选取四川、江西、河南等外出务工大省的农村留守儿童进行问卷发放，探索教育支持生态的微观系统、中间系统、外部系统及宏观系统中对留守儿童情绪智力发展的影响因素，发现留守儿童教育支持的政策着力点，为政策的制定提供实证依据。

第五节 研究创新

一 理论创新

建构留守儿童教育支持的生态系统理论框架。当前的留守儿童关爱保护研究呈现"碎片化"的特征，不同的研究者在各自的领域里自说自话，缺乏一个完整统一的理论框架。本书以美国著名人类学家、心理学家，康奈尔大学布朗芬布伦纳教授所建构的包含微观系统、中间系统、外部系统及宏观系统的"俄罗斯套娃"式的发展生态系统理论作为指导，建构出一个符合留守儿童特殊性的教育支持生态理论框架，这对后续的研究具有整合的作用，也有利于后续研究的整体推进。

二 方法创新

本书运用问卷调查的方法，综合分析并验证留守儿童教育支持的生态系统，为当前主要以定性为主的留守儿童问题研究做出重要补充。

以清华大学公共管理学院政府文献中心的"中国公共政策数据库"为政府文献平台，依托政府文献中心收集的16.8万件各类政策性文件，系统分析留守儿童教育支持政策制定的历史演进过程，深入发现以往留守儿童教育支持的政策问题与不足。

通过比较分析的方法对美国、欧洲国家儿童教育支持体系的建设及相关问题进行研究，归纳和借鉴有益的支持经验，为当前留守儿童比较研究的匮乏做出重要补充。

三 视角创新

以往的研究大都是碎片化的，全景式描述的研究缺乏结构性考虑导致研究难以深入。布朗芬布伦纳的发展生态理论强调微观、中间、外部和宏观的结构性视角，用此视角来分析留守儿童情绪智力发展的教育支持系统能够有效促进该领域研究的结构化和深入化。

第二章　理论框架与研究架构

第一节　理论框架

康奈尔大学布朗芬布伦纳教授是在发展心理学、儿童养育及人类发展生态学交叉领域中公认的大师级学者，在跨文化研究、家庭支持系统、人类发展等方面取得了举世瞩目的成就。在布朗芬布伦纳之前，儿童心理学家研究儿童，社会学家研究家庭，人类学家研究社会，经济学家研究经济状况，政治学家研究政治结构。布朗芬布伦纳的开创性研究使所有这些环境，从家庭到经济和政治结构，都成为人生发展过程中的一部分。①

布朗芬布伦纳从生态学的视角研究人的发展问题，将对人的行为和发展的研究放置于一个相互关系、相互影响和相互作用的稳定的生态系统之中，探究生态系统中的各种生态因子对人的行为和发展的作用，以及人与各种生态因子的交互作用。他指出，发展不可能在真空中产生，它总是包含在特定的情境之中，并通过行为来表现。布朗芬布伦纳的观点受到弗洛伊德、皮亚杰、维果茨基、勒温等人的影响。其中对其影响最大的是勒温。根据勒温的场论，个体与环境的对话可以通过公式 $B = f(PE)$ 予以阐述：行为（Behavior）是由个体（Person）和环境（Environment）的相互作用决定的。布朗芬布伦纳修改

---

① 谷禹、王玲、秦金亮：《布朗芬布伦纳从襁褓走向成熟的人类发展观》，《心理学探新》2012 年第 2 期。

了这个等式以反映行为和发展之间的区别，他的公式是 D = f（PE）：发展（Development）是个体（Person）和环境（Environment）相互作用的结果。通过将等式中的行为替换为发展，他强调了时间的重要性以及在时间范畴内变化及纵向研究的重要性。

因此，布朗芬布伦纳的理论是一个不断变化的个体与环境交互作用的过程。他认为人类发展生态学是"对不断成长的有机体与其所处的变化着的环境之间相互适应过程进行研究的一门学科，有机体与其所处的即时环境的相互适应过程受各种环境之间的相互关系，以及这些环境赖以生存的更大环境的影响"。他进一步解释说，发展的人不能被看作环境在其之上任意施加影响的一块白板，而是一个不断成长的并时刻重建其所在环境的动态的实体；由于环境有其影响作用，并需要与发展的实体相互适应，因此人与环境之间的作用过程是双向的，呈现一种互动的关系；与发展过程相适应的环境不仅是指单一的、即时的情境，还包括了各情境之间的相互关系，以及这些情境所根植于的更大的环境。① 这里的环境是一个包含各种不同层次、不同性质的环境相互交织在一起，构成的一个既有中心，又向四处扩散的网络。它包含微观系统（microsysterm）、中间系统（mesosysterm）、外部系统（exosysterm）及宏观系统（macrosysterm）四个种类的生态系统。前者逐个地被包含在后者之中，形成一种同心圆式的四个层次，其中微观系统是与儿童直接接触并发生作用的层次，如家庭、学校、社区等；中间系统是各个微观系统之间的关联对儿童发生的影响，包括家庭与学校、家庭与社区、家庭与同伴、学校与社区等之间的关联，布朗芬布伦纳认为它们之间的关联对个体产生的影响甚至高于微观系统的影响；外部系统指的是儿童虽不曾踏入或较少踏入，但对其产生间接重要影响的系统，如家长学校、大众传媒、行政部门、社会慈善以及父母工作场所等；宏观系统指的是社会的意识、态度及政策

———————

① 薛烨、朱家雄：《生态学视野下的学前教育》，华东师范大学出版社 2007 年版，第 66—67 页。

法律，其他的三个系统都要受到该系统的影响。值得注意的是，这四个系统并非是静态不变的，而是受到历史时间、模式变迁及历史条件的变化而不断变化。这些变化有的是外部强加的，有的是由有机个体内部产生的，儿童选择、修正和创造了许多他们自己的环境和经验。儿童既产生了自己的发展，又使自己成了发展的产物。

生态系统理论是布朗芬布伦纳的重要理论，他认为儿童的生物倾向和环境因素都是塑造儿童发展的力量。有学者认为，"布朗芬布伦纳的生态学理论概念的意义比方法论的意义要大得多，它更是一种系统的思想而不是操作性的或者说研究方法上的指导"。① 他提供了一个富有深度的生态系统分类框架来考察环境对个体发展的影响，其中也包括外部环境对直接环境的影响。这一生态系统就如俄罗斯"套娃"一般，一层套住一层。这个系统的四个层次，包含从最近端的父母儿童关系、教师学生关系到最远端的社会文化。与其他人类发展生态系统理论所不同的是，布朗芬布伦纳强调"多系统的相互作用"以及环境之间直接或间接的相互作用。宏观系统的事件或活动会影响微观系统中人际互动的特征。这种模式，将直接经验的微观系统放在了由两个或更多的微观系统组成的中间系统中，按照次序，每一个水平的系统又嵌套在外系统中。本书基于布朗芬布伦纳发展生态学理论建构的留守儿童情绪智力发展的教育支持系统框架如图 2-1 所示。

一　微观系统

微观系统主要是指留守儿童亲身接触和参与其中并产生体验的，与之有着直接而紧密联系的环境，如家庭、学校、社区同辈群体等。在微观系统中的每一个因素都会对留守儿童的发展造成积极或消极的影响。这里的特定环境（如家庭、学校等）指的是有着特别的物理特征，参与其中的儿童有着专门活动和角色（如子女、父母、教师等）的系统。如家庭这个微观系统主要由儿童与家长、其他家庭成员所组成。在不同的

① ［美］劳拉·E. 贝克：《儿童发展》，江苏教育出版社 2002 年版，第 35 页。

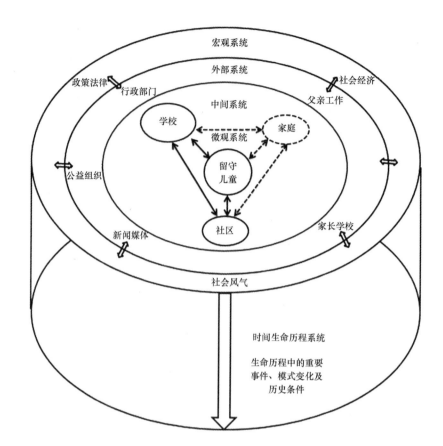

图 2-1　留守儿童情绪智力发展的教育支持系统理论框架

家庭，由于父母的教养行为和方式的不同，相应地，儿童的发展机会和状况也就不同。良好的家庭环境、亲密的亲子关系必然为个体的发展创造良好的条件。而留守儿童家庭功能的弱化甚至缺失会对其发展造成挑战。除家庭这个系统外，学校、社会、同辈群体等因素，也都是对儿童发展有着重要影响的微观系统。父母外出务工不仅对亲子互动产生影响，对留守儿童与其他微观系统的互动也影响显著。

二　中间系统

布朗芬布伦纳认为，中间系统是指个体所处的两个或两个以上微观系统之间的相互关系，一个留守儿童的中间系统往往指家庭、学校和同辈群体之间的多重连接关系。[①] 以家庭和学校之间的连接为例，布朗芬布伦纳区分了家庭和学校之间四种不同的相互关系：第一种互动强调多环境参与，如留守儿童在多环境中参与，这构成直接或一阶社交网络，并成为中间连接系统的前提；第二种是间接连接，像留守儿童的父母这样的中间人在两个环境间建立的连接，这构成了二阶社交网络，并在父母和教师互动过程中对留守儿童产生有利影响；第三种是群体间的交流，从一个微系统向另一个微系统传递的特定信息，例如学校通信和新闻等；第四种是群体间的知识，一个系统中的成员对于另一系统的信息、经验等，例如留守儿童的兄弟姐妹对于学校的信息。中间系统对个体发展的影响取决于微观系统之间发生相互联系的数量、质量及程度。如爱普斯坦关于家庭与学校的互动对儿童发展影响的研究表明，家长与教师的共同积极参与和双向沟通交流，促进了小学生进入中学后的表现，他们表现出较高的创造性和独立性，学习成绩也有了提高，这说明学校和家庭的相互作用对儿童发展的影响可能远远大于家庭和社会的单独影响。但如果学校和家庭等微观系统在对留守儿童的教育方式或要求上存在差异，而又不能通过有效途径加以沟通解决的话，便会使留守儿童无所适从，对他们的要求产生困惑，有可能对学校失去兴趣，对家庭缺乏亲近感及对社会感到迷茫。这种情况的出现会削弱学校和家庭等微观系统对留守儿童教育的权威性。因此要使留守儿童身心得到健康全面的发展，必须积极调动各个微观系统之间的密切配合，使学校、家庭、社区等因素保持良好的互动合作关系和高度的一致性。

三　外部系统

外部系统指的是中间系统的扩展，包含了其他一些正式或非正式

---

① Bronfenbrenner, U. , *The Ecology of Human Development*，MA：Harvard University Press，1979，p. 25.

的社会组织，留守儿童并不直接参与其中，它们对留守儿童起着间接的作用。包括父母工作单位、家长学校、教育公益组织、大众媒体、政府机关以及服务机构等。这一系统是发展生态系统中的第三级系统，包括两个或更多系统间的联动过程，留守儿童至少不经常参与其中一个系统，但是这个系统中发生的事件却影响着留守儿童所身处的另一系统，比如父母的工作场所与家庭之间的关系。这些外部部门或机构往往会通过一些规章、政策或行为对留守儿童的思想发展产生影响。这类似于我们经常提及的"隐性课程"或"潜在课程"。如父母的工作单位能够给员工提供良好的福利和充足的休息时间，会在一定程度上加深父母与留守子女之间的亲子关系，进而有利于留守儿童的身心健康发展。布朗芬布伦纳区分了影响家庭最显著的三个外部系统：父母工作场所、父母社交网络以及社区影响。一个外部系统如果形成了外部场所事件如父母工作满意度与家庭之中亲子互动等两个因果序列，将被视为对儿童发展产生影响。

四 宏观系统

宏观系统指的是社会文化或亚文化所形成的总体制度模式，如经济、社会、教育、法律以及政治制度，微观、中间和外部系统是其具体体现。如目前社会的多元价值观状况及主流价值观体系、民族的风俗习惯和道德风尚、人们的教育观念和生活方式，等等，都会作用于其他三个系统，进而构成影响个体身心发展的宏观系统，影响个体的发展。值得注意的是宏观系统中的信念系统，作为儿童"重要他人"的信念系统将决定留守儿童教育的目标、风险与实践。在宏观系统，信念模式将通过家庭、学校、邻里、工作场所的文化得到传播。这些信念模式将塑造留守儿童的生活模式，并最终影响留守儿童的发展。

第二节 研究内容

一 留守儿童教育支持的生态系统理论模型建构

本部分在与外国相关儿童教育支持政策比较、对我国留守儿童教育支持的政策进行梳理的基础上，以布朗芬布伦纳的发展生态理论框架为指导对相关理论进行深入剖析，重新分类、整合和建构，根据留守儿童的特殊情况，为提升其情绪智力发展建构一个包含微观系统、中间系统、外部系统、宏观系统的教育支持生态系统理论框架，其中微观系统是与留守儿童直接接触并对其发生作用的层次，如家庭、学校、社区等；中间系统是各个微观系统之间的关联对留守儿童发生的影响，包括家庭与学校、家庭与社区、学校与社区之间成员的闭合关联，布朗芬布伦纳认为它们之间的关联对个体产生的影响甚至高于微系统的独自影响；外部系统指的是留守儿童虽不曾直接接触或较少接触，但对其间接提供资源并产生重要影响的系统，如父母工作场所、教育行政部门、家长学校、大众传媒、教育公益组织等；宏观系统指的是社会经济、文化风气及政策法律，其他的三个系统都要受到该系统的影响。

二　留守儿童教育支持的微观系统研究

本部分将重点研究微观系统要素在留守儿童教育支持中的参与作用，在比较及政策分析的基础上通过《留守儿童微观系统子问卷》调查，探讨在家庭功能弱化的情况下，留守儿童的微观系统发生了怎样的变化？这些变化对留守儿童的情绪智力发展产生了怎样的影响？国外推动这一微观系统发展有哪些举措？我国公共政策对这一微观系统做出了哪些反应？尚需做出哪些改进？

三　留守儿童教育支持的中间系统研究

本部分将重点研究留守儿童的家庭、学校与社区三者之间成员的关联闭合程度，在比较及政策分析的基础上通过《留守儿童中间系统子问卷》调查，探讨在家庭功能弱化的情况下，留守儿童的中间系统发生了怎样的变化？这些变化对留守儿童的情绪智力发展产生了怎样的影响？并研究当前国外对推动儿童中间系统发展有哪些举措？当前我国公共政策对这一中间系统做出了哪些反应？布朗芬布伦纳强调中间系统（微观系统要素之间的连通）的重要性，认为这可能是比微观系统更为重要的连接。三者之间关联的重点是人的关联，科尔曼的代际闭合理论就认为学生家长与老师、其他学生的家长成为朋友，可以形成一个闭合的人际交往圈和支持性的社群（Functional communities），这种代际闭合关系有利于各种知识和信息的交流和传递，从而可以监督、鼓励和促进学生更加努力和更有效地学习，以此获得更高的学业成就。留守儿童父母外出务工无形中破坏了中间系统中的代际闭合，如何弥合这一破裂的闭合系统？公共政策对此做出了哪些反应？还需要做出哪些变革？

四　留守儿童教育支持的外部系统研究

留守儿童教育支持的外部系统主要是一种教育资源支持网络。布迪厄的网络社会资源理论关注的社会资本是指通过社会关系网络所能获得的资源的数量和质量，他认为家庭社会资本在子女的发展中扮演了重要的角色，通过这种社会资源支持网络的代际传递，可以为子女提供更多更好的机会使其获得更高的教育成就，从而以一种隐秘的方式实现社会再生产。留守儿童一方或双方父母外出务工使得其本就并不占优势的教育资源支持网络变得更加脆弱，亟须通过外界的力量进行完善和加强。本部分在比较和政策分析的基础上将重点研究的是留守儿童外部系统的父母工作场所、家长学校、大众传媒、教育公益组织以及教育行政部门等所形成的关联网络对儿童教育资源的支持情况，通过《留守儿童外部系统子问卷》调查，探讨在家庭功能弱化的情况下，留守儿童的外部系统发生了哪些变化？这些变化对留守儿童的情绪智力发展产生了怎样的影响？当前国外推动儿童外部系统发展有哪些举措？我国公共政策对这一外部系统做出了哪些反应？还需要做出哪些变革？

五　留守儿童教育支持的宏观系统研究

本部分重点研究的是社会风气及政策法律等宏观环境对留守儿童

情绪智力发展的影响，通过《留守儿童宏观系统子问卷》调查，探讨在家庭功能弱化的情况下，留守儿童的宏观系统发生了怎样的变化？例如当地社会如何看待留守儿童？是关怀的态度还是歧视的？当前我国颁布的政策对留守儿童情绪情感发展有怎样的影响？

第三节　研究架构

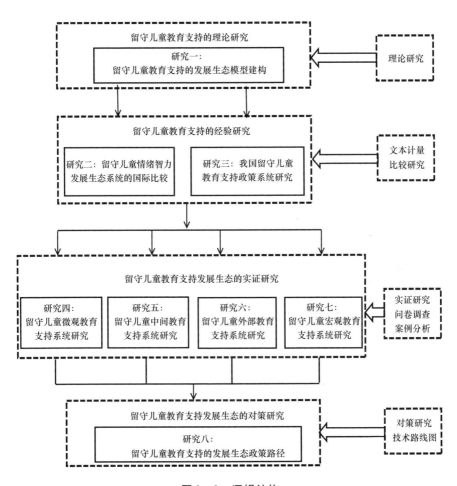

图 2-2　逻辑结构

第三章　儿童情绪智力发展生态系统的国际比较

第一节　国外促进学生情绪智力发展的微观系统改革

一　美国促进学生情绪智力发展的学校氛围改革*

学校氛围是促进学生情绪智力发展的关键因素。长期以来，学校氛围改革受到美国政府及社会各界的广泛关注。尤其是自《不让一个孩子掉队法案》（*No Child Left Behind*，NCLB）颁布以来，美国政府进一步加强了对学校的问责，并将之与政府的援助与惩罚政策相关联。NCLB 要求各州和学校必须根据学生目前的发展和总目标之间的差距，制定一个逐年递进的适当年度进步率（Adequate Yearly Progress，AYP），迫使各州寻求更为有效的学校改进策略。因为失败的标签将不再贴给个人，而是贴给学校。如果连续不达标，学校轻则被贴上"需改进学校"的标签，重则要接受重组、关闭或被州府接管的惩罚。学生社会情感发展是重要的评估与问责指标。于是，各州开始将教育改进的评估从个人、团体扩展至整个学校范围，学校氛围正好契合了这场政策支持的运动，受到各州、地区、学校的推崇。《每一个学生都成功法案》（*Every Student Succeeds Act*，ESSA）颁布后，

---

　　* 王树涛：《美国 K–12 学校氛围改进：重点、标准及实施策略》，《比较教育研究》2018 年第 2 期。

更是直接强调对学校氛围的评价，将其纳入学校绩效评估的重要指标。[①] 从联邦到各州政府，教育部门对学校氛围改革的热情方兴未艾，各项政策措施纷纷出台。分析、总结这些政策措施，借鉴美国的学校氛围改革经验对于促进中国的学校氛围改革，提升学生情绪智力发展具有重要的启发意义。

（一）学校氛围的内涵及意义

关于学校氛围的内涵，美国国家学校氛围中心主任科亨教授认为学校氛围体现了学校生活的质量和特点，它是人们对学校生活的经验，反映了一所学校的规范、目标、价值观、人际关系、教学和学习实践以及组织结构。[②] 学校氛围具有什么样的特征？与以往积极行为干预与支持项目（Positive Behavioral Intervention and Support，PBIS）的比较可能更有助于我们了解学校氛围的全貌及与传统项目的区别。美国教育工作者也常混淆这两个项目，二者也的确具有多处相似点，都强调全校范围的改进，关注积极的变化，支持学生学习与社会情感发展，支持学生、家庭、学校间的连接，强调基于证据支持的、强调成人的模范作用，并且关注政策和策略改进对教育实践的支持。但实际上二者之间的差异是大于相似的，第一，学校氛围改革的目标范围更宽，更为积极和综合，期望构建安全、支持、参与和充满活力的学校生活，而不是像 PBIS 那样仅仅是预防学生问题行为并促进所有学生最大化的学术成功。第二，学校氛围使用的是一组综合的支持学习和情绪行为的数据，包含学生、家长、教师个体及群体等对学校安全、人际模式、教与学以及环境的感知，而 PBIS 只关注与学生纪律有关的数据，包括纪律介绍、留级率及开除率等。第三，PBIS 专注于对预防、教学和促进良好行为的支持，学校氛围改革更强调通过参

---

① 吴海鸥：《美国〈每一个学生成功法〉改革内容及原因探析》，《世界教育信息》2016 年第 20 期。

② Cohen, J., Mccabe, E. M., Michelli, N. M., & Pickeral, T., "School climate: Research, policy, practice, and teacher education. School Climate Research and Educational Policy", *Teachers College Record*, Vol. 111, No. 1, 2009.

与使学生成为合作学习者和合作领导者以促进他们社会能力及内在动机的发展。第四，区别于一种成人驱动和自上而下的模式，学校氛围改革是一项更广泛、更系统的工作，其建立在一个民主知情的基础上，使学生、家长/监护人、学校人员甚至社区成员在学校校长领导下成为共同学习者和共同领导者。第五，学校氛围改革不仅承认成人驱动的重要性，而且明确地强调将成人学习作为学校有效改革的基本要素。第六，PBIS政策强调支持和实施有效的干预措施，改变学生情绪行为，而学校氛围改革则侧重于形成学校社区系统政策，倾向于把数据当作指引改革的"手电筒"，而不是做出判断的"法锤"。①

作为学校中被成员所体验并对其情绪行为产生重要影响的、相对持久而稳定的学校环境特征，它以成员的共同行为感知为基础，对学校和学生发展具有重要作用。② 一个可持续的、积极的学校氛围有助于促进青少年的发展及形成在民主社会中富有生产力的、有贡献的和满意的生活所必备的学习能力，包含一系列支持人们在社交、情感和身体上的安全感的规范、价值观和期望。青少年在校时间占据其觉醒时间的2/3多，学校经历无疑是家庭经历之外对青少年身心产生深远影响的另一重要微环境，③ 它不仅促进学生的学业发展，也培养学生成为一名情感健全、有责任心的公民，以及富有爱心、工作素养和终身学习的人。④

（二）美国学校氛围改革的重点

美国学校氛围改革主要强调参与、安全和环境三个方面：

---

① Cohen，J.，"School Climate Policy and Practice Trends：A Paradox"，*Teachers College Record*，Vol. 2，2014.

② Hoy，W. K.，& Hannum，J.，"Middle school climate：An empirical assessment of organizational health and student achievement"，*Educational Administration Quarterly*，Vol. 33，1997.

③ Eccles，J. S.，& Roeser，R. W.，"Schools as developmental contexts during adolescence"，*Journal of Research on Adolescence*，Vol. 21，No. 1，2011.

④ Cohen，J.，"Social，emotional，ethical，and academic education：Creating a climate for learning，participation in democracy，and well-being"，*Harvard Educational Review*，Vol. 76，No. 2，2006.

1. 强调教师、学生和家庭的参与

学校须为学生提供全纳教育经验，提升他们的文化和语言竞争力。首先，当前多元种族的学生已经占到美国学生的43%，并且有不断增加的趋势，这就要求学校必须意识到他们多元文化的差异及对学习风格、交往及行为的影响，为学生提供无关种姓、民族和文化的全纳教育经验。教师须具有文化敏感性，为不同文化背景的学生提供负责任的学习环境，否则学生们将无法获得他们所需要的支持并因此而遭受伤害。其次，大约有20%的5—17岁的学生在家说英语以外的语言，有5%的学生存在说英语困难。教师和学生之间的文化差异尤其是语言差异是学生情感发展与学业成就提升的重要障碍。美国有20%的公立学校学生是西班牙裔，其他族裔的学生也占到22%，并且随着学龄儿童的多元化，这一趋势正在增长。因此，多元语言能力等文化竞争力正成为和计算机能力一样受到教师重视。拥有文化竞争力的教师与来自其他文化学生的交流更为顺畅，有助于他们更好地理解文化差异，学习并为不同文化族群学生及家长建立不同的规范，这能更有效地发挥美国"大熔炉"的作用。

培养学生之间积极的人际关系并建立信任和支持的环境。积极的关系有利于学校学生、教师和同伴形成积极的联结，学校须培养他们之间积极的人际互动并建立信任和支持的环境。那些与学校存在积极联结的学生更容易成功而较少产生问题行为，如抽烟、喝酒、参与暴力和其他危险行为等，这些学生也较少经历情感问题。建立积极的人际关系也有利于建立安全、支持性的学习环境，这种人际联结构成了个体对学校的责任感。而富有关怀的教职员工在与学生建立紧密的联结中发挥了重要作用，有利于学生形成对学校的依恋。

鼓励学生、教师和家庭参与安全和支持性的学习环境建设。学生、教师和家庭都在安全和支持性学习环境建设中发挥关键作用。第一，当学生感受到父母和老师的支持时，他们更容易参与学校活动。家庭对学生的成功具有强有力的影响，教职员工对学生的社交与情感行为也有直接的影响。为提升家庭对学生发展的参与度，学校需要帮助家庭形成一个富有激励性的家庭环境以促进学生的成长。第二，青少年需要通过与教师和管理者一起工作形成积极的学校氛围才能感受到与学校的联结。在与学校教师、管理者及其他人员合作形成学校的政策、规章、制度时，学生的声音应该得到充分的倾听。让学生参与这些决策可以使他们得到新知识、技能和人际关系，并为他们的未来做好准备。第三，加强学校与社区之间的联合，为学生学业改变提供充足的资源和服务。这种联合能够避免重复提供服务，提高服务的效率和避免资源的浪费。

2. 强调对学生安全的保障

保障学生的情感安全。为学生提供一种安全表达情绪、受保护、自信地面对危机、有挑战性和兴奋地尝试新事物的体验。情感安全的获得可以通过将社会情感学习（Social and Emotional Learning，SEL）纳入教育体系来达到，使学生和教职工获得他们所需要的相关知识、态度和技能去识别、管理他们的情绪，感受并理解他人，建立积极的关系，并做出负责任的决定。在安全与支持性的学校、家庭以及社区实施社会情感学习能够使得学生感到富有价值、值得尊重以及努力地参与到学习中去。

保障学生的身体安全。保障身体安全的对象囊括所有的利益相关者，包括学生、家庭、监护人、学校教职工以及社区，使他们远离暴力、盗窃和威胁，为学生建立一个安全的学习环境。

减少欺侮/网上欺凌。采取措施减少身体欺侮、言语欺侮和社交欺侮，其中社交欺侮是一种故意的侵犯，用来破坏他人的名声和人际关系，包括故意忽视他人，告诉其他孩子不要和某人做朋友，散布某人的谣言或者在公共场合侮辱某人。减少网上欺凌则是防止运用电子设备，如手机、电脑和平板，或其他通信工具，如社交媒体网站、短信、聊天室以及微博等对其他学生进行欺凌。

减少学生的药物滥用。减少学生酗酒、抽烟以及吸毒等，药物滥用会破坏学生完成学业的能力，导致问题行为的产生，与安全和支持性的学习环境是不相容的。

增强对突发事件的应对与管理。在突发事件如暴力、犯罪、自然灾害、传染病以及意外事件等面前，学校能够与周边社区紧密合作，制订有效的危机应对方案。

3. 强调学校环境的建设

优化学校周边的物理环境。学校须努力降低学校周围的噪声，保持适度的照明，保证室内空气质量以及适宜的温度等。学校物理环境不仅与学生的学业成就和情感行为相关，安全、得体的学校设施也是各类教育项目成功实施的基础，还与教师的出勤率、努力及课堂中的教学有效性及工作满意度相关。

为学生提供支持性的教学环境。教学环境由诸多复杂的、相关的因素组成，它可以支持学习也可以阻碍学习。一个积极的学习环境往往被描述成高质量的教学，学业成就导向的支持性行为，积极的角色模式，高水平的学业期待以及为学业困难学生提供学业帮助。教师对学生高期待并配合强有力的支持是促进学生学业成功的秘诀，而一个管理良好的课堂则是减少问题行为，建设有效教学的前提。

为学生身心健康提供健全的服务。学校须配备专门的医师和心理专业人员，为学生的身心健康提供综合的服务。

减少惩罚性的学校纪律规定。学校须减少惩罚性的纪律，因为那并不能促进学生的行为改善和学业进步，应当鼓励学生更多地自律并减少违纪问题。当纪律问题发生后，学校须采用积极的方式鼓励他们重新与疏远的同伴和教师恢复关系，并增进他们对学校的归属感。

（三）美国学校氛围改革的标准

美国国家学校氛围标准由国家学校氛围委员会和其他教育工作者、心理健康专家、学生家庭、学校董事会及其他社会活动家等共同制定而成，旨在为全国各地区或各州的学校氛围建设设立一个基准。[1]

---

① National school climate center. http：//www. schoolclimate. org/climate/documents/policy/SC-Brief-Standards％20commentaries. pdf.

具体包含以下五个方面：

1. 拥有一个促进、优化和保持积极学校氛围的共享愿景和计划

首先，学校的政策和实践应支持学校、家庭、青少年和社区成员共同努力建立一个安全而有效的学习共同体。他们能够就学校氛围改善策略达成共识，并参与实施；定期地评估政策和实践以保证它们得到不断地细化来提升学习共同体的质量。其次，学校从学生、教职人员、学生家长收集准确和可信的学校氛围数据以促进学校氛围持续地改进并常与共同体成员分享。最后，发展面向全校范围的预防和干预策略，并形成政策和系统变革使得所有的学校成员能够满足学校氛围的标准。

2. 制定政策明确地推动学生社交、情感、道德、公民素养及认知技能的发展

首先，促进学生社交、情感、道德、公民素养及认知技能的政策得到系统的制定。这些政策要使课程内容、监督及标准有利于学生上述素养的发展，将其有效融入课堂之中，并与当前学生的流行文化、环境和话语相结合。其次，指导和评估过程及标准应是个性化的，有助于促进共同体成员的互相尊重、关怀及共同体意识的感知。最后，负责任的测量及数据用来说明促进学生社交、情感、道德及公民素养学习的效果。

3. 相关实践能被识别、摆在优先的位置并受到充分的支持，促进学生积极社交、情感、道德及公民素养的学习与发展，促进他们对教、学及学校活动的参与

首先，学校应设计专门的实践活动使每一个学生参与到以课堂为基础的社交、情感、道德及公民素养学习和校园活动中去。这些实践活动应关注学生对良好认知与行为的学习，促进他们发展与他人分享自己观点的意愿和能力，以及兴趣、需要、压力管理和负责任的决定，为学生提供丰富的机会、指导，减少外在强迫的交往。其次，教师与学校管理者应设计专门的课堂和学校实践，促进教师的教学与学生的学习，并促进离群学生重新参与到学校活动中去。

促进学生的健康发展和预防负面事件的发生，并在负面事件发生后作出最及时的反应，给予那些处于困境中的学生以大量的帮助；设计课堂和学校干预策略促进学生最大限度地参与，全纳所有的学生，对"掉队"学生的学习与行为问题给予干预；为学生提供充分的入学、升级支持；加强家、校之间的联系，及时反映并有效进行危机干预，充分地利用社区志愿者及社区资源等以促进社区的参与和支持，为家长和学生寻求帮助提供便利；为学生发挥领导角色提供充分的机会，学校对学生的承诺。再次，课堂和学校实践应形成一个综合和相互联结的学习支持系统，整合学校和社区的资源。学校领导须发展一个硬件设施和能力建设的综合支持系统，实施学校氛围标准达成的领导责任制，并将责任制写入职务说明书。配备充足的相关方面的教师，并不断促进教师专业发展。促进硬件设施建设以整合学校和社区资源，形成持续的计划、实施、评估的综合学习支持系统。

4. 创造一个使生活于其中的成员受到欢迎、支持和安全的环境，以促进其社交、情感、智力及身体的发展

首先，学校领导须推动综合的和基于证据的教学和学校管理改进，使学生、教职员工及其他人员在学校感到从社交、情感、认知及身体等各方面感到受欢迎、支持和安全；其次，学生、家长、教师及社区人员经常被调查并征询对学校改进的建议，促进学校受欢迎、支持及安全的环境建设；最后，学校设立监督和评估学校的预防和干预策略，并运用这些证据促进相关政策制定、设施配备、员工素养提升等。

5. 形成富有意义和吸引力的实践、活动、规范以促进成员的社会和公民责任及对社会公正的承诺

首先，塑造教师和学生负责任和道德的行为，这些行为是他们持续学习的反映，使他们拥有知识、意识、技巧和能力去识别、理解并尊重社区成员特殊的信仰、价值观、习俗、语言及传统。要做到这些，需要在课程教学中促进学生对不同信仰、价值观、风俗、语言的

好奇心和对相关仪式活动的参与，并且学生在学校和社区有丰富的机会通过富有意义和吸引力的方式帮助他人。其次，学生和教师彼此之间要给予尊重、支持、道德和礼貌的对待，这需要每一个学生都能在学校找到一个对他关怀和负责的成年人，学校规范有助于负责任的、积极的人际关系的形成，并且保证只有出于支持学生学习的目的才可以启动惩罚程序，尊重每一个学生，并让学生真正有机会在合适的时候去主导和解。最后，学校氛围相关方面取得显著进步时，教师和学生一起参加相关仪式，以庆祝通过他们的合作形成的富有意义的学校和社区生活。

（四）美国学校氛围改革的实施策略

1. 加强对学校氛围改革行动的拨款

2014 年美国联邦政府的"现在正当时"（Now Is The Time）促进学校安全及减少枪支计划中就包含对学校氛围改革的超过 7000 万美元的拨款计划，支持了 38 个州 130 所学校的学校氛围改革，包含学校氛围转变、学校危机预防及突发事件管理等内容。为了推进该项目的实施，美国教育部还拨款在学生安全健康办公室建立国家安全支持的学习环境中心（National Center on Safe Supportive Learning Environments），倡导建立安全支持性的学习环境，为各州的管理者提供培训和支持，并通过评估和项目实施改善学校的教学环境，让所有的学生相信他们都能在拥有安全与支持性的学习环境中取得学业成功。

2. 将学校氛围因素纳入学校质量标准

学校质量是基于学校目标、目标适合度及实现过程中资源利用的有效度和目标达成度所做出的判断。[①] 将学校氛围因素纳入学校质量标准意味着学校氛围相关因素成为质量建设的目标，为此学校必须调动必要资源以促进该目标的有效达成。美国的某些州就采取将学校氛

---

① 蔡永红、毕妍：《美国国家质量奖学校质量标准对我国的启示》，《比较教育研究》2011 年第 12 期。

围因素纳入学校质量标准的方式推动学校氛围改革。例如，阿拉斯加州的学校质量标准就要求针对不同社会经济阶层和文化背景的学生、教师、管理者、家庭和社区成员而设，学校目标和教职员工行为要促进公平和对多元化的尊重，并且学校的环境应具有支持性和安全性。佛蒙特州的学校质量标准强调学校设施和学习环境，要求每一个学校维持一个安全、秩序、文明和积极的学习环境，这样的环境建立在充分的指导和班级管理，明确的纪律和出席制度的基础上，减少戏弄、骚扰和欺侮。蒙大拿州的学校教育相关政策包含在他们的学校改进战略计划中，需要地方当局鼓励教师、学生、家长及社区建立合作及和谐的关系，并制定政策、规程及章程以尊重所有学习者的权利，促进对他人幸福的关怀，排除欺侮、恐吓和骚扰。①

3. 制定专门的学校氛围标准和指导方针

除了一些州将学校氛围因素纳入学校质量标准，也有一些州制定专门的学校氛围标准和指导方针。例如，威斯康星州的指导方针就要求帮助儿童成为关怀的、奉献的、有用的及负责任的公民。学校对学生的行为有着较高的期待。他们提供丰富的专门课程、合作课程及课外机会培养学生自我发展与人际交往的技能。这样的结果是所有的学生都感到自己是安全和有价值的。俄亥俄州学校氛围的指导方针描述了学校如何创造使每个学生都感到受欢迎、尊重和有学习动力的环境。具体可概括为 9 条措施：（1）学校、家长和社区共同支持学生学业发展；（2）将学生的社会情感需要纳入地区的学校改进框架中；（3）评估学习环境并确保它们得到持续改进；（4）维持关怀、参与及管理良好的教室；（5）排除安全隐患使学生更好地关注学习；（6）培养学生社会情感技能以促进他们成功；（7）将学生父母和家庭纳入以在最大限度上扩展他们的学习；（8）向学生授权来密切他们与学校的联系；（9）提供高质量的食物并强调体育活动。另外，

---

① Piscatelli, J., & Lee, C., "State policies on school climate and bully prevention efforts: Challenges and opportunities for deepening state policy support for safe and civil schools", National School Climate Center, 2011.

俄亥俄州的学校氛围指导方针还设置了基准以及建议的活动以帮助学校落实这 9 条方针。

4. 加强对学校氛围改革的评估

以往美国教育测量更多关注阅读、数学等的成绩，越来越高的呼声要求对 K12 学校生活的社交、情感、道德及学业等进行全面的评估。[①] 学校氛围评估满足了这一要求，受到国家学校氛围中心等专业机构及各州教育系统领导及 K12 学校校长的重视。国家学校氛围中心在对以往研究综述的基础上制定了一个包含安全、教与学、人际关系、学校环境及教职员工等五个维度的学校氛围测评指标体系（见表 3-1）。密西西比州则制定了他们自己的学校氛围评估工具，其学校安全与秩序评估工具包含了一个评估清单、访谈问卷及学校地图。评估清单的第一个维度是"积极氛围/预防"，其包含以下三个方面：（1）项目实施程序，如冲突解决、攻击性管理、交往技能、欺侮预防、宽容训练及亲社会技能发展；（2）实施创立主人翁和以学校为荣的氛围计划；（3）制定政策和程序促进多元文化理解及持续的程序应用。加利福尼亚的州教育局制定了一套学校氛围评估工具，包含在"加利福尼亚学校氛围、健康及学习调查问卷"（CALSCHLS）中，并对该州学校实施两年一次测量。近些年通过联邦的"安全、支持学校拨款"（Safe and Supportive Schools grant，S3）的资助，更多的州寻求学校氛围评估，田纳西州就是其中之一。它要求评估与学校氛围相关的参与、安全以及环境等因素，最大限度上帮助和干预这些学校。更多的州通过领导力标准来评估和监测学校氛围或文化，有 13 个州的领导力标准包含氛围指标。密歇根州在学习环境方面要求教师与他人一起创造一个支持个体和合作学习的环境，支持积极地交流互动，活跃地学习参与和自我激励。

---

① Cohen, J., Mccabe, E. M., Michelli, N. M., & Pickeral, T., "School climate: Research, policy, practice, and teacher education. School Climate Research and Educational Policy", *Teachers College Record*, Vol. 111, No. 1, 2009.

表 3-1　　　　　　　　　　美国学校氛围评估维度和指标

维度	指标
安全	
1. 规章制度	针对身体暴力和言语谩骂、骚扰、戏弄等清晰的沟通准则，清晰且不断加强的成人干预制度
2. 人身安全	感受到学校中学生和成人的人身安全和远离伤害
3. 社交情感安全	学生感到远离言语谩骂、骚扰、戏弄
教与学	
4. 学习支持	实施支持性的教学实践，鼓励和建设性的反馈；多样化展示知识与技能的机会；对大胆和独立思考的支持；有助于对话和质疑的氛围；学业富有挑战及个体关怀
5. 社交和公民行为支持	支持社交和公民知识、技能及性情的发展：包括有效地倾听、冲突解决、自我反馈以及情绪稳定、移情、负责和富有道德的决定
人际关系	
6. 尊重差异	相互尊重个体差异（如性别、种族、文化等），包括教师之间、师生之间、生生之间，彼此之间互相宽容
7. 成人社交支持	成人对学生支持和关爱，包括期待学生成功、乐于倾听学生、认识到他们是独立的个体，对学生的问题展现私人关怀
8. 同伴社交支持	同伴之间支持关系的发展，包括对社交、问题、学业帮助和新同学的友好
学校环境	
9. 学校联结/参与	积极地支持学生、教职工及家庭参与到学校生活中去
10. 物理环境	干净、有序且富有吸引力的设施以及充足的资源和材料
教职员工	
11. 领导力	领导能够创造和沟通出一个清晰的愿景，帮助教职工和学生发展
12. 职业关系	教职工之间拥有积极的态度和关系，有效地支持共同的工作和学习

5. 加强对学校氛围改革的资源与技术支持

美国学校氛围改革由国家安全和支持性的学习环境中心（National Center on Safe Supportive Learning Environments）、国家学校氛围委员会、国家学校氛围中心提供资源和技术支持。其中，国家安全和支持性的学习环境中心由美国联邦教育部的学生安全健康办公室建立，倡导建立安全支持性的学习环境，为各州的管理者提供培训和支持，并通过评估和项目实施改善学校的教学环境，让所有的学生相信他们都能在安全与有支持性的学习环境中取得学业成功。27个州为各地区和学校提供与学校氛围改革相关的技术支持。大多数州的技术支持通过州教育局网站以及教育培训的方式提供。例如，佐治亚州教育法案要求制订学校氛围管理计划帮助地方学校和机构增进他们的学校氛围及管理过程，这些过程被设计用来提升学生的学业成就、学生和教师的士气、社区的支持及教师和学生的出席率，同时减少学生的留级、开除、辍学及其他负面的学校环境。新罕布什尔州的公立学校准入的最低标准包含氛围和文化部分，它要求学校管理者提供专业发展机会以支持对一个安全和健康学校环境的政策理解与需求。

（五）对中国学校氛围改革的启示

1. 将学校氛围改革纳入学校质量标准

制定学校质量标准是促进教育质量提高、学校标准化建设和学校改进的重要手段。[①] 将学校氛围纳入学校质量标准意味着需要调整对学校质量的认识及其衍生的目标设置，需要改变以往学校教育质量等同为生源质量、教学质量、结果质量、学业质量的单向度的质量观误区，转而回归人性的教育过程与结果，由原来的只关注学生学习转而为学生提供一个人身、社交、情感安全的支持性学校环境和学习经验，在学校的安全、教学、人际关系、环境等氛围建设方面集聚更多的教育资源，并改变对一个"好学校"的认知与评价。

2. 建立专业的技术与资源支持机构

为推动学校氛围改革，美国成立的国家安全与支持性的学习环境中心、国家学校氛围委员会、国家学校氛围中心等都为学校提供专业的技术和资源支持，这些机构还依托高校的师资力量对学校氛围改革展开持久的、专业的研究。例如国家学校氛围中心就是依托哥伦比亚

---

① 蔡永红、毕妍：《美国国家质量奖学校质量标准对我国的启示》，《比较教育研究》2011年第12期。

大学科亨教授等有着长期学校氛围研究的专业人员组建，为全国学校氛围改革提供持续不断的评估、培训、研究、问题解决方案等支持。中国的学校氛围改革也应建立相应的技术与资源支持机构，可以依托教育部直属的几所著名的师范大学建立国家学校氛围中心，使其为广大中小学提供专业的学校氛围研究、培训、评估及学校管理改进的技术支持。

3. 制定合理的学校氛围改革标准

合理的学校标准制定有助于增强地方学校对学校氛围内涵、目标及实施策略的把握，避免与之前的诸如学校文化、学风等改进项目的混淆。在标准制定过程中，既要吸收美、欧国家学校氛围改革理论与实践经验，又要结合中国的文化特殊性，形成基于中国本土特色的学校氛围的理解，形成本土化、可操作性的标准体系。标准的制定还应建立在充分的校本教材基础上，在一系列有助于学生学习和行为的调研数据的基础上做出对标准的适度判断。标准的制定还应突出教师、学生、家长甚至社区对学校氛围改革的参与，并在此过程中锻炼学生的领导力，促进教师不断学习，更新观点和技能。

4. 实施专业支持的学校氛围评估

美国的学校氛围改革的一个重要理念是基于证据支持，证据是否有效和可信就变得极为重要。[①] 虽然美国大部分州都拥有自己的测评工具，但是只有部分州的教育部正式批准或授权使用经过研究证实的氛围评估工具，其他州的学校氛围测量方法包括未经研究证实的标准参照评估，与氛围标准联系起来的非正式清单，非正式调查和标准比对等评估方法，这引起了专业人士的担忧和质疑。各地学校校长可能期望建立自己本土特色的学校氛围评估工具，但如果不借助专业技术的力量，这些测评工具并不一定能够测得校长们想要测量的问题。因此，在国内实施学校氛围改革的评估需要借助专业力量，按照科学的

---

① Cohen, J., Mccabe, E. M., Michelli, N. M., & Pickeral, T., "School climate: Research, policy, practice, and teacher education. School Climate Research and Educational Policy", *Teachers College Record*, Vol. 111, No. 1, 2009.

程序制定评估工具，并加强对评估工具信效度的修订。

二 美国促进学生情绪智力发展的教师实践改革

（一）促进学生社会情感学习的十项教师学生互动实践①

1. 制定以学生为中心的纪律

以学生为中心的纪律是指教师在课堂上使用的以学生学业与社会情感发展为指向的课堂管理策略。为有效地实施纪律，教师需要使用适合学生发展的纪律策略，并鼓励学生在课堂上有良好的表现。当学生有机会进行自我指导并对课堂上发生的事情具有发言权时，教师就应鼓励这种情况发生。教师不会试图过度地控制学生，也不会使用惩罚措施让学生只产生服从的行为。此外，学生和教师会在课堂上制定和发展共同的规则和价值观。这种策略允许学生把规则与班级运行的总体愿景联系起来，并增加学生的参与度。

同样，教师会制定积极的课堂管理策略，并且这种策略是合乎逻辑和前后一致的。通过这些一致而合乎逻辑的规则，学生们开始学习如何规范自己的行为和解决课堂上出现的问题及困难情境。

2. 改进教师谈话技巧

教师谈话技术是指教师如何与学生交谈的技能与策略。教师应鼓励学生努力学习，与学生交谈从而促进学生的提高。例如，教师不应仅仅表扬学生（例如"你做得很好"），而更应该鼓励学生（例如"我看到你在做数学试卷时很努力"）。当教师真的认真思考他的工作，坦诚地解释他的想法时，往往会获得学生更真实的反馈。此外，教师应该鼓励学生监督和调控自己的行为，而不仅仅是告诉学生应如何去做（例如："当我们遇到一个问题而不知所措时，我们学到了什么？"）。

3. 鼓励负责任的决定

责任与选择是指教师鼓励学生在课堂上对自己的工作做出负责任

---

① CASEL. https：//casel. org.

决定的程度。教师创造了一个使民主规范得以落实的课堂环境，学生在课堂规范与程序制定，学习内容、学习方法等方面做出有意义的参与。民主规则并不意味着所有事情都是学生说了算，而是给学生机会让其在课堂发声。让学生在课堂上感到责任感的还有同伴辅导、跨年级辅导、参与服务学习以及社区服务项目等。当学生将学习扩大到帮助他人时，他们在课堂中往往更能感受到责任感。

4. 教师和同伴提供温暖与支持

温暖和支持是指学生从他们的老师和同伴那里得到的学业和社会情感支持。教师创造一个学生能够感受到老师关心的课堂，并可以通过询问学生学业和非学业问题来表达他们的关怀。教师会讲一些自己的轶事甚至是糗事，并努力让学生知道在课堂上冒险的行为和发问是安全的。教师在课堂上创造机会让学生们感受到其受到同龄人和老师的欣赏。学生可以通过早间会面、课堂和日常瞬间等获得机会与教师分享学习心得。

5. 鼓励合作学习

合作学习是指教师让学生共同努力达到一个集体目标的教学任务。老师要求学生做更多的小组合作，学生们积极地与他们的同伴围绕任务进行有意义的工作。要有效实施合作学习，教师应促进学生做到5个方面：（1）积极相互依存；（2）个人问责制；（3）促进彼此成功；（4）运用人际关系和社交技巧；（5）小组合作。在实施合作学习时，教师应该有一个需要集体问责和个人责任的规定，以确保每个人都参与到学习任务中去。为了对学生的学习和社会情感技能产生影响，学生需要协作处理他们的合作工作，并监控他们朝着目标前进的过程。

6. 鼓励课堂讨论

课堂讨论是指学生和教师围绕内容进行的对话。在课堂讨论中，老师会问更多的开放式问题，并要求学生详细地阐述自己的想法和同伴的想法。当课堂讨论做得很好时，学生和老师不断地建构彼此的思想，并且大部分对话是学生驱动的。为了进行有效的课堂讨论，教师应该培养学生的交际能力。更具体地说，教师要确保学生学会如何扩展自己的思维，并扩大他们同学的思维。学生需要专心听讲，归纳同学们所说的主要观点。教师除了要具备进行实质性讨论所必需的技能，还必须确保学生具备足够的内容知识，以便做到这一点。

7. 鼓励自我反思与自我评价

自我反思和自我评价是教师要求学生积极思考自己学习活动的指导性任务。为了让学生反思自己的学习，教师应该要求他们对自己的学习进行评估。这并不意味着老师只提供答案，学生们看他们是否答对就行了。学生们还需要考虑如何在自我评估的基础上改进自己的学习。为了帮助学生完成这一过程，教师需要与学生共同制定目标和优先次序。如果学生不知道他们在努力做什么，如何实现这些目标，或者什么时候完成这些目标时，学生将更少地投入课堂中。

8. 实施平衡教学

平衡教学是指教师在主动教学与直接指导之间进行适当的平衡，以及个体与协作学习之间的适当平衡。通过平衡教学，教师为学生提供了直接学习材料和接触材料的机会。然而，平衡并不意味着教学方式的均等分配。大多数项目和 SEL 学者提倡积极的教学形式，学生可以以多种方式与内容进行互动，包括游戏、项目和其他类型。虽然主动形式的教学通常是针对学生的，但这些活动不应仅仅是为了好玩，教师应该使用促进学生学习和参与的最佳方式。

9. 鼓励学术出版与学术期望

学术出版是教师实施有意义和富有挑战性的工作，而学术期望主要体现在教师相信所有学生都能成功的信念。学生应该意识到学术研究是非常重要的，老师希望他们成功，他们必须努力工作以挑战成功。然而，这种学术严谨不应导致教师对学生过于严格。教师应确保学生感受到成功的压力，并对完成学业或未能完成学业感到有责任。为了成功地实践这一点，教师必须知道学生在学术上的能力，以及他们对挑战性工作的情感反应。

10. 促进能力建模、实践、反馈、辅导

当教师通过典型的教学周期帮助培养社会情感能力时，能力提升就发生了。课程的目的/目标、新材料/模型的介绍、小组和个人实践以及结论/反思，这些教学周期的每一部分都有助于增强特定的社会情感能力，只要教师把它们融入课堂。在整个课程中，教师应该对学生进行亲社会行为（即积极关系技能）的培养。当学生参加小组活动时，教师鼓励他们积极的社会行为，并指导学生在小组活动中使用积极的社会行为实施亲社会技能。教师还向学生提供反馈，说明他们是如何与同龄人互动的，以及他们是如何学习内容的。如果学生在指导实践中出现问题，老师会指导学生解决问题，并提供解决冲突的策略。

（二）使用教师评价系统来支持社会情感学习：专业的教学框架①

为了系统地改善教学和学习，各州和地区正在重新设计他们的教师评价制度。教师评价改革为各州和地区提供了前所未有的机会，更系统地支持教师及强调学生的关键需求，如社会情感学习。政策制定者和教育工作者都必须了解如何通过现有的教师评价系统和工具，特别是专业教学框架来促进学生社会情感能力的提升。因此，关键是要确定社会情感学习如何适应当前的专业教学框架。

CASEL 提供了一种交叉的模型，它兼顾教师促进学生社会情感学习的 10 种实践以及 3 种受欢迎的专业教学框架：课堂评估得分系统、丹尼尔森教学框架以及马扎诺的观察协议模型（表 3-2）。

表 3-2　　　　　　　　　　　CASEL 专业教学框架

教学实践	课堂评估得分系统	丹尼尔森教学框架	马扎诺模型
1. 制定以学生为中心的纪律	积极的氛围 教师的敏感性 行为管理	创造一个尊重和融洽的环境 学生行为管理	论证了"耐心"的应用后果 承认遵守规则和程序的重要性 显示客观性和控制性
2. 改进教师谈话技巧	积极的氛围 质量反馈	塑造一个学习文化	庆祝学生的成功

---

① CASEL. https：//casel. org.

教学实践	课堂评估得分系统	丹尼尔森教学框架	马扎诺模型
3. 鼓励负责任的决定	尊重学生观点 产出	塑造学习文化 管理课堂程序	建立课堂常规 给学生提供谈论自己的机会
4. 教师和同伴提供温暖与支持	积极的氛围 教师的敏感性	创造一个尊重和融洽的环境 教学评价 展示的灵活和响应性	了解学生的兴趣和背景 给学生表现情感的机会
5. 鼓励合作学习	尊重学生观点 学习方式 分析与问题解决	建立学习文化 让学生参与学习	建立学习文化 让学生参与学习
6. 鼓励课堂讨论	教学对话	建立学习文化 提问/提示和讨论 让学生参与学习	新信息的分组处理 在询问期间管理答复率
7. 鼓励自我反思与自我评价	分析与问题解决		反思学习
8. 实施平衡教学	产出 学习方式 内容的理解 分析与问题解决	与学生的沟通 让学生参与学习	确定关键信息 组织学生与新知识互动 回顾新内容 分块内容"消化" 阐述新的信息 记录和代表新知识 审查内容 审视异同 提供资源和指导 使用游戏理论 保持轻快的步伐 用友好的争论
9. 鼓励学术出版与学术期望	积极的氛围 教师的敏感性 分析与问题解决	建立学习文化	向低期望学生展示价值和尊重 对低期望学生提问 让低期望学生探究错误答案
10. 促进能力建模、实践、反馈、辅导	教师的敏感性 学习方式改进 内容的理解 质量反馈	与学生的沟通 教学评价	提供清晰的学习目标 跟踪学生的进步 检查推理中的错误 练习技巧、策略和过程 修改知识 显示强度和热情

第二节　国外促进学生情绪智力发展的中间系统改革

国外促进学生情绪智力发展的中间系统改革重点关注了家校合作改革。20世纪90年代，国外逐步兴起一种新的教育思潮或方式，即通过学校与家庭的密切合作来推进学校教育改革，促进儿童情绪智力的发展，并取得了显著的成效。研究表明，儿童早期是其一生中情感发展、社会化的关键期，对其未来发展产生着深远的影响。在这一关键阶段，学校和家庭作为儿童最主要的活动场所，是促成儿童情绪智力发展的重要环境载体。倘若这一阶段学校和家庭各自为政，缺乏交流与协作，形不成合力甚至产生冲突，就会严重削弱家庭与学校教育对儿童早期情绪智力发展的作用，导致青少年行为与心理等问题的多发。

一　美英的家校合作实践[*]

开展家校合作教育是近30年来美英国家教育研究与教学改革的重要主题，在家校合作开展过程中，虽然主旨是促进儿童的学业发展，但与此同时亦非常重视促进其情绪智力的发展，并采取了诸多重要举措，具体如下：

政府通过立法、政策颁布等措施推动家校合作促进儿童情绪智力发展。针对《1988年教育法》因过分强调学业结果的标准化考试和测验导致的中小学生对学校教育产生不满、疏远、敌意以及对学习不感兴趣，学生辍学率上升等不良后果，1997年英国政府及时发布了《追求卓越的学校教育》教育白皮书，并通过家校合作，扩大家长参与学校教育范围，促使那些对学校心存厌恶和叛逆的学生热

---

[*] 王树涛、毛亚庆：《美英国家儿童非智力因素培养的家校合作研究》，《现代中小学教育》2015年第8期。

爱学校。① 在美国，1994 年时任美国总统克林顿签署的《教育改革法》的第四部分就是关于家长如何协助办教育，促进儿童身心发展的。而《美国 2000 年教育目标法》的八大目标之一就是所有的学校都要促进它们与家长的伙伴关系，这种伙伴关系的目标之一就是使家长更积极地参与促进儿童社会知识增长与情感培育的活动。美国加州的《家庭学校合作法》则明确规定允许家长每月花 3 小时或每学年花 30 小时时间参加学校的校外教学、亲师座谈会、开放会议、毕业典礼、做义工、出游等活动，以更好地促进儿童的社会化与行为矫正，而雇主则要给予准假，不得扣发薪水，不得歧视如拒绝福利发放、降职、解雇等实质性支持。通过立法，美国的家校合作得以顺畅且持久地进行，这对提升学校对儿童的吸引力，减少儿童学业失败、厌学情绪，提升儿童学业成就动机以及升学率都产生了良好的效果。

学校采取各种措施吸引家长参与学校教育促进儿童情绪智力发展。美英国家充分认识到家校合作对于儿童学业以及身心成长的意义，要求学校积极推动家长参与学校教育的活动、教学以及管理等各个领域。为了吸引家长参与学校活动，美英学校会主动协调父母工作时间与家长会时间的冲突，甚至会为没人照顾孩子的家庭提供保姆服务，使家长抽空出席会议。② 为了促进家长参与学校活动，促进儿童良好学习习惯与学习方式的养成，美国各个学校还建立了家长教育资源库，并在各个年级配备了家长志愿者协调员，在每年的《家长—学生手册》中都有一张供家长和教师签约的合作伙伴协议书。③ 英国学校则从经常参与学校事务的家长志愿者中招聘了部分工作人员作为教学助手，教学助手通过调查，针对学生多样化需求为教师提供更加个人化的教学建议，并针对学生的认知风格，促进其学习策略的优化，

---

① Rich, D., *Mega Skills*, New York, NY: Houghton Mifflin, 1992, pp. 132 – 133.

② Steven, B. A. & Tollafield, A., "Make the most of parent teacher conferences", *Education Digest*, Vol. 1, 2003.

③ 马忠虎：《家校合作》，教育科学出版社 2001 年版，第 152—156 页。

矫正其不良的交往与情感行为。① 而英国学校则吸引学生家长对学生进行帮助和指导，如对社交障碍的儿童，对其在学校的行为进行监督，了解其如何与其他儿童和成人进行交往，帮助其选择玩伴，并有意识地鼓励其与其他儿童交往，还要与教师交流、互相配合，并通过家校联系将信息及建议传达给其父母，共同帮助儿童来克服交往与情感方面的困难。

通过积极组织家长训练项目和家长教育发挥家庭功能促进儿童情绪智力发展。美英国家通过积极组织家长训练项目和家长教育来促进儿童情绪智力的发展，并取得了显著的效果。例如，美国的 PET 父母效能训练项目（Parent Effectiveness Training）通过在训练课程中指导使用角色扮演、技能练习、听讲、理论演示、小组讨论等方式来进行活动，并传授以下技能：积极倾听的能力、非独裁的问题解决方式、调解孩子之间的冲突、营造良好家庭环境以避免无意义冲突的方法、传达家长的价值。② 家庭与学校协同项目（Families and Schools Together）改善家庭关系帮助家长成为孩子消极行为的首要预防者并提高家庭的整体机能，帮助学生优化在校行为表现，防止学生承受过度的校园失败等。③ STEP 有效教养系统训练（Systematic Training for Effective Parenting）主要目的则是增强家长的教养能力，教会家长如何纠正孩子的一些不良行为，并使家长获得更高的自我效能感，课程通过演讲、小组讨论、多媒体演示和角色扮演等方式进行，其教授的内容主要是家庭管理技能以及亲子沟通技能，包括做决定、主持家庭会议、建立信心、有效倾听以及适当地表达感情等。英国则不断推出一系列家长教育计划。例如布莱尔政府倡导的"尊重计划"，旨在解决英国国内不断出现的青年反社会行为、问题家庭和青少年犯罪等问题；

---

① 王艳玲：《英国家校合作的新形式——家长担任"教学助手"现象述评》，《比较教育研究》2004 年第 7 期。

② Perna，L. W.，& Titus，M. A.，"The relationship between parental involvement as social capital and college enrollment：An Examination of racial group difference"，*Journal of Higher Education*，Vol. 76，No. 5，2005.

③ Rich，D.，*Mega Skills*，New York，NY：Houghton Mifflin，1992，pp. 132 – 133.

2007 年则推出了"每位家长事务计划",为学校设计了一套改善育儿技能的新课程,包括如何增进父亲与子女关系、与子女一起从事活动等课程。

二 日本从"学社结合"到"学社融合"

日本的公共教育机构可以分为以学校为主的学校教育机构和以公民馆、图书馆、博物馆等为主的社会教育机构两类。二者在各自独立履行教育职能的前提下,也强调相互合作,共同承担推进中小学生的教育任务。从"学社结合"到"学社融合"是日本这两大类教育机构合作模式的显著转变过程。

"学社结合"强调学校和社会教育机构之间的合作,早期的合作模式是学校通过就地取材、积极学习地方课程,打造扎根于社区的学校教育。在实际运行中,该模式过于强调吸纳社区资源,对于社区贡献这一方面实践较弱,并未能真正实现社区学校所设定的目标和职能。20 世纪 80 年代,"学社结合"强调学校和社会教育设施之间的相互利用和开放,目的在于通过学校资源向社会教育开放推动社会和学校教育资源的整合。这种合作模式为双方互相利用对方的优势资源补充自身的短板,整合教育资源做出了巨大的贡献。然而,它的局限性也是显而易见的,双方并不是平等的合作主体,存在主次之分,只有一方有需要提出要求时,合作才会达成。

不同于"学社结合"的互相补充关系,"学社融合"强调学校和社会教育活动和资源的一体化,是一种互惠共赢的关系。学校教育和社会教育不再固守自己的领地,各扫门前雪,而是在一个整体的教育框架下共同积极主动地发挥能动性,保持有机联系,真正指向学、社一体化。像"通学合宿""综合学习时间"等都是学社融合的典型实践。[①]

---

① 杨雄、刘程:《关于学校、家庭、社会"三位一体"教育合作的思考》,《社会科学》2013 年第 1 期。

三　新加坡的学校—家庭—社区教育合作

新加坡长期致力于构建"学校—家庭—社区"三位一体的教育合作体系，以实现其"重思考的学校，好学习的国民"（Thingking Schools，Learning Nation）的教育目标。为此，新加坡教育部专门组建了社区和家长辅助学校的咨询委员会，为教育部献计献策，促进学校、家庭与社区的教育合作。

新加坡拥有丰富多样的学校、家庭与社区教育合作形式，如家长支持小组、家长教师协会、校友会、导读妈妈/爸爸等。有数据显示，94%的新加坡学校拥有家长支持小组或家长教师协会，为家长—学校建立沟通反馈机制的学校达到93%；约50%的学校为家长志愿者提供了专门的活动空间。这些合作营造了和谐一致的学习氛围，提供了实践创新的环境和资源，不仅有助于学生学业成绩的提高，也有助于学生情感素质、心理健康、人际交往、社会参与等方面的改进。总之，新加坡的教育合作计划致力于打破学校、家庭、社会之间的壁垒，拓宽家庭教育内涵，发掘学校、社会教育资源，构筑家庭、学校、社区一体化的教育体系。①

第三节　国外促进学生情绪智力发展的外部系统改革

一　家长学校

在欧洲和美国等发达国家，以家长为对象的双亲教育活动比较活跃。他们制定了一系列法律法规，建立了各种组织机构，采取了各式各样的手段与措施来调动家长参与教育的主动性和积极性，极大地促进了学生情绪情感的全面发展。

_____

① 杨雄、刘程：《关于学校、家庭、社会"三位一体"教育合作的思考》，《社会科学》2013年第1期。

在苏联的巴甫雷什中学，苏霍姆林斯基创造性地创办了"家长学校"。在苏霍姆林斯基眼中，没有孤立的学校教育。他认为，学校教育的成果是要建立在良好的家庭教育基础之上的。因此，建立完备的家庭—学校教育体系便成为实践苏霍姆林斯基理念的重要教育途径，也是他实施全面发展教育体制的一个重要方面。他创办了家长学校，教给家长心理学和教育学方面的知识，传授为人父母和教育子女的方法，组织家长一起参加家长学校的各项活动。

在英国，家长参与家长学校不仅是家长的一种权利，而且也是对社会资助者负责任的一种方式。家长经常以教学助手的身份参与学校活动，而这些教学助手需要经过专门的培训。家长在培训和担任教学助手的过程中，就潜移默化地获得了家庭教育知识。同时，英国的家庭和学校协会、全国双亲教育联盟等民间团体为母亲提供教育课程，学校的社区服务课程中也包括家长教育方面的内容。

在法国，现有 34 所家长暨教育工作者学校，这些学校起到了协助父母教育孩子的作用。另外法国以全国家庭教育学中心为核心，在全国主办了双亲学校。

而早在 1897 年，美国就成立了规模最大的家长教师联合组织——全国家长教师联合会。该协会在建立之初确定的两项宗旨当中，其中一条就是家长教育。该组织主要有两方面的工作：一是家长为子女参与学校教育；二是学校为学生培训家长。之后从 20 世纪 60 年代中期起，美国实行"开端教育计划"，该计划强调家长对孩子的成长具有十分重要的意义，倡导学校为提高家长的教育水平而展开积极的活动。此外，美国为实施家长教育还制订了专门的家长培训计划，并将学校作为家长教育的基地。①

二　社会公益组织

国外社会公益组织的发展较中国成熟，社会公益组织的分化更加

---

① 肖婷：《我国社区家长学校的问题及对策研究》，硕士学位论文，福建师范大学，2008 年。

精细、专业，有专门的儿童与青少年公益组织，但主要针对的是受虐待儿童、残障儿童的保护，对留守儿童的保护主要集中于对儿童所在家庭的服务、[①] 儿童服务网络的提升、[②] 儿童营养项目，[③] 对青少年女性犯罪者的治疗与康复、对儿童心理健康的保护等。[④] 政府通常向社会公益组织购买服务以提高经济意义上的效率和介入内容上的专业性，社会公益组织融入社会学者、心理学者、经济学者、管理学者和志愿参与的公民、社区矫正人员等，其介入以项目为依托而开展，主要有专项性、公益性和社区性三种服务形式，服务分为有偿式服务和无偿式服务两种，服务较注重社会效益。

三　政府行政部门

在当今全世界范围内，不仅仅是中国，在其他不发达国家或者发展中国家及地区，都不同程度地存在处境不利儿童，且突显出各自独有的特殊性，只是各国对其称谓各有不同而已。菲律宾政府早在1992 年，就颁布了《反虐待、剥削、歧视儿童特殊保护法》，随后1996 年通过了《关于建立家庭法庭》的法令，2002 年则又通过了《儿童早期照料和发展法案》等，尽管菲律宾的经济发展并不如许多发展中国家，但是菲律宾政府对于儿童的保护尤其是特殊儿童的保护极其重视。印度也是一个发展中的大国，在城乡发展上也与我们存在着诸多不平衡发展问题。然而在进入 21 世纪以来，印度政府开始秉持社会公平的理念，对儿童权益加以保护，尤其是为了使教育资源向农村地区以及弱势群体延伸，让所有的孩子都享受同等的待遇。印度

---

① Kemp, Susan P. , et al. , "Engaging Parents in Child Welfare Services: Bridging Family Needs and Child Welfare Mandates", *Children Welfare*, Vol. 1, 2009.

② Jane Tunstill, Jane Aldgate, Marilyn Hughes, "Improving Children's Services Networks: Lessons from Family Centres", *British Journal of Social Work*, Vol. 37, No. 6, 2007.

③ Anonymous Malnutrition, "Bread for the World Calls on U. S. and World Leaders to Improve Nutrition for Women and Children", *Politics & Government Business*, Vol. 10, 2011.

④ Villagrana, Margarita, "Pathways to Mental Health Services for Children and Youth in the Child Welfare System: A Focus on Social Workers' Referral", *Child & Adolescent Social Work Journal*, Vol. 27, No. 6, 2010.

先后多次修改《印度宪法》《教育法》等，从立法上加强政府职能，明确各级政府的主要职能。另外，印度政府在加大财政投入的同时，注重对农村地区以及落后地区的财政倾斜力度，旨在促进城乡公共服务及资源均等化。放眼全球，我们还可以清楚地看到每一个向善的国家，都在致力于保护他们的孩子，尤其是保护那些处于边缘化的孩子。①

四　新闻媒介

有研究显示，在中国留守儿童报道中，媒体暴露了其社会责任缺失的问题，表现在剥夺了媒介主体的话语权、报道模式化、片面化，对社会舆论存在不良引导等问题，这无助于留守儿童问题的解决，反而对留守儿童身心发展具有负面的影响。② 20 世纪 90 年代联合国通过的《儿童权利公约》规定，儿童享有接近媒介、参与媒介的权利通过媒介获取有益信息的权利以及免受成人世界侵害的权利。在此背景下各国相继出台相关政策。美国的传媒规制中保护儿童免受媒体负面内容侵害的政策是较为完善的，具体如下。

首先是出台法律。如，1990 年的《儿童电视法案》、1992 年的《有线电视法》、1996 年的《电信法案》《通讯内容端正法案》，1997 年的"3 小时法令"以及 2006 年的《净化广播电视内容执行法案》等。针对互联网的儿童保护法案主要有：1998 年的《儿童在线保护法案》、1999 年的《儿童在线隐私保护规则》、2000 年的《儿童互联网保护法案》等。这些法律对弱势群体儿童权益保护问题都有所涉及，保护了弱势群体儿童的个人隐私权，保证媒体对弱势群体儿童报道的公正性，减少对该类群体的歧视和伤害。

其次是制定行业规范。美国的行业协会自行制定各种行业规则，进行媒体内容方面的自我规范。如全国广播协会在 1929 年制定了第

---

① 吴锦雯：《关爱留守儿童的政府行为研究》，硕士学位论文，华侨大学，2016 年。
② 张海娟：《农村留守儿童报道的媒体社会责任研究》，硕士学位论文，山西大学，2013 年。

一部无线电广播规则，在 1952 年又制定了电视规则。对新兴的网络媒体的规范同样严格。一方面许多大型的网络内容服务提供商增加了大量适合儿童浏览的高质量的网络内容；另一方面有责任感的网站通过严苛的自律保护儿童的网络使用安全。

最后是社会监管。社会监管是美国广播电视及网络内容监管的重要一环。它一般表现为民众、市民团体（社团）或研究机构的意见或看法。市民团体能够帮助形成广播电视行业的立法及政策环境，同时可以和媒体行业直接交流，对行业的自我规范施加影响。美国《儿童电视法案》就是在"改进儿童电视节目行动"组织、"家长与教师联合行动委员会"、联邦工会委员会以及一些黑人社团、宗教团体等的压力下由联邦通讯委员会和国会进行调研与听证后出台的。[①]

第四节　国外促进学生情绪智力发展的宏观系统改革

一　美国促进学生社会情感学习的政策研究

（一）ESSA 法案对美国社会情感学习的推动

美国前总统奥巴马签署的《每一个学生都成功法案》（Every Student Succeeds Act，ESSA）明确规定支持促进学生的社会情感学习。[②] 该法案具有以下特点：（1）对学生成功给予更宽泛的定义。该法案允许各州和地方更灵活地定义和评估学生的成功，非学术指标被纳入学校质量和学生成功的评估体系。这些指标必须是有效的、可比较的、可靠的和全州范围内的，例如学生参与、学校氛围和安全等指标都被包含在内。（2）鼓励学校建立安全的学习环境并提升学生有效学习的技能，这对学生学业成功至关重要。这在法案中出现两次，一次是为强调教师、校长及其他校领导的专业发展；另一次是为鼓励

---

① 张钢花：《美国儿童媒体保护政策及其启示》，《社会科学论坛》2012 年第 12 期。

② CASEL. Every Student Succeeds Act （ESSA）. http: casel. org/every-student-succeeds-act-essa/.

学生支持与学业发展资助项目的设立，这一项目将允许地方教育机构选择和组织多样性的活动。形成安全、健康、支持和摆脱药物的环境以支持学生的学业发展，帮助防止欺凌和骚扰，丰富诸如有效沟通等社交促进的教学实践，为所有的学生提供指导和辅助，在全校范围内给予积极行为干预和支持。（3）更广泛的专业发展和学习方法。新的法案规定，专业发展必须是持续的（而不是仅有的、一天的和短期的讲习班）、密集的、协作的、工作嵌入的、数据驱动的和聚焦教学的。在全国和各州改进计划中纳入专业的教学支持人员，识别并支持那些最有学业失败风险的学生，解决学校氛围和学校安全问题，并支持学生的心理和行为健康发展。（4）新法案中取消了学校改进计划及其所需的干预措施，代替了《不让一个孩子掉队法案》，为各自由州和学区留有更大的空间，允许它们创建自己的学校改进计划，其中包括社会情感成长为学校改进策略的一部分。（5）建立了一个新的基于证据的教育创新和研究项目，该项目设立了专门的资金，支持和鼓励基于证据的政策和实践创新的发展和推广。[①]

除此之外，该法案对促进学生社会情感学习具有推动作用，包括以下几个方面：

1. ESSA 给社会情感学习实施带来机遇

ESSA 规定：所有学生，尤其是处境不利学生，需要发展自我意识、自我管理、社会意识、社会管理、社交技能及负责任的决定等技能。在课程教学中纳入对学生社会情感学习的关注十分必要，ESSA 提供了丰富的机会，通过授权和资金支持从总体上满足学生社交、情感与学业发展的需求。利用 ESSA：

（1）改革国家问责体系。体系中必须至少包含一个测评学校质量和学生成功的指标可以测量学生参与、学校氛围与学校安全的情况。

（2）每个联邦和州教育部门需要向公民权利办公室（Office of Civil Rights）提交学校质量、氛围和安全的报告，包括休学率、辍学

---

① http：//www.casel.org/federal-policy-and-legislation/.

率、开除率、犯罪、长期缺席（包括请假、无故缺席）、欺凌和骚扰等暴力事件。

（3）Title Ⅰ 整体学校改进项目①可以使用 Title Ⅰ 基金促进所有学生，尤其是那些低学业成就的学生，达到国家学业标准所要求的学业水平。在 NCLB 法案下，该项目只用于教学干预，而在 ESSA 法案下该项目基金可以用于预防并解决学生的问题行为并提供早期的干预服务，并且将这种干预策略从幼儿园转换到小学。

（4）州教育部可以申请资金支持被忽视、拖欠或处于危险之中的儿童和青年，包括"为接受过儿童福利救济以及少年司法管教的青年提供有针对性的服务"。

（5）联邦教育部可以使用资金培养教师有效促进残疾儿童英语学习的能力，而当地资金则可用于学校人员在职培训，帮助教育工作者了解何时和如何指导受创伤影响的学生或有精神病风险的学生的技术和支持；利用转诊机制有效地将这些儿童与治疗和干预服务联系起来；建立基于学校的心理健康方案与公立或私立精神卫生组织之间的伙伴关系；解决与学生学习的学校条件有关的问题，如安全、同伴交往、吸毒和酗酒以及长期休学。

（6）促进州 SEL 相关活动。州教育部可以支持联邦教育部在当地的各种活动，包括那些"创造安全、健康、支持和杜绝毒品的环境，支持提升学生学业成就"或支持执法机关实施校本心理健康干预。

（7）联邦教育部可以使用一部分为提升教育质量的当地资金，用音乐和艺术作为工具，通过建构学生的参与度，支持促进学生成功解决问题、解决冲突，或促进志愿服务和社区参与；为学生提供安全和健康的活动，如学校的心理健康服务等。这笔资金还可以为学校工作人员提供高质量的培训，包括"课堂管理中有效和知情的创伤疗法"

---

① 在这种学校中，至少 40% 的学生来自低收入家庭，这样学校的学生被称为 Title Ⅰ 学生。

和"危机管理和解决冲突技巧"。州教育部应确保联邦教育部至少知道这些开支的预算,并可以确保与他们的策略是一致的,州教育部提供最佳实践的指导和适当的技术援助。

(8)建立21世纪社区学习中心。州教育部授权建立社区组织、非营利组织,以及其他符合条件的单位建立21世纪社区学习中心。资金可以用来建立或扩大向学生、家庭成员和社区成员提供学术和补充服务的中心。州教育部会使用5%的资金去资助提供相关培训和技术支持的活动。

(9)建立全州家庭参与中心。授权教育部长向全州组织颁发赠款,建立全州范围的家庭参与中心,实施家长教育、家庭参与教育计划;或向州教育机构和地方教育机构、支持家庭学校伙伴关系的组织和开展此类方案的其他组织提供全面的培训和技术援助。

(10)支持无家可归的学生。州教育部在使用基金时,必须在"麦金尼—文托无家可归援助法案"下支持无家可归儿童和青年的教育协调办公室的工作。该协调办公室负责各种活动,包括协调与州教育部、社会服务机构,以及其他相关机构为无家可归的儿童和青少年提供教育服务和合作。作为这项倡议的一部分,州教育部应确保这些服务满足无家可归儿童和青年的社会情感学习需求。

(11)改善学前教育质量。州政府可申请学前教育发展补助金,其中包括为农村地区最脆弱或缺医少药的人群和儿童制订的服务计划。另外,可以制订一项战略计划,在国家和地方教育机构现有方案中开展协作、协调和质量改进活动。

2. ESSA法案下的社会情感学习促进策略

《每一个学生都成功法案》(ESSA)给州和地方教育部门一个机会,使其重新考虑当地公共教育的目标和政策。根据新的法律,教育领导人有更大的灵活性来定义学生的成功,并设计自己的制度和程序,以确保教育公平。这种方式转变使决策者能够制定全面的战略,考虑到儿童学习和发展的各个方面,包括社会情感技能,这些技能有助于儿童在学校和生活中取得成功。

儿童的社会情感发展常常被称为美国教育体系中"缺失的一角"。然而，大量的研究表明，社会情感学习（SEL）的方法，如自我意识、自我管理、社会意识、人际交往技能和负责任的决策与学生长期的学业和职业成功有关。SEL 干预可能是积极的学校变革的重要组成部分。

以下列举了决策者可以将 SEL 方法纳入的 5 种方法和战略：

（1）展现一个学生成功的清晰愿景

第一步，也是最重要的一步，政策制定者可以在制订 ESSA 计划时展现一个学生成功的综合愿景，学生的发展包括多个方面，其中就包括社会情感发展。政府从不同的角度定义学生的发展（如非学业技能，学生的全面发展，21 世纪能力等），但它们都来自一个统一的前提，就是要求学生能够应用知识和技能来理解和管理自己的情绪，设定目标，建立积极的人际关系，并做出负责任的决定。一些州已经有了幼儿园或 K12 学校标准以促使学生获得这些技能。此外，所有州都正式采用了儿童早期标准，其中包括社会情感领域的学习。能够在国家统一计划中阐明学生成功的全面构想，使决策者能够制订解决儿童发展多层面问题的方案和制度。

南卡罗来纳州的愿景规定所有的学生都将"为大学、事业和公民的成功做好准备"，并制定了南卡罗来纳州毕业生的一揽子素质组合作为其计划的基础。该框架确定了每个学生在高中毕业后应该具备的知识、技能、生活和职业特点，其中包括自我指导、全球视野、毅力和人际关系技巧，这些都是学生社会情感发展的重要方面。

伊利诺伊州有先进的综合标准，体现了整个州的愿景，并将该愿景嵌套在整个州的健康系统中，支持所有社会和经济安全的社区。在整个计划中，除了具有挑战性的学术标准和对学生成绩的高期望之外，人们还认识到学生的社会、情感和行为需要。

在马萨诸塞州，教育的核心策略之一是支持社会情感学习、健康和安全。因此，该州正在致力于制定支持性政策与在该领域的从业人员和其他州机关合作推进安全、积极、健康、文明的制度和策略，以及包容性的学习环境，以满足学生各种不同的需求，提高所有学生的教育成果。

（2）促进专业发展，提高教育工作者的能力

为了实现一个重视所有学生的社会情感发展的愿景，教育工作者必须能够有效地将其融入到他们的日常实践中。当教师表现出适当的行为，并为学生提供学习和应用这些技能的机会时，学生就能在课堂上提升社会情感能力。伟大教师和领袖中心（The Center for Great Teachers and Leaders）已经确定了10种支持 SEL 的教师实践，包括以学生为中心的教学，鼓励学生努力工作的教师谈话技巧，课堂上鼓励学生负责任并给予学生选择，提供教师和同学的热情和支持，鼓励合作学习策略，如支持小组工作，鼓励课堂讨论，鼓励自我反思与自我评价，推动直接教学、小组学习和独立工作之间的适当平衡，鼓励学术出版并对学生高期望，促进能力建设指导包括建模、实践、反馈和辅导。

ESSA 法案提供多种机会为州和地方政府在这些领域为教师提供系统的支持。Title Ⅱ，Part A 的灵活性允许地方教育部门使用资金为学校工作人员提供技术培训和支持，向有危险的学生提供心理健康服务，以及处理诸如安全、同侪互动、吸毒和酗酒以及经常缺课等问题。

（3）以证据为基础的 SEL 干预作为学校改进策略

以证据为基础的干预措施会影响学生的社交和情感技能的发展，这可能是课堂或学校发展变化的有力证据。研究表明，经历这些干预的学生表现出了更大的学术努力和成就。根据 ESSA 法案，各州教育部门必须至少保留7%的款项给予整体低成就的学校以综合支持和改进。康涅狄格州就将向各区域提供一个模板、指导文件（有要求），以及在完成地方教育主管部门计划之前完成需求分析所需要的各种形式的培训。州将建立基于证据的实践指南，以确定多领域基于证据的干预措施/做法，包括早期学习、学校氛围以及学生、家庭和社区参与等。

（4）利用第四章（Title Ⅳ）赠款实施 SEL 战略

与之前的学校改进项目资金控制较严格不同，所有地方教育主管部门都有资格从新学生支持和学业改进赠款项目（ESSA，Title Ⅰ，Part A）中获得资助，以确保所有学生获得全面的教育。例如 ESSA2017 财年就拨款 1.65 亿美元给学生支持和学业改进资助项目。ESSA 规定地方教育部门获得 30000 美元资助中必须至少有 20% 的资金用于支持全面的教育机会，至少 20% 用于支持安全和健康的学生活动，以及一部分支持有效地使用技术。地方教育行政部门只要符合地区规章，可以在提供学生项目和服务类型方面具有较大的灵活性。例如，资金可用于具体的干预措施，增强学生的适应力和自控力，或在全校范围内实施积极的行为干预与支持框架（PBIS），这一框架集成了 SEL 的选择方法。地方教育行政部门也可以灵活地与社区合作组织对青年发展、家长参与、健康行为有益的工作。

（5）与 SEL 相关的数据对公众透明

州和地方都要制定年度报告卡，报告州、地区和学校表现的信息。报告卡在保证所有学生教育结果和过程透明方面发挥重要作用，并促使州和地方教育行政部门将目光聚焦于能够促进学生社会情感学习的学习环境。

各州和地方教育行政部门可以从多渠道获得这些信息数据，例如学生调查、学生和教师意见、学校质量评估以及一些管理数据，如考勤率、留级率等。这些数据可作为评估学生参与程度、建立积极的关系以及学校和地区其他方面的有用诊断工具。除了提高这些领域的公共透明度外，定期检查这些数据有助于学校领导调整规划和支持，确保所有学生都在不断改进。一些更具数据收集经验的州则将这些评估指标纳入全州范围的问责体系。在 ESSA 的指导下，各州现在可以自主制定至少一个衡量"学校质量和学生成功"的指标作为他们全州问责体系的一部分。[①]

---

① Chrisanne，G.，"How state planning for the every student succeeds act（ESSA）can promote student academic，social，and emotional learning：an examination of five key strategies"．

（二）联邦政府的大力支持

1. 成立全国社会情感和学业发展委员会

在过去 20 年中，该领域最重要的发展事件之一，是 2016 年 9 月阿斯彭研究所发起了全国社会情感和学业发展委员会。委员会正在团结来自教育、研究、商业、卫生和军队等多个部门的领导人，为促进教育成功提供更广阔的视野。各成员将探讨如何在学校设计和文化以及教学中充分融入社会情感和学业发展。作为这项工作的一部分，该委员会向全国各社区的教师、家长以及学生进行请教和咨询。

该委员会认为，如果不能建立一个学生在生理上、情感上和心理上安全的学校，学生的学业成功就无从可谈。另外，教师素质是促进学生社会情感学习的一个重要因素，因此需要注重促进教师专业发展，为教师提供他们所需要的资源和工具。

2. 联邦教育部的大力支持

联邦教育部积极参与促进社会情感学习项目在全国的开展，比如组织白宫防止校园欺凌高峰会、性暴力防治国家首脑会议，颁布新的指导方针，以解决学校和校园内的性暴力问题。① 长期以来，欺凌行为被误解为"孩子毕竟是孩子"的习以为常的现象，并没有引起美国上下的关注。然而，欺凌是一个严重的问题，它不仅影响孩子的自尊和情绪幸福感，而且会严重影响孩子的学习能力。美国联邦前教育部部长邓肯认为，一所伟大的学校一定是一所安全的学校：每个孩子都有资格接受高质量的教育，如果孩子在学校感觉不到安全，他们就不能得到高质量的教育。校园欺凌现象的消除需要整合学生、教师、职工、家长以及城市公民的力量共同作出改变。与此同时，美国联邦教育部颁布新的指导方针以帮助学校、学院和大学更好地理解他们根据联邦民权法承担的义务，以防止和应对校园性侵犯问题。

---

① https：//blog. ed. gov/2011/04/social-and-emotional-learning-to-support-student-achievement/.

3. 颁布"现在正当时"法案，改善学校氛围，保护学生安全

2014 年美国联邦政府颁布的"现在正当时"法案的促进学校安全及减少枪支计划中就包含学校氛围改进的内容。为此，美国教育部制订了超过 7000 万美元的拨款计划，支持 38 个州 130 所学校进行学校氛围改进。该拨款计划包含学校氛围转变、学校危机预防及突发事件管理等四类拨款项目：

其中，学校氛围转变学区拨款向 23 个州、华盛顿特区和美属维尔京群岛 71 个学区资助超过 3580 万美元，用于开发、加强或扩大支持实施以证据为基础的多层次行为框架的制度，以改善学生的行为结果和学习条件。该计划的目标是将儿童、青年和家庭联系起来，提供适当的服务和支持；改善学龄青年学习和行为结果的条件；提高对学龄青年心理健康问题的认识和应对能力。

学校氛围转变项目向 12 个州提供 730 万美元以上的资金，以发展、加强或扩大全州范围内对学区和学校的支持和技术援助系统，实施基于证据的多层次行为干预框架，以改善所有学生的行为结果和学习条件。提供长达五年的资金，总额超过 3600 万美元。

学校危机预防拨款项目用于为学生提供帮助。他们提供处理创伤和焦虑的咨询服务，给学生社会情感支持以帮助他们处理暴力的影响，以及提供其他校园暴力和冲突的预防和解决策略。在 14 个州的 22 个学区中，超过 1410 万美元的奖金用于校园咨询服务，或转介到社区咨询服务。这部分拨款还用于改善校园环境以减少骚扰、欺凌、暴力、黑社会参与和滥用药物的发生率。这些赠款项目还解决了奥巴马总统"我兄弟的监护人"（My Brother's Keeper）计划的一个关键目标，即确保学校能够为所有青年提供社会、情感和行为支持，包括那些能使所有学生从高中毕业准备上大学和从事的人。

突发事件管理拨款用于帮助学区制定和实施学校突发事件的管理行动，为学区提供相应的培训和技术支持。提供超过 1300 万美元给 25 个州以拓展它们的能力，协助学校开发和实施优质学校急救行动计划（Emergency Operations Plans）。

4. 学生支持和学业活动资助

美国教育部发布的非规范性指导以帮助各州、地区和学校在 ES-SA 法案 Title IV，Part A "学生支持和学业活动资助"（Student Support and Academic Enrichment Grants）项目框架下为学生提供更全面的教育。这个新项目关注学生的安全和健康，以及技术如何集成到学校改善教与学。除此之外，还强调获得全面的教育，包括各种各样的学科，如音乐、艺术、社会学、环境教育学、计算机科学以及公民教育等。

（三）制定社会情感学习标准

1. 美国 50 个州社会情感学习标准概要①

制定清晰的、独立的，并与学生年龄相匹配的社会情感学习标准。为支持学生的发展，拥有一个学生在不同阶段应该发展能力和技能的清晰定义十分重要。识别这些学习目标十分必要，因为它们有助于将社会情感发展确定为教育的明确优先选项，形成与学业和学科目标一致但独立的目标。综合的学习目标包括横跨自我意识、自我管理、社会意识、社交技能及负责任决定等五个社会情感能力领域的基准。高质量、独立的社会情感学习目标或能力能够提供简明的、一致的陈述，基于研究指明学生应该知道什么，能在社会情感上做什么。

将社会情感学习标准融入学业标准中。社会情感学习标准与学业标准相似但又不同于学业标准。它们的相似之处在于，它们为跨年级的学生提供学习目标，并为学生确定发展的重要阶段。然而，它们又是不同的，社会情感能力随着我们在整个生命历程中不断学习和应用而不断递增。此外，个体对社交能力和情感能力的使用可能取决于他/她所处的环境和所处的文化。社会情感能力是与学业成绩相关的自我发展，使学生能够发展他们在学业、事业和生活中取得成功所需要的技能。因此，社会情感目标应该结合起来，与学术目标相一致，

---

① CASEL. State scan. https：//casel. org/state-scan-scorecard-project-2/.

相互支持。

将社会情感学习与支持社会情感的教师实践指南合并。教育工作者可以通过多种方式支持学生的社会情感发展，包括通过个人学习计划以及整个学校的日常教学。为了支持社会情感学习项目的实施，国家和地区应提供指导，说明成人如何通过教学实践以及管理人员支持教师实施这些做法的方式来支持学生的社会情感发展。同样重要的是帮助教师反思和发展他们自己的社会情感能力。

提供如何创造一个积极学习环境的指导方案。积极的学习环境对学生和成人的社会情感发展至关重要。当学生和教师在一个安全、支持性以及联系紧密的环境之中学习和工作时，他们更有可能发展出他们成功所需要的社会情感技能。因此，至关重要的是提供指导，说明社会情感学习如何有助于学习条件和教学条件的改善。

使社会情感学习具有文化和语言的适切性。社会情感行为是通过一个人的社会和文化滤镜，包括他或她的文化历史，在他或她的社区中发现的实践，以及他或她的个人身份来调节的。因此，要重视文化对我们运用社会情感能力的影响。在制定社会情感学习指导方针和政策时，国家和地区应制定指导方针，说明如何使社会情感学习指导和实践在文化上敏感和语言上适当，以便实践不会进一步助长或支持思维定式。教育工作者认识到自己的文化滤镜，尊重和支持学生的文化体验是很重要的。例如，文化在交际风格上各不相同，因此在帮助学生发展交际技巧时，考虑他们的文化是很重要的，因为这些技能在不同的语境中都会有效。

将社会情感学习与推动执行的战略和工具相连接。发展社会情感能力的一个重要目标是培养教育者了解学生成功地掌握自己的自我管理、人际关系、学校和生活选择的知识和能力。因此，重要的是要连接到支持高质量实施的工具，包括支持成人社会情感福祉的工具。

2. 伊利诺伊州的社会情感学习标准①

目标 1：培养自我意识和自我管理能力，以达到学业和生活的成功

几个关键的系列技能和态度为实现学校和生活的成功奠定了坚实的基础。一个包括了解你的情绪，如何管理它们，以及如何有建设性地表达它们。这使人能够处理压力，控制冲动，激励自己坚持不懈地克服目标实现的障碍。一套相关技能包括准确评估能力和兴趣，建立优势，以及有效利用家庭、学校和社区资源。最后，至关重要的是，学生能够监测他们的进展，实现学业和个人目标（表 3 - 3）。

表 3 - 3　　　　　伊利诺伊州的社会情感学习标准目标一

学习标准	小学前期	小学后期	初高中	大学早期	大学后期
A 识别并管理个人的情绪与行为	识别并准确地界定情感，以及他们如何与行为相联系	能够描述一系列的情感，并阐明引发这种情感的情境	分析影响造成压力和激励成功的因素	分析思维与情感如何影响决策与负责任的决定	评估在不同情境中如何表达自己的情感及对他人的影响
	能够控制冲动性行为	能够用一种社会可接受的方式展示自己的情感	管理压力和激励成功表现的应用策略	发展更积极的态度的方式	评估如何表达更积极的态度及对他人的影响
B 识别个体的素质与额外的支持	识别个体的喜好、需求、优势与挑战	描述个体想要发展的技能与兴趣	分析个体素质如何影响选择和成功	优先提升自己的优势并识别需要改进的不足	实施一个建立优势、满足需求及解决挑战的计划
	识别家庭、同伴、学校及社区的优势	解释家庭成员、同伴、学校及社区成员如何学业成功和负责任的行为	分析如何利用学校和社区的支持与机会为学校和个体成功服务	分析积极的成人模范和支持如何有助于学校和个体的成功	评估如何通过发展兴趣和提供有效角色支持促进学校和个体成功

---

① Illinois Social Emotional Learning Standards. casel. org/wp-content/uploads/2016/06/Illinois-SEL-Stands. pdf.

学习标准	小学前期	小学后期	初高中	大学早期	大学后期
C 展示实现人格和学业目标的相关技能	描述学校在实现个人目标中的重要性	描述设置和实现目标的步骤	设置一个短期并计划实现的目标	识别利用资源和排除障碍以实现目标的策略	制定实现一个二级目标的步骤、时间节点和标准
	识别学业成功和课堂行为的目标	监测实现短期目标的过程	分析自己能够或不能够实现一个目标的原因	实施排除策略以实现目标	监测实现个体目标和评估个人表现的过程

目标2：利用社会意识和人际交往技巧来建立和维持积极的关系

建立和维持与他人的良好关系是学校和生活中成功的关键，需要有能力识别他人的思想、情感和观点，包括自己与他人的不同。此外，建立积极的同伴关系、家庭关系和工作关系需要合作的技巧，尊重的沟通，以及与他人建设性地解决冲突（表3-4）。

表3-4　　　　伊利诺伊州的社会情感学习标准目标二

学习标准	小学前期	小学后期	初高中	大学早期	大学后期
A 识别他人的感受和观点	识别他人经历的与自己不同的情境	识别他人感受的语言、肢体与情境线索	在多变的环境中预测他人的感受和观点	辨识自己与他人观点的异同点	展示如何表达对持有不同观点人的理解
	利用倾听的技能识别他人的感受和观点	描述他人表达的感受和观点	分析一个人的行为是如何影响他人的	使用谈话技能了解他人的感受和观点	展示与他人的情感共鸣
B 识别个体与群体的异同点	描述不同人之间的异同点	识别不同社会和文化群体的差异和贡献	解释个体、社会和文化的差异如何增加攻击性和欺凌，以及解决的办法	解释刻板与偏见的来源及负面效应	评估尊重他人和反对偏见和刻板的策略
	描述他人身上积极的品质	展示自己如何有效地与不同于自己的人一起工作	分析基于个体和群体差异的反欺凌行动效果	展示对来自不同社会和文化个体的尊重	评估对他人权力的支持以及对公共利益的贡献策略

学习标准	小学前期	小学后期	初高中	大学早期	大学后期
C 使用交流与社交技能与他人有效地沟通	识别与他人较好工作和交流的方式	描述结交朋友和保持友谊的方式	分析与他人建立积极关系的方式	评估寻求他人支持和提供他人支持的效果	评估日常与同伴、教师和家庭的交往中交往与沟通的技能
	展示合适的社交和课堂行为	分析在团队有效工作的方式	展示团队合作促进团队的有效性	评估作为团队成员或领导时个体的贡献	计划、实施和评估在团队项目中的参与
D 展示预防、管理和解决沟通冲突的建设性方式	识别同伴经常会发生的问题与冲突	描述冲突的原因和结果	评估预防和解决人际问题的策略	分析如何准确地倾听和提供在冲突解决方面的帮助	评估使用谈判技巧达到双赢的解决
	识别解决冲突的策略	使用建设性策略解决冲突	界定不健康的同伴压力并评估阻止策略	分析冲突解决技能如何有助于团队的工作	评估当前的冲突解决技能和计划及如何改进它们

目标3：在个人、学校和社区环境中展示决策技巧和负责任的行为

促进自己的健康，避免危险的行为，诚实地和公平地对待他人，保持自己的课堂、学校、家庭、社区和环境的良好，对民主社会的公民是必不可少的。要达到这些结果，就必须有能力在准确地做出决定的基础上解决问题，产生可供选择的解决方案，预见每个问题的后果，并从决策中评估和学习（表3-5）。

表3-5　　　　　伊利诺伊州的社会情感学习标准目标三

学习标准	小学前期	小学后期	初高中	大学早期	大学后期
A 决策制定时考虑伦理、安全和社会因素	解释为什么伤害他人的无端行为是错的	展示尊重自己和他人利益的能力	评估诚实、尊重、公正及同情如何纳入个体的决策考虑	展示在做出决策时的个人责任	应用道德原因评估社会实践

续表

学习标准	小学前期	小学后期	初高中	大学早期	大学后期
	识别指导行为的社交规则和安全考虑	展示社交规则影响决策制定和行为的知识	分析学校和社会的规则	评估社会规则和权威期望如何影响个人的决定和行动	检验不同社会和文化规则影响其成员的决策和行为
B 应用决策技巧负责任地处理学业和社会情境	识别一系列学生决策	识别和应用系统化的决策制定步骤	分析决策制定技能如何增进学习习惯和学业表现	评估收集信息、制订替代性方案、参与决策结果的个人能力	分析当前的决策如何影响大学和职业选择
	在与同学沟通时做出积极的选择	为一系列学业和社会情境做出替代性解决方案	在参加不安全不道德活动时评估压力排除策略	应用决策技能建立负责任的社会和工作关系	评估负责任的决定如何影响交往和团队关系
C 有助于增进个体的学校和社区幸福感	识别并展示有利于班级的角色	识别并表现出有利于学校社区的角色	评估个体的参与努力解决学校的需要	计划、应用并评估促进学校氛围的活动和组织中个体的参与	与其他人一起合作进行计划、实施、评估一个满足学校需要的项目
	识别并展示有利于家庭的角色	识别并表现出有利于当地社区的角色	评估个体的参与努力解决当地社区的需要	计划、应用并评估有利于当地社区的活动和组织中个体的参与	与其他人一起合作进行计划、实施、评估一个满足社区需要的项目

二　西方发达国家促进家、校、社合作的政策法律

西方发达国家一直有重视家庭—学校—社区关系的传统，尤其是对家校联系，政府通过立法、政策颁布予以重视。1870 年英国颁布的《初等教育法》，初步提出了家校合作的思想。1872 年的《教育法案》则指出："每个学校都应设有家长和市民代表的建议委员会。"该法案体现了家校合作教育思想的萌芽，但此阶段家校合作尚未引起政府足够的重视。直到 20 世纪五六十年代，在民间家校组织的推动下，家校合作才引起政府的高度重视。英国政府于 1944 年颁布的《教育改革法案》，1967 年发布的《普劳登报告》和 1967 年发布的《泰勒报告》，都采取重视和推动家校合作的政策，扩大家长的教育

权利，制定家校合作的教育政策，促进教育改革。美国联邦政府则先后颁布了《初等中等教育法》（1965）、《先行计划》《跟踪计划》《家长教育权和隐私法》（1974）、《全体残疾儿童教育法》（1975）、《哈金—史达佛改善小学修正案》（1988）等，对家长参与学校教育提出了明确的要求。1983年《国家处于危机之中：教育改革势在必行》的教育改革报告向家长明确提出"你们肩负着积极参与教育你们孩子的责任"。这些法案和计划体现了这一时期美国家校合作的政策，为美国家校合作的成熟奠定了基础。

美国联邦政府《2000年目标：美国教育法案》开始将家长参与学校法制化，并且在后来的历次修订中这一法制化不断得到确认。该法案第6条规定："每个美国成人都应会识字，并具有在全球经济竞争中所需的知识和技能……向家长提供成人教育、培训和终身教育。"第8条则规定："所有学校都要促进它们与家长的伙伴关系。"进入21世纪，美国逐步构建家庭、学校和社区合作的新型伙伴关系。2002年布什总统签发的《不让一个孩子掉队法案》，重新定义了"家长参与学校"。英国则于2006年制定了《家长参与学校教育法案》，同时颁布了《家长参与学校教育指南》和《家长参与学校教育工具包》两个法律文件，促进家长参与学校教育。不仅如此，英国教育于2006年还推行了《家长责任契约》，重新界定了家长在学校家庭关系中的责任和义务。

第五节　本章小结

本章使用发展生态学框架，结构化地比较了国外促进儿童情绪智力发展的政策与实践。研究发现，国外尤其是美国在促进儿童情绪情感发展方面拥有系统化的政策和实践设计。微观系统中，国外重视学校氛围与教师的实践的改革，设定了学校氛围改革的重点、标准及实施策略，设计了促进学生社会情感学习的教师学生互动实践以及专业教学框架；中间系统中，国外重视家校合作，通过政府立法、政策颁布，学校采取措施以及各类项目的实施来保障和推进家校合作；外部系统中，国外重视家长学校的建设、社会公益组织的介入、政府行政部门的行政干预以及新闻媒介的规范；宏观系统中，国外政府颁布各种法案、制定标准来促进学生社会情感学习，并特别重视中间系统的政策法律建设。以上实践有效而富有洞见，对于促进中国留守儿童情绪智力发展具有重要的借鉴意义。

第四章 我国留守儿童发展的教育支持政策系统研究

第一节 留守儿童教育支持的政策文本描述

政策在整个留守儿童关爱与保护体系中无疑起着统领、指导与保障的作用，对留守儿童教育支持政策进行系统梳理和研究具有重要意义。通过清华大学政府文献中心政策文献库进行留守儿童教育关爱政策文本收集，以"留守儿童"为关键词进行搜索，对搜集到的文献进行甄别，共收集中央一级26个部委有关教育支持的政策文本236份。首先教育部发布的政策文本最多，共有106份，占总政策文本的44.9%，教育部的政策文献涉及微观系统的学校教育、家庭教育、社区教育，中间系统的家校合作，外部系统的教育行政主管部门以及宏观系统的社会氛围塑造及教育政策制定等多个领域；其次是卫计委，共颁布48份政策文本，占总政策文本的20.34%，卫计委的政策主要涉及家庭教育、学校卫生服务等领域；最后是国务院，共颁布了47份政策文本，占总政策文本的19.92%，国务院颁布的政策文献也遍布微观系统、中间系统、外部系统及宏观系统等多个层次和领域。

从图4-1、图4-2可见，2004—2017年，我国留守儿童教育支持政策的中央一级政策文本总体上呈现显著上升的趋势，并呈现出阶段性。

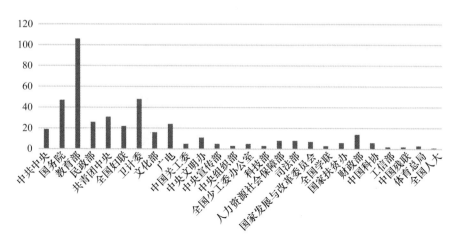

图 4-1 留守儿童教育支持政策的部际分布

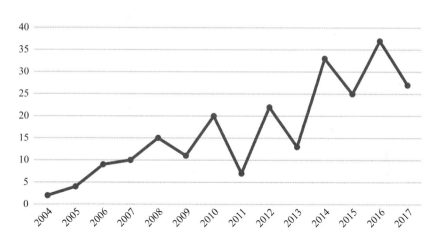

图 4-2 留守儿童教育支持政策的时间分布

一 2004—2006 年留守儿童教育支持政策颁布情况

此阶段中央政府开始重视留守儿童问题，各部委开始出台政策给予关爱。实际上留守儿童问题很早就出现，但一直没有引起足够的重视。自 2004 年四川省一名留守儿童因父母外出打工无人照顾而出现严重事件被曝光后，作为一个社会转型背景下的社会新问题，开始引起广泛的关注。随着《人民日报》《光明日报》、中央电视台、新华网等主流媒体的"狂轰式"报道，学界也迅速将目光投向它。2004年5月底，教育部基础教育司召开了"中国农村留守儿童问题研究"研讨会，这标志着留守儿童问题正式进入政府工作日程，成为留守儿童报道、研究和干预迅速"升温"的重要推力。与此同时，教育部颁布了《关于学习贯彻〈中共中央国务院关于进一步加强和改进未成年人思想道德建设的若干意见〉的实施意见》，其中就提到要针对当前社会反映强烈的农村"留守子女"的教育问题，进行专题研究，采取有效措施加以解决。

二　2007—2009 年留守儿童教育支持政策颁布情况

此阶段有关留守儿童教育支持的政策文本数量迅速上升。2007年中共中央组织部、全国妇联、教育部、公安部、民政部、卫生部及共青团等7部委联合颁发了《关于贯彻落实中央指示精神积极开展关爱农村留守流动儿童工作的通知》，要求各地教育行政部门要按照《义务教育法》的要求，尽快制定保障农村留守流动儿童平等接受义务教育的法规、政策。农民工输入地要坚持以公办学校为主接收农民工子女接受义务教育，降低入学门槛，简化入学手续，收费与当地学生平等对待，不得违反国家规定向农民工子女加收借读费及其他任何费用，保证他们进入城市后能够尽快入学接受义务教育。要建立农民工子女义务教育经费保障机制，将农民工子女教育经费全面纳入公共财政保障范围，按照学校实际在校人数拨付公用经费。要加强接收农民工子女公办学校的基础设施建设，将中小学校新建和布局调整工作与接纳农民工子女就学统筹考虑，协调发展。农民工输出地教育行政部门要积极配合当地政府，建立教育、公安、司法、妇联等有关部门分工协作的教育管护工作机制。要结合"农村寄宿制学校建设工程"和"中西部农村初中改造工程"的实施，加强寄宿制学校建设，优先满足留守儿童的寄宿学习需求，并努力为他们提供良好的学习、生活和监护条件。在核实教师编制和核拨教育经费时，要对接收留守儿童较多的学校给予倾斜。要建立留守儿童动态监测机制和档案库，及时掌握、分析留守儿童的学习、生活情况。鼓励学校组织教师、学生与留守儿童建立帮扶制度，特别要重点帮扶思想品德有偏差、心理素质有异常、学习生活有困难的留守儿童。要根据农村留守儿童实际，开发有关校本课程，加强自我保护、安全、法制、心理健康等方面的教育。

三　2010—2015 年留守儿童教育支持政策颁布情况

此阶段有关留守儿童教育支持的政策仍然在迅速上升，但由于缺乏总体部署，此阶段留守儿童教育支持政策颁布数量呈现"之"字形波动状态。中共中央、国务院于 2010 年颁布了《国家中长期教育改革和发展规划纲要（2010—2020 年）》，主要从学前教育和寄宿学校建设方面关注留守儿童教育。首先是加强留守儿童幼儿园入园，要求重点发展农村学前教育，努力提高农村学前教育普及程度，着力保证留守儿童入园。其次是加快农村寄宿制学校建设，建立健全政府主导、社会参与的农村留守儿童关爱服务体系和动态监测机制。加快农村寄宿制学校建设，优先满足留守儿童住宿需求，改扩建劳务输出大省和特殊困难地区农村学校寄宿设施，改善农村学生特别是留守儿童寄宿条件，基本满足需要。随后几年只要党中央国务院制定一个相关的重要政策就会出现政策颁布的小高潮，而高潮之后则是一次次小低谷，政策颁布出现较为剧烈的波动性。2012 年国务院颁布《全国农村经济发展"十二五"规划》，明确要求办好农村教育事业。合理配置公共教育资源，重点向农村、边远、贫困、民族地区和革命老区倾斜；改善农村中小学办学条件，保留并办好必要的村小学和教学点，加强农村中小学寄宿制学校建设，加大农村中小学师资队伍建设力度，提高农村义务教育质量和县域内均衡发展水平；对于农村义务教育阶段学生，实施营养改善计划，政府免费提供教科书，免寄宿生住宿费，并为家庭困难寄宿生提供生活补助；大力发展农村学前教育，加强农村幼儿园建设，努力提高农村学前教育普及程度，保证留守儿童入园。此政策一出，各部委迅速行动，当年仅中央一级政府颁布有关留守儿童教育支持的政策就达 22 份。2013 年中央政府相关政策出台的数量则迅速下降到 13 份。而到了 2014 年，国务院出台了《关于进一步做好为农民工服务工作的意见》，要求建立健全农村留守儿童、留守妇女和留守老人关爱服务体系。实施"共享蓝天"关爱农村留守儿童行动，完善工作机制、整合资源、增加投入，依托中小学、村民委员会普遍建立关爱服务阵地，做到有场所、有图书、有文体器材、有志愿者服务。继续实施学前教育行动计划，加快发展农村学前教育，着力解决留守儿童入园需求。全面改善贫困地区薄弱学校基本办学条件，加快农村寄宿制学校建设，优先满足留守儿童寄宿需求，落实农村义务教育阶段家庭经济困难寄宿生生活补助政策。实施农村义务教育学生营养改善计划，开展心理关怀等活动，促进学校、家庭、社区有效衔接。加强社会治安管理，保障留守儿童、留守妇女和留守老人的安全，发挥农村社区综合服务设施关爱留守人员功能。该年度的政策出台数量则迅速攀升到 33 份。

四 2016—2017 年留守儿童教育支持政策颁布情况

2016 年，国务院颁布《关于加强农村留守儿童关爱保护工作的意见》，要求加大教育部门和学校对留守儿童的关爱保护力度。首先，加大教育部门的关爱保护力度。县级人民政府要完善控辍保学部门协调机制，督促监护人送适龄儿童、少年入学并完成义务教育。教育行政部门要落实免费义务教育和教育资助政策，确保农村留守儿童不因贫困而失学；支持和指导中小学校加强心理健康教育，促进学生心理、人格积极健康发展，及早发现并纠正心理问题和不良行为；加强对农村留守儿童相对集中学校教职工的专题培训，着重提高班主任和宿舍管理人员关爱照料农村留守儿童的能力；会同公安机关指导和协助中小学校完善人防、物防、技防措施，加强校园安全管理，做好法治宣传和安全教育，帮助儿童增强防范不法侵害的意识、掌握预防意外伤害的安全常识。其次，加大学校关爱保护力度。中小学校要对农村留守儿童受教育情况实施全程管理，利用电话、家访、家长会等方式加强与家长、受委托监护人的沟通交流，了解农村留守儿童生活情况和思想动态，帮助监护人掌握农村留守儿童学习情况，提升监护人责任意识和教育管理能力；及时了解无故旷课农村留守儿童情况，落实辍学学生登记、劝返复学和书面报告制度，劝返无效的，应书面报告县级教育行政部门和乡镇人民政府，依法采取措施劝返复学；帮助农村留守儿童通过电话、视频等方式加强与父母的情感联系和亲情交流。寄宿制学校要完善教职工值班制度，落实学生宿舍安全管理责任，丰富校园文化生活，引导寄宿学生积极参与体育、艺术、社会实践等活动，增强学校教育吸引力。

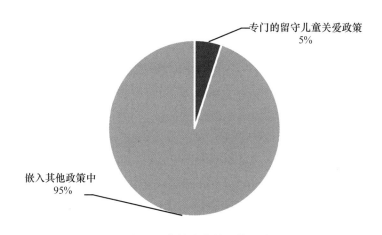

图 4 - 3　留守儿童教育支持政策的类型分布

图 4 - 3 显示，在 236 份中央一级政府颁布的留守儿童教育支持政策文本中，只有 5% 的文本是专门的留守儿童关爱政策，而 95% 的政策文本则将留守儿童教育支持政策嵌入其他政策文本当中。

第二节　留守儿童教育支持的政策工具分析

在政策工具理论的指导下，通过对留守儿童教育支持的生态系统与政策工具进行细分，构建起留守儿童教育支持的生态系统与政策工具的二维分析框架，对留守儿童教育支持的生态系统和政策工具进行量化分析。

X 维度：政策工具维度。本书在借鉴麦克唐奈和埃莫尔[①]的政策工具分类的基础上，将留守儿童教育支持的政策工具分为命令工具、激励工具、劝导工具、能力建设工具及权威重组工具五种。其中，命令工具是政府运用自身的政治权威对政策目标对象和政策执行者的行为进行的强制性规定和要求，具体形式有命令、规定、许可、禁止等。激励工具是凭借正向或负向的回报和反馈来诱使政策目标对象和政策执行者采取政策制定者所期望行动的政策工具，表现形式有税收、土地优惠、协议、奖励、处罚、授权、降低标准。劝导工具是通过对人们价值观和信念等的引导、启发和互动等促使政策对象和政策执行者采取相关行动的工具，表现形式有贴标签、基本原理、象征、呼吁无形的价值（公平、自由、效率等）、强调某些事项的优先权。能力建设工具是通过向政策目标对象和政策执行者提供各种培训教育、相关设备或工具、有效信息、评估等来为他们所期望的行动提供各方面支持的工具。权威重组工具主要有新组织的建立、已有组织的裁撤或合并、职能的重新界定等。

Y 维度：发展生态系统的五个维度。按照本书中的理论架构，将留守儿童的发展生态系统划分为微观系统、中间系统、外部系统及宏观系统四个方面。

由此本书建立了一个 X—Y 二维分析框架，并将政策文献中的相关条款作为基本单元进行内容分析，并按照"政策编号—具体条款/章节—要点排序"，对留守儿童教育支持的中央一级 236 份政策文献内容进行编码和分析。

一 总体的教育支持政策工具

从图 4-4 可见，中国中央一级政府所出台的政策文献首先使用

---

① McDonnell, L. M., Eimore, R. F., "Getting the job done: alternative policy instruments", *Educational Evaluation and Policy Analysis*, Vol. 9, No. 2, 1987.

的是命令工具，占到所有政策工具的59%；其次是能力建设工具，占到所有政策工具的18%。而使用比较少的是权威重组工具，仅占所有政策工具的2%；最后是激励工具，只占所有政策工具的8%。命令工具的使用频率分别是权威重组工具和激励工具使用频率的29.5倍和7.4倍。这说明，在我国的留守儿童教育支持政策中，命令工具是使用过溢的，而权威重组工具和激励工具的使用则严重不足。

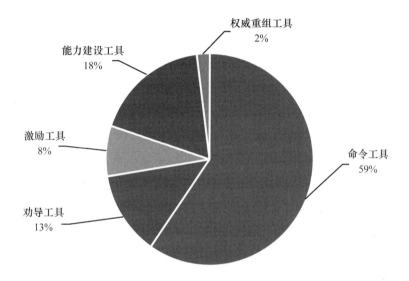

图4-4　留守儿童教育支持政策工具的总体构成

如图4-5所示，中国中央一级政府所颁布的留守儿童教育支持政策主要关注的是留守儿童发展的微观系统和外部系统，都分别占所有政策文本的38%。其次是对宏观系统的关注，也占到总体的17%。但是对留守儿童发展的中间系统关注则严重不足，只占总体的6%。对微观系统和外部系统的关注度是对中间系统的6.33倍。这说明中国留守儿童关爱的政策体系存在缺陷。

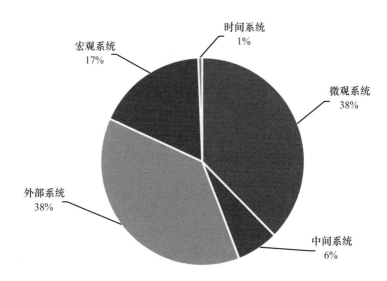

图 4 - 5　留守儿童教育支持政策的系统关注分布

二　微观系统的教育支持政策工具

由图 4 - 6 可见，对于留守儿童微观系统的教育支持，中国中央一级政府主要使用的是命令工具和能力建设工具，分别占到总的政策工具的 52% 和 30%。其中，命令工具是规范个体和机构的规则，最适合政策目标明确、利益冲突程度较低的情境。这种政策工具使用起来成本低，目标明确，但如果没有相应的奖惩机制，往往会导致政策执行者虚与委蛇，应付了事。能力建设工具则是通过长期对基础设施、人力资源的投资和提供相关指南提升政策执行机构或人员的能力，最适合执行机构或人员缺乏政策执行能力、经验、设施的情境。这种政策工具之所以使用频率较高，与近些年中国的学校标准化建设以及农村寄宿制学校建设有关。尤其是保障留守儿童优先进入寄宿制学校这一政策，其背后的逻辑是寄宿制学校有利于留守儿童的学业和情感发展的，但事实却并非如此，学界最近通过实证的方法得出的研究结论就对这一观点提出了质疑。①

---

　　① 王树涛、毛亚庆：《寄宿对留守儿童社会情感能力发展的影响：基于中国西部 11 省区的实证研究》，《教育学报》2015 年第 5 期。

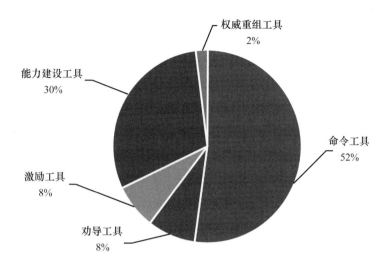

图 4 - 6　留守儿童教育支持微观系统政策工具构成

三　中间系统的教育支持政策工具

由图 4 - 7 可知，对于留守儿童发展的中间系统，中国中央政府主要使用的是命令工具，占到总的政策工具的 62%；其次是劝导工具，占到总政策工具的 24%。使用比较少或者没有使用的政策工具分别是能力建设工具和权威重组工具，分别占总的政策工具的 4% 和 0%。在处理学校与家庭之间的关系时，中国学校历来秉持着"高高在上"的思想，没有意识到家校合作对学生教育的重要性。家长则往往将家校合作等同于开家长会，听老师训话。在这种情况下，如果不加强对学校教师和学生家长的培训，则无法建构起良好的中间系统，更不可能发挥中间系统促进主体发展的潜能。权威重组工具主要有新组织的建立、已有组织的裁撤或合并、权力的变更、职能的重新界定等，最适合执行机构或人员缺乏动机、对变革没有积极反应的情境。对于当前缺乏相应专门机构推动中间系统的建立，已有机构对中间系统建设无意识也无动力的现状，该政策工具无疑是一把破解这一困局的钥匙。

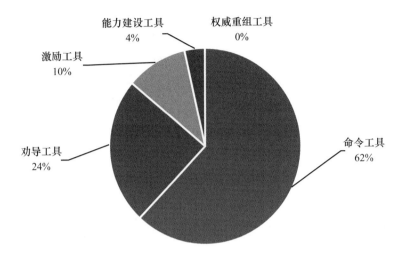

图4-7　留守儿童教育支持中间系统政策工具构成

四　外部系统的教育支持政策工具

如图4-8所示，对于留守儿童发展的外部系统，中国中央政府主要使用的是命令工具，占到总的政策工具的63%；其次是劝导工具，占到总的政策工具的20%。使用比较少的政策工具分别是激励

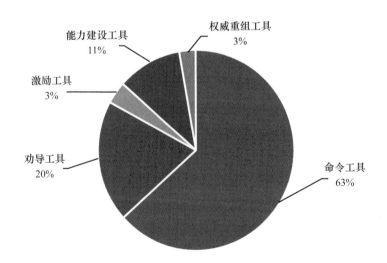

图4-8　留守儿童教育支持外部系统的政策工具构成

工具和权威重组工具，都分别仅占总的政策工具的3%。中国要建立健全政府主导、社会参与的农村留守儿童关爱服务体系，仅仅大量地使用命令工具是不够的，还必须鼓励社会力量参与到该体系中，使用激励的工具，提升社会力量参与的积极性。

五　宏观系统的教育支持政策工具

如图4-9所示，对于留守儿童发展的宏观系统，中国中央政府主要使用的是命令工具，占到总的政策工具的71%；其次是激励工具，占到总的政策工具的14%。使用比较少的政策工具分别是劝导工具和权威重组工具，分别占总的政策工具的5%和2%。中央政府通过命令的工具要求地方政府加强立法和政策出台以加强对留守儿童的关爱保护，但除了政策制定之外，宏观系统还包括对留守儿童的认知、风气与观念，是无法通过命令这样的"硬性"手段达到目的的。因此，劝导地方政府和社会形成良好的行政和社会风气就显得比较重要。

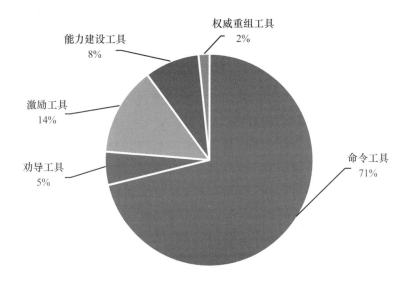

图4-9　留守儿童教育支持宏观系统的政策工具构成

第三节　留守儿童教育支持的政策内容分析

一　微观系统的教育支持政策

（一）加快留守儿童较多地区学校建设，优先满足留守儿童入学

1. 向留守儿童较多地区资源倾斜，实施薄弱学校改造工程

实施薄弱学校改造工程，促进义务教育均衡发展。为保障留守儿童能够享受到优质的教育资源，教育部在《关于编制全面改善贫困地区义务教育薄弱学校基本办学条件项目规划（2014—2018 年）的通知》《关于开展农村留守儿童教育关爱情况自查工作的通知》等一系列文件中，明确提出要实施薄弱学校改造工程，促进义务教育均衡发展。启动实施"中西部农村初中校舍改造工程"，重点支持农村地区初级中学的生活服务用房建设，提高寄宿率和巩固率。中央专项投资重点支持中西部特殊困难地区和留守儿童较为集中的劳务输出大县（总额度待定）。加强学校用房建设，重点解决大班额和超大班额、多人一铺和校外住宿的突出问题，留守儿童较多地区、边境地区的校舍紧张问题，农村教师周转房短缺的问题等，同时包括体育设施、食堂、厕所等配套设施建设。

支持各教学点建设，改善教学点基本硬件设施。教育部在颁布的《关于进一步做好农村义务教育学生营养改善计划有关工作的通知》《关于加强义务教育阶段农村留守儿童关爱和教育工作的意见》等文件中，要求以开足、开好国家规定课程为目标，支持各教学点建设可接收数字教育资源并利用资源开展教学的基本硬件设施，并通过卫星传输方式，推送数字教育资源至各教学点。有条件的地区，可在中央支持的基础上进一步增加投入，提高设备和资源应用水平。具备网络接入条件的还应配备摄像头，利用网络建立亲子热线，满足教学点留守儿童与外出打工父母的交流需要。

推进义务教育学校标准化建设。为推动贫困地区农村学校的标准化建设，教育部出台《教育部党组发出通知要求学习贯彻党的十八届

五中全会精神》《教育部财务司国家发展改革委社会发展司关于编制农村初中校舍改造工程（二期）需求规划的通知》等政策文件。国务院也在《关于加强农村留守儿童关爱保护工作的意见》《国家教育事业发展第十二个五年规划》等政策文本中强调了义务教育学校标准化建设的重要性及其在留守儿童关爱中的重要意义。文件要求制定各地区义务教育学校标准化建设的实施规划。重点支持革命老区、边境地区、民族地区、集中连片贫困地区和留守儿童较多地区的义务教育学校标准化建设。着力解决县镇学校大班额，农村学校多人一铺和校外住宿以及留守儿童较多地区寄宿设施不足等问题。重点建设集中连片特困地区国家试点县学校食堂，并向贫困地区、民族地区、边疆地区、革命老区和留守儿童集中地区倾斜。对于农村义务教育阶段学生，实施营养改善计划，政府免费提供教科书，免寄宿生住宿费，并为家庭困难寄宿生提供生活补助。

对接收留守儿童较多的学校给予资源倾斜。中共中央组织部、全国妇联、教育部、公安部、民政部、卫生部以及共青团 7 部委联合下发的《关于贯彻落实中央指示精神积极开展关爱农村留守流动儿童工作的通知》中要求在核实教师编制和核拨教育经费时，要对接收留守儿童较多的学校给予倾斜。

2. 加强寄宿制学校建设，优先保障留守儿童寄宿

标准化建设寄宿制学校，优先保障留守儿童寄宿需求。国务院办公厅在颁布的《关于加快中西部教育发展的指导意见》中要求加快改扩建新建学生宿舍、食堂，实现"一人一床位"，消除"大通铺"现象，满足室内就餐需求。改善寒冷地区学校冬季取暖条件，保证取暖经费。改善如厕环境，旱厕按学校专用无害化卫生厕所设置，有条件的地方设置水冲式厕所。改善浴室条件，除特别干旱地区外，寄宿制学校应设置淋浴设施。结合实际改善体育和艺术教育场地，配备音体美器材，建好图书馆（室）、广播站、活动室，满足教学和文化生活需要。配备必要的教职员工，有效开展生活指导、心理健康、卫生保健、后勤服务和安全保卫等工作。在此基础上，关爱乡村留守儿

童，优先保障留守儿童寄宿需求。

重视解决留守儿童教育问题，加快中西部留守儿童大县农村寄宿制学校建设。教育部印发的《国家教育事业发展第十二个五年规划》通知要求加大对农村义务教育的支持力度，经费投入要继续向农村倾斜，重点落实好农村义务教育经费保障机制改革的各项政策，同时做好对存在安全隐患校舍的维修加固工作，加强农村寄宿制学校建设，增加对家庭经济困难寄宿学生的补助，逐步解决好农村义务教育教师待遇和农村留守儿童在校学习生活问题。配齐配好生活和心理教师及必要的管理人员，研究解决寄宿制学校建成后出现的新情况、新问题。建立政府主导、社会参与的农村留守儿童关爱服务体系和动态监测机制，保障留守儿童入学和健康成长。

把解决农村留守儿童教育问题与农村寄宿制学校建设有机地结合起来。教育部《关于印发陈至立国务委员在国家西部地区"两基"攻坚现场汇报会上的讲话的通知》中要求要优先满足父母外出务工后孩子上寄宿学校的需求，为这些孩子健康成长创造一个良好的学习、生活和监护条件。各地要把解决农村留守儿童教育问题与农村寄宿制学校建设有机地结合起来，逐步完善农村留守儿童教育和监护体系。将做好农村"留守儿童"教育工作与农村寄宿制学校建设结合起来，满足包括"留守儿童"在内的广大农民子女寄宿需求，推动形成以政府为主、社会共同参与的农村留守儿童关爱和服务体系。

3. 重点发展农村学前教育，着力保障留守儿童入园

重点发展农村学前教育，着力保障留守儿童入园。国务院在《关于当前发展学前教育的若干意见》《全国农村经济发展"十二五"规划》中指出，要重点发展农村学前教育，努力扩大农村学前教育资源，并创造更多条件，着力保障留守儿童入园。文件要求各地要把发展学前教育作为社会主义新农村建设的重要内容，将幼儿园作为新农村公共服务设施统一规划，优先建设，加快发展。各级政府要加大对农村学前教育的投入，国家实施推进农村学前教育项目，重点支持中西部地区；地方各级政府要安排专门资金，重点建设农村幼儿园。改

善农村幼儿园保教条件，配备基本的保教设施、玩教具、幼儿读物等。

改革学前教育管理体制，着力保障农村留守儿童入园。《国务院办公厅关于加快中西部教育发展的指导意见》中要求改革学前教育管理体制，积极探索以县为主的管理体制，并健全关爱体系，着力保障农村留守儿童入园。县级人民政府负责统筹辖区内园所布局、师资建设、经费投入、质量保障、规范管理等。探索以中心园为依托的业务管理模式，在保育教育、玩教具配备、师资培训、资源共享、巡回支教人员安排等方面提供具体指导。加强安全管理，完善安全措施，确保幼儿安全。坚持科学保教，全面贯彻落实《3—6 岁儿童学习与发展指南》，构建幼儿园保教质量评估体系，防止"小学化"倾向。

（二）加强对留守儿童的健康安全教育，提升学校对留守儿童的关爱保护能力

1. 加强对留守儿童的心理健康教育

留守儿童的心理健康教育是中央政府重点关注的对象，在所有文件中被提到 37 次。教育部、中华全国妇女联合会、中央社会管理综合治理委员会办公室、共青团、中国关心下一代工作委员会等部委颁布的《关于加强义务教育阶段农村留守儿童关爱和教育工作的意见》指出，各地要认真研究新时期经济、社会发展变化对留守中小学生心理素质的影响，重视加强留守中小学生心理健康教育。要针对农村"留守儿童"存在的心理问题，有针对性地开展心理教育和辅导，提高他们抵抗挫折、克服困难以及情绪自我管控的能力，缓解或消除他们的心理问题，帮助他们提高情绪自我管控能力，促进健康人格的形成。具体要求：建立健全儿童心理健康教育制度，重点加强对留守儿童的心理辅导。另外，学校要开设生存教育、安全与法制教育、心理健康教育等方面的地方和校本课程，帮助他们学会自我管理、自我保护和自我调节；要组织教师、学生与留守儿童建立帮扶制度，特别要重点帮扶思想品德有偏差、心理素质有异常、学习生活有困难的留守儿童。

2. 加强对留守儿童的法律教育

教育部在《关于教育系统贯彻落实〈国务院关于解决农民工问题的若干意见〉的实施意见》中要求各学校要配合有关部门做好宣传教育工作，强化对农村留守流动儿童的法制观念、安全防范知识等方面的教育和引导，切实提高他们的维权意识和能力。要面向儿童特别是留守儿童开展安全自护教育，提高孩子们安全自护的意识和能力，特别关注留守女童的人身安全，因地制宜，采取措施，为儿童安全健康成长提供保障。

3. 加强对留守儿童的安全教育

中共中央组织部、全国妇联、教育部、公安部、民政部、卫生部及共青团等在颁布的《关于贯彻落实中央指示精神积极开展关爱农村留守流动儿童工作的通知》以及教育部等 5 部门颁布的《关于加强义务教育阶段农村留守儿童关爱和教育工作的意见》等政策文件中明确要求加强留守儿童的安全教育，并且着重在暑假安全教育上提出要求。

首先是深入开展预防溺水主题教育。要通过大量惨痛的案例和教育部免费发放的防溺水安全教育挂图、卡片等多种资源，通过各种方式让学生明白私自下水游泳玩耍的极端危险性，掌握预防溺水知识和遇险逃生、自救互救技能，特别是遇到同伴溺水时不要盲目地手拉手施救，要智慧救援，立即寻求成人帮助。要让学生知晓上放学路上的溺水隐患，主动远离危险水域。要确保防溺水教育落实到每一所学校、每一个班级、每一名学生，特别是农村学生、男学生、留守儿童等重点群体，使预防溺水常识生生尽知。

其次是开展暑假消防安全实践活动。各地教育、公安消防部门要将中小学生参与消防安全宣传教育活动纳入学生暑期校外社会实践内容，会同当地共青团、科学技术协会积极开展中小学生校外消防宣传实践或消防宣传"下乡"活动，鼓励中小学生当好消防宣传志愿者，广泛普及消防安全常识。要组织中小学生尤其是外来务工人员子弟学校、特殊教育学校学生和农村留守儿童，到就近的公安消防队站、防灾教育馆、消防博物馆、消防安全教育示范学校等消防科普教育基地开展一次参观学习或消防体验活动，加深对消防安全常识的了解和掌握。

4. 加强对留守儿童的课后服务

教育部出台《教育部办公厅关于做好中小学生课后服务工作的指导意见》，其中就要求课后服务要优先留守儿童等群体。坚持学生家长自愿原则，儿童是否参加课后服务，由学生家长自愿选择；要事先充分征求家长意见，主动向家长告知服务方式、服务内容、安全保障措施等，建立家长申请、班级审核、学校统一实施的工作机制；要优先留守儿童、进城务工人员随迁子女等亟须服务群体。

5. 加强对关爱留守儿童教师的培训和奖励

对于关爱留守儿童的教师，中央政府颁布文件予以奖励。人力资源社会保障部、教育部颁布的《关于追授张伟同志全国教育系统先进工作者荣誉称号的决定》，就是对关心农村留守儿童的张伟同志予以表彰。

对教师予以知识和技能的培训。教育部《关于深入贯彻〈中共中央国务院关于进一步加强和改进未成年人思想道德建设的若干意见〉精神》指出要加强对中小学教师开展掌握心理健康教育的基本知识和技能的培训，通过专题讲座、案例分析、观摩与交流等多种形式，引导教师尊重留守学生、热爱留守学生，强化教师保护留守学生心理健康成长的自觉意识，促进留守学生人格的健康发展。有条件的学校要配备开展心理健康教育的专职教师，开展符合儿童身心成长规律、符合教育规律的心理健康教育活动。

（三）加强对留守儿童家庭的养育指导

加强对农村留守儿童的家庭教育指导。全国妇联、教育部、中央文明办等《关于印发〈全国家庭教育指导大纲〉的通知》指出，要指导留守儿童家长增强监护人责任意识，认真履行家长的义务，承担起对留守儿童监护的应尽责任；家长中尽量有一方在家照顾儿童，有条件的家长尤其是婴幼儿母亲要把儿童带在身边，尽可能保证婴幼儿早期身心呵护、母乳喂养的正常进行；指导农村留守儿童家长或被委托监护人重视儿童教育，多与儿童交流沟通，对儿童的道德发展和精神需求给予充分关注。

将家庭教育指导服务纳入农村留守、流动儿童及困境儿童的关爱服务体系建设之中。全国妇联、教育部、中央文明办、民政部、卫生部、国家人口计生委及中国关工委颁布的《关于指导推进家庭教育的五年规划（2011—2015年）》要求有条件的地区在学校、社区、乡村设置专业社工岗位，为留守儿童及家庭提供救助及指导服务；依托家长学校、社区综合服务中心、妇女之家、儿童之家、文化活动站、乡村少年宫、儿童活动中心、儿童福利机构等公共服务阵地，为不同年龄段的留守儿童及其家庭提供家庭教育指导及关爱帮扶。

强化留守儿童群体家庭教育监测。全国妇联、教育部、中央文明办、民政部、文化部、国家卫生计生委、国家新闻出版广电总局、中国科学、中国关工委等颁布的《关于印发〈关于指导推进家庭教育的五年规划（2016—2020年）〉的通知》指出，城乡社区家庭教育指导服务站点要注重建立家庭指导服务综合信息平台或台账，及时掌握儿童家庭监护情况、成长发展状况等，重点摸排所辖社区留守儿童家庭情况，逐步建立登记报告制度，并依托驻区（村）专业社会工作者、"五老"队伍、儿童福利督导员等，为他们开展常态化的、专业化的家庭支持服务以及所需的转介服务。同时，要求综治组织、教育部门、共青团组织要协调配合妇联组织和关工委组织面向不同年龄阶段家长、不同类型家庭，围绕留守儿童健康状况监测、生活习惯养成、学习兴趣培养等方面开展富有特色的家庭教育指导服务活动。

（四）发挥社区在留守儿童关爱中的作用

加大农村网吧监管力度，建立健全农村文化市场监管体系。要以严厉查处农村及城乡接合部非法网吧为重点，加强农村文化市场监管，保护留守儿童和外来务工人员子女等城乡未成年人的身心健康。明确县级文化行政部门作为农村网吧管理的责任单位，加大投入力度，充实执法力量，保障人员经费，改善执法装备，采取多种措施增强监管和执法的实效性。依托乡镇综合文化站，发挥乡镇文化专干在巡查、取证、举报等方面的作用，建立省市督查考核、县级主要负责、乡镇群体参与的农村网吧层级管理责任制。

支持做好留守儿童社区关爱服务。在留守儿童集中的社区和村组，要充分发挥妇女儿童之家、文化活动站、青少年校外活动中心、乡村少年宫、"七彩小屋"等在关爱留守儿童工作中的重要作用，完善管理制度，促进其规范运行。通过设立留守儿童之家、托管中心等形式，聘请社会工作者和社会公益人士参与，开展经常性的活动。倡导邻里互助，认真选择有意愿、负责任的家庭，采取全托管或半托管的形式照料留守儿童。避免出现个别留守儿童生病无人过问和照看的情况。建立 16 周岁以下学龄留守儿童登记制度，以保证将其纳入教育等基本公共服务体系。

广泛动员社会各界力量。积极开展"代理妈妈""手拉手关爱留守儿童""留守小队"等关爱活动，加快"爱心之家""留守儿童托管中心""留守儿童俱乐部"建设，推动构建留守儿童教育监护网络，逐步建立关爱留守流动儿童的长效机制。

支持开展留守儿童社会关爱活动。鼓励创新工作方式和手段，利用现代信息技术设备和网络通信手段开展活动，方便外出务工家长和留守儿童的联系。推广"代理家长"模式，广泛动员社会力量，开展行之有效的关爱活动。有条件的地方，要利用寒暑假组织开展冬令营、夏令营等活动，创造机会让留守儿童与父母团聚。教育部门要协助中国下一代教育基金会实施好留守儿童教育帮扶公益项目。妇联组织、共青团组织要主动承担关爱留守儿童的政府公共服务项目，发挥所属基金会的作用。加大妇联组织做好留守儿童关爱服务体系试点工作的力度，探索符合当地实际的留守儿童关爱服务新机制、新模式和新途径。加大共青团关爱农民工子女志愿服务行动实施力度，深化结对机制，加强骨干志愿者队伍建设，加强阵地建设，推进工作常态化，动员更多青年以志愿服务方式关爱留守儿童。

（五）加强对留守儿童关爱的专业人才培养

加强社会工作专业人才培养。加强区域和城乡统筹，鼓励城市相关事业单位、高校科研机构、社会组织和街道社区中的社会工作专业人才通过对口支援、实习实训、提供培训督导等方式支持农村地区社会工作专业人才队伍建设。逐步将乡镇（街道）民政助理员、村"两委"成员、家庭关系调解员、儿童福利督导员、未成年人保护专干、基层青少年事务工作者、基层团干部、基层妇女干部等纳入相关部门社会工作培训范围，接受继续教育和职业培训，推动符合条件人员参加全国社会工作者职业水平评价和社会工作学历学位教育，提升专业能力。县级民政部门要推动乡镇党委政府从有志于扎根奉献农村、具有高中（职高）以上学历的中青年人员、各类妇女骨干中培养选拔一支用得上、留得住的农村本地社会工作专业人才队伍，壮大农村基层社会工作力量。

加强相关单位社会工作专业人才配备使用。各地民政部门要推动未成年人保护机构、儿童福利机构、救助管理机构通过开发设置岗位、购买服务等方式配备使用社会工作专业人才。未成年人保护机构和儿童福利机构可根据需要将社会工作专业岗位明确为主体专业技术岗位。各地教育部门和共青团、妇联组织要鼓励中小学校、青少年服务机构、妇女儿童服务机构根据工作需要设置社会工作专业岗位，配备使用社会工作专业人才。

明确社会工作专业人才在农村留守儿童关爱保护中的主要任务。（1）协助做好救助保护工作。协助开展农村留守儿童家庭随访，对农村留守儿童的家庭组成、监护照料、入学就学、身心健康等情况进行调查评估，对重点对象进行核查，确保农村留守儿童得到妥善照料。及时发现报告遭受或者疑似遭受家庭暴力或其他受虐行为的情况，协助做好应急处置工作。协助做好对无人监护或遭受监护侵害农村留守儿童的心理疏导、精神关爱和临时监护照料工作。帮助农村留守儿童及其家庭链接社会救助、社会福利和公益慈善资源，引导公益慈善力量、相关社会组织和志愿者等社会力量为农村留守儿童及其家庭提供物质帮助和关爱服务。（2）配合开展家庭教育指导。协助开展农村留守儿童监护法制宣传和家庭暴力预防教育，对农村留守儿童父母、受委托监护人开展家庭教育指导，引导其正确履行抚养义务和监护职责。配合调解农村留守儿童家庭矛盾，促进建立和谐家庭关系，为隔代照顾家庭提供代际沟通、关系调适和能力建设服务。引导外出务工家长关心留守儿童，增进家庭亲情关爱，帮助农村留守儿童通过电话、视频等方式加强与父母的情感联系和亲情交流。（3）积极开展社会关爱服务。协助中小学校和农村社区做好安全教育，帮助农村留守儿童增强防范不法侵害的意识、掌握预防意外伤害的安全常识。协助做好农村留守儿童心理健康教育，及早发现并纠正心理问题，提供心理援助、成长陪伴和危机干预服务，疏导心理压力和负面情绪，促进农村留守儿童心理、人格健康发展。提供社会融入服务，增强农村留守儿童社会交往和社会适应能力。协助做好农村留守儿童不良行为临界预防，对有不良行为的留守儿童实施早期介入和行为干预，帮助其纠正偏差行为。

二　中间系统的教育支持政策

中国中央一级留守儿童关爱政策对中间系统的政策关注严重不足，只有6%的留守儿童关爱政策关注到这一系统。中间系统是指个体所处的两个或两个以上微观系统之间的相互关系，一个儿童的中间系统往往指家庭、学校和同伴群体之间的多重连接关系。中间系统对个体发展的影响取决于微观系统之间发生相互联系的数量、质量及程度。如爱普斯坦关于家庭与学校的互动对儿童发展影响的研究表明，家长与教师的共同积极参与和双向沟通交流，促进了小学生进入中学后的表现，他们表现出较高的创造性和独立性，学习成绩也有了提高，这说明学校和家庭的相互作用过程对儿童发展的影响可能远远大于家庭和社会的单独影响。但如果学校和家庭等微观系统在对青少年的教育方式或要求上存在差异，而又不能通过有效途径加以沟通解决的话，便会使青少年无所适从，对他们的要求产生困惑，有可能对学校失去兴趣，对家庭缺乏亲近感及对社会感到迷茫。这种情况的出现会削弱学校和家庭等微观系统对青少年教育的权威性。因此要使青少年身心得到全面健康的发展，必须积极调动各个微观系统之间的密切配合，使学校、家庭、社会等因素保持良好的互动合作关系和高度的一致性。

在不多见的中间系统政策中，中央政府主要关注以下几个方面：

（一）密切家校联系

密切保持家校联系。《关于做好预防少年儿童遭受性侵工作的意见》就要求各地教育部门、妇联组织要通过开展家访、召开家长会、举办家长学校等方式，提醒家长尽量多安排时间和孩子相处交流，切实履行对孩子的监护责任，特别要做好学生离校后的监管看护教育工作。要让家长了解必要的性知识和预防性侵犯知识，并通过适当方式向孩子进行讲解。学校要同家庭随时保持联系，特别要关注留守儿童家庭，及时掌握孩子情况，特别是发现孩子有异常表现时，家校双方要及时沟通，深入了解孩子表现情况，共同分析异常原因，及时采取应对措施。

鼓励家长参与学校管理。《教育部关于培育和践行社会主义核心价值观进一步加强中小学德育工作的意见》要求改进家访制度，重点关注留守儿童家庭，鼓励家长参与学校管理，树立科学观念，运用良好家风，促进子女成长成才。

成立学校家长委员会。利用家长委员会构筑学校、家庭、社区有效衔接的保护网络。学校要通过家长委员会、家长接待日、家访等，密切与家长联系，指导和改进家庭教育，促使家长协助配合学校开展德育工作。要特别关心单亲家庭、经济困难家庭、留守儿童家庭、流动人口家庭的子女教育。

加强对留守儿童及家庭的监护随访。《关于支持社会工作专业力量参与脱贫攻坚的指导意见》要求联合相关部门、会同相关力量开展贫困村留守儿童及家庭的监护随访、调查评估、监护指导等工作，督促指导农村留守儿童家庭承担监护主体责任。

（二）推动学校社区联合

《关于支持社会工作专业力量参与脱贫攻坚的指导意见》要求以

困境儿童为重点，开展成长辅导、法制宣教、临界预防、行为矫正、社交指导、情绪疏导等服务，配合学校和社区做好适龄儿童"控辍保学"工作和成长关爱服务。

（三）建立完善学校、家庭、社区有效衔接的教育网络

关于建立完善学校、家庭、社区有效衔接的教育网络，中央政府的政策文本中目前尚处于呼吁的阶段，具体的执行要求和手段较少。如《关于组织开展"关爱他人——爱幼助残志愿服务行动"的通知》希望通过积极推进社会教育志愿服务，依托社区、农村的公共服务设施、妇女儿童之家、校外活动场所、心理援助站等，组织志愿者为留守儿童提供心理健康教育、托管服务等，开展丰富多彩的校外教育活动，建立完善学校、家庭、社区有效衔接的教育网络。而教育部等5部门《关于加强义务教育阶段农村留守儿童关爱和教育工作的意见》则要求各级妇联组织、关工委组织要充分发挥在家庭教育指导服务工作中的独特优势，协调有关方面大力宣传家庭教育在留守儿童成长中的重要作用，促进家庭教育、学校教育和社会教育的有机衔接。其他政策如《国务院关于进一步做好为农民工服务工作的意见》、教育部等6部门《关于印发〈教育脱贫攻坚"十三五"规划〉的通知》则要求实施农村义务教育学生营养改善计划，开展心理关怀等活动，促进学校、家庭、社区有效衔接，以及建立建档立卡等贫困家庭留守儿童台账，构建家庭、学校、政府和社会力量相衔接的留守儿童关爱服务网络。

三　外部系统的教育支持政策

（一）发挥各地教育行政部门的作用

加大教育部门和学校关爱保护力度。要求县级人民政府要完善控辍保学部门协调机制，督促监护人送适龄儿童、少年入学并完成义务教育。教育行政部门要落实免费义务教育和教育资助政策，确保农村留守儿童不因贫困而失学；支持和指导中小学校加强心理健康教育，促进学生心理、人格积极健康发展，及早发现并纠正心理问题和不良

行为；加强对农村留守儿童相对集中学校教职工的专题培训，着重提高班主任和宿舍管理人员关爱照料农村留守儿童的能力；会同公安机关指导和协助中小学校完善人防、物防、技防措施，加强校园安全管理，做好法治宣传和安全教育，帮助儿童增强防范不法侵害的意识、掌握预防意外伤害的安全常识。

加强教育行政部门自查。主要包括：（1）工作部署推动情况。主要包括：出台政策、召开会议、财政投入、专项行动、督导检查等工作情况。（2）改善教育条件情况。主要包括：优先满足留守儿童寄宿需求、用餐需求、交通需求等工作情况。（3）加强教育管理情况。主要包括：摸清底数、建立档案，学籍管理、控辍保学，心理健康、法制安全教育，以及家校联动等工作情况。（4）构建关爱服务机制情况。主要包括：支持家庭教育、社区关爱服务、社会关爱活动等工作情况。（5）面临的困难和问题。梳理问题，分析原因。

发挥群团组织关爱服务优势。要求各级工会、共青团、妇联、残联、关工委等群团组织要发挥自身优势，积极为农村留守儿童提供假期日间照料、课后辅导、心理疏导等关爱服务。工会、共青团要广泛动员广大职工、团员青年、少先队员等开展多种形式的农村留守儿童关爱服务和互助活动。妇联要依托妇女之家、儿童之家等活动场所，为农村留守儿童和其他儿童提供关爱服务，加强对农村留守儿童父母、受委托监护人的家庭教育指导，引导他们及时关注农村留守儿童身心健康状况，加强亲情关爱。残联要组织开展农村留守残疾儿童康复等工作。关工委要组织动员广大老干部、老战士、老专家、老教师、老模范等离退休老同志，协同做好农村留守儿童的关爱与服务工作。

改革控辍保学机制。要求县级人民政府要完善控辍保学部门协调机制，督促监护人送适龄儿童、少年入学并完成义务教育。进一步落实县级教育行政部门、乡镇政府、村（居）委会、学校和适龄儿童父母或其他监护人控辍保学责任，建立控辍保学目标责任制和联控联保机制。县级教育行政部门要依托全国中小学生学籍信息管理系统建立控辍保学动态监测机制，加强对留守儿童等重点群体的监控。

建立翔实完备的农村留守儿童信息库。要求实行动态管理，对工作中发现的无人监护、父母一方外出另一方无监护能力、失学辍学、无户籍农村留守儿童等重点对象，及时将其纳入专项行动范围；对其他农村留守儿童，组织开展心理疏导、行为矫治、社会融入和家庭关系调适等关爱服务，促进其心理、人格积极健康发展。

加强流浪留守儿童救助保护工作。要求对农村留守儿童，采取必要的预防、干预措施，防止其外出流浪。对已经外出流浪的农村儿童，民政部门要给予及时救助，并在查清其家庭情况后，联系其监护人，将其护送返乡。有条件的地方，救助保护机构要对其进行集中管理和教育。要根据需要进行跟踪回访，尽量帮助他们解决生活上的困难，防止其再度外出流浪。

加强留守儿童管理，建立动态登记监测制度，提高关爱和服务水平。要求为招生入学提供支撑，控制义务教育学生无序流动，遏制超大规模高中学校，规范招生入学秩序和办学行为。认真将全国学籍系统有关数据与教育事业统计数据进行比对分析，积极推进实名制学籍系统与教育事业统计数据的衔接。

（二）大力推进家长学校的建设和发展

家长学校是传播家庭教育知识、实施家庭教育指导的主阵地。要把家长学校的建设纳入社区文明建设的总体规划，依托社区各类阵地和设施，发挥社区人才优势，积极创建社区家长学校、社区家庭教育指导中心、流动人口子女家长学校等各类家庭教育指导机构，以满足不同群体家庭教育的新需求。针对农村家庭教育的薄弱环节，要大力发展农村家长学校、"留守儿童"家长学校等，为农民提供有效的家庭教育知识帮助。各级儿童活动中心、青少年宫等教育活动阵地都要因地制宜创办家长学校，开通家长服务热线。

（三）发挥社会慈善组织的力量

开展权益保护志愿服务。要求动员组织志愿者对留守流动儿童进行法制宣传教育、安全自护教育、预防犯罪教育，提高他们的法制意识及自我保护意识和能力。动员法律援助机构通过开设法律咨询热线等，为留守流动儿童及家庭提供切实有效的维权和司法援助志愿服务。组织志愿者宣传保护未成年人合法权益的知识和政策，引导留守流动儿童自立自强，做品学兼优的好孩子。以传统节日、"六一"儿童节等为契机，组织志愿者对留守流动儿童进行慰问，使他们感受到社会的关爱。爱幼志愿服务要坚持以人为本、儿童优先的理念，以亲情关爱、教育辅导、权益保护、扶贫助困等为重点，积极为留守流动儿童送温暖、献爱心，不断优化留守流动儿童成长环境。助残志愿服务要大力弘扬人道主义思想，围绕生活救助、潜能开发、障碍补偿等内容，突出人文关怀，多办好事实事，努力营造理解、尊重、关心、帮助残疾人的良好社会氛围。

搭建拓宽志愿服务平台。要求充分发挥社区在志愿服务中的主导作用，依托社区综合服务设施，建立志愿服务站点，搭建志愿者、服务对象和服务项目对接平台。把空巢老人、留守儿童、残疾人作为服务重点，围绕家政服务、文体活动、心理疏导、医疗保健、法律服务等内容，设计接地气的项目，有针对性地开展顺民意的活动，力争覆盖群众所需的各种服务。

积极推动社会力量积极参与。要求加快孵化培育社会工作专业服务机构、公益慈善类社会组织、志愿服务组织，民政等部门要通过政府购买服务等方式支持其深入城乡社区、学校和家庭，开展农村留守儿童监护指导、心理疏导、行为矫正、社会融入和家庭关系调适等专业服务。充分发挥市场机制作用，支持社会组织、爱心企业依托学校、社区综合服务设施举办农村留守儿童托管服务机构，财税部门要依法落实税费减免优惠政策。

开展教育辅导志愿服务。要求组织开展家庭教育志愿服务，通过组织家庭教育进社区、家庭教育流动车、巡讲团，开设家庭教育热线等，动员志愿者深入城乡社区，宣传普及家庭教育科学知识，提升留守流动儿童家长教育子女的责任意识和能力。组织志愿者利用寒暑假，开展夏令营、冬令营等活动，创造条件让留守儿童与父母团聚，加强亲情沟通，帮助流动儿童尽快融入城市生活，促进同伴交往及社区融合。实施"共享蓝天"关爱农村留守儿童行动，完善工作机制、整合资源、增加投入，依托中小学、村民委员会普遍建立关爱服务阵地，做到有场所、有图书、有文体器材、有志愿者服务。

组建教育关爱服务团。要求重点在全国师范类院校或专业中招募组建100支实践团队，到中西部地区基础教育薄弱、教育资源匮乏的贫困县（乡），协助当地教育部门开展教师培训，帮助当地优化教育资源、提升教学质量。同时，以关爱留守儿童为重点，组织大学生团队开展课业辅导、素质拓展、亲情陪伴等活动。组建中职学生"彩虹人生"实践服务团。重点面向中等职业学校学生招募组建200支重点团队，组织中职学生在校内外开展敬老助残、关爱留守儿童、社区服务、公益宣传等各种形式的志愿服务活动，面向留守儿童开展"光盘行动"、废品回收利用、节能减排宣传、工艺创新等力所能及的环保活动。

（四）完善文化机构的职能

发挥教育职能，深入开展阅读指导和服务工作。要求少年儿童图书馆、公共图书馆要大力开展各种阅读指导活动，把思想道德建设内容融于读书之中，充分发挥图书馆的教育职能。少年儿童图书馆、公共图书馆要配置流动图书车及有关设备，开设盲文阅览室，坚持阵地服务与流动服务相结合，组织面向残障儿童、城市流动儿童、农村留守儿童等特殊群体的服务活动，切实保障特殊未成年人群体的文化权益。

保障重点群体基本需求。要求着力保障未成年人、农村留守儿童、进城务工人员子女以及残障人士等重点群体的基本阅读需求。加快实施以中西部贫困地区学龄前儿童为重点对象的"书香·童年"阅读工程的试点工作，不断满足儿童基本阅读需求。

（五）为留守儿童父母工作提供更多支持

要从源头上逐步减少儿童留守现象，需要做到以下几点：

为农民工家庭提供更多帮扶支持。中央政府要求各地大力推进农民工市民化，为其监护照料未成年子女创造更好条件。符合落户条件的要有序推进其本人及家属落户。符合住房保障条件的要纳入保障范围，通过实物配租公共租赁住房或发放租赁补贴等方式，满足其家庭的基本居住需求。不符合上述条件的，要在生活居住、日间照料、义务教育、医疗卫生等方面提供帮助。倡导用工单位、社会组织和专业社会工作者、志愿者队伍等社会力量，为其照料未成年子女提供便利条件和更多帮助。公办义务教育学校要普遍对农民工未成年子女开放，要通过政府购买服务等方式支持农民工未成年子女接受义务教育；完善和落实符合条件的农民工子女在输入地参加中考、高考政策。

引导扶持农民工返乡创业就业。中央政府要求各地要大力发展县域经济，落实国务院关于支持农民工返乡创业就业的一系列政策措施。中西部地区要允分发挥比较优势，积极承接东部地区产业转移，加快发展地方优势特色产业，加强基本公共服务，制定和落实财政、金融等优惠扶持政策，落实定向减税和普遍性降费政策，为农民工返乡创业就业提供便利条件。人力资源社会保障等有关部门要广泛宣传农民工返乡创业就业政策，加强农村劳动力的就业创业技能培训，对有意愿就业创业的，要有针对性地推荐用工岗位信息或创业项目信息。

四　宏观系统的教育支持政策

（一）完善进城务工子女教育政策

进城务工子女教育政策虽然针对的是流动儿童群体，但是它却是影响外出务工家长对子女教育决策的重要因素。众多留守儿童很大程度上是家长务工地对其子女接受义务教育设置障碍的产物。因此，落实进城就业务工农民子女接受义务教育政策措施与留守儿童受教育关系密切。教育部 2005 年工作要点中就明确要切实落实进城就业务工农民子女接受义务教育政策措施，加强农村"留守少年儿童"的教育工作。教育部《关于进一步推进义务教育均衡发展的若干意见》

中进一步指出要以公办学校为主,认真做好进城务工农民子女义务教育工作。

(二) 制定和贯彻相关法规

目前对于留守儿童关爱保护的法规主要依据的是《中华人民共和国未成年人保护法》《中国儿童发展纲要 (2001—2010 年)》以及《中华人民共和国义务教育法》。其中《义务教育法》就要求,尽快制定保障农村留守流动儿童平等接受义务教育的法规、政策,农民工输入地要坚持以公办学校为主接收农民工子女接受义务教育,降低入学门槛,简化入学手续,收费与当地学生平等,不得违反国家规定向农民工子女加收借读费及其他任何费用,保证他们进入城市后能够尽快入学接受义务教育。要认真贯彻党中央、国务院关于解决农民工问题的重要指示精神,积极为农民工和农村留守儿童提供法律援助。要以新修订的《未成年人保护法》的颁布实施为契机,加大宣传倡导力度,营造有利于留守儿童健康成长的良好氛围。针对对包括农村留守儿童在内的未成年人实施强奸、猥亵犯罪的,应当从重处罚。

(三) 完善留守儿童安全保障制度

建立强制报告机制。学校、幼儿园、医疗机构、村 (居) 民委员会、社会工作服务机构、救助管理机构、福利机构及其工作人员,在工作中发现农村留守儿童脱离监护单独居住生活或失踪、监护人丧失监护能力或不履行监护责任、疑似遭受家庭暴力、疑似遭受意外伤害或不法侵害等情况的,应当在第一时间向公安机关报告。负有强制报告责任的单位和人员未履行报告义务的,其上级机关和有关部门要严肃追责。其他公民、社会组织积极向公安机关报告的,应及时给予表扬和奖励。

完善应急处置机制。要求公安机关及时受理有关报告,第一时间出警调查,有针对性地采取应急处置措施,强制报告责任人要协助公安机关做好调查和应急处置工作。属于农村留守儿童单独居住生活的,要责令其父母立即返回或确定受委托监护人,并对父母进行训诚；属于监护人丧失监护能力或不履行监护责任的，要联系农村留守儿童父母立即返回或委托其他亲属监护照料；上述两种情形联系不上农村留守儿童父母的，要就近护送至其他近亲属、村（居）民委员会或救助管理机构、福利机构临时监护照料，并协助通知农村留守儿童父母立即返回或重新确定受委托监护人。属于失踪的，要按照儿童失踪快速查找机制及时开展调查。属于遭受家庭暴力的，要依法制止，必要时通知并协助民政部门将其安置到临时庇护场所、救助管理机构或者福利机构实施保护；属于遭受其他不法侵害、意外伤害的，要依法制止侵害行为、实施保护；对于上述两种情形，要按照有关规定调查取证，协助其就医、鉴定伤情，为进一步采取干预措施、依法追究相关法律责任打下基础。公安机关要将相关情况及时通报乡镇人民政府（街道办事处）。

健全评估帮扶机制。要求乡镇人民政府（街道办事处）接到公安机关通报后，要会同民政部门、公安机关在村（居）民委员会、中小学校、医疗机构以及亲属、社会工作专业服务机构的协助下，对农村留守儿童的安全处境、监护情况、身心健康状况等进行调查评估，有针对性地安排监护指导、医疗救治、心理疏导、行为矫正、法律服务、法律援助等专业服务。对于监护人家庭经济困难且符合有关社会救助、社会福利政策的，民政及其他社会救助部门要及时纳入保障范围。

强化监护干预机制。对实施家庭暴力、虐待或遗弃农村留守儿童的父母或受委托监护人，公安机关应当给予批评教育，必要时予以治安管理处罚，情节恶劣构成犯罪的，依法立案侦查。对于监护人将农村留守儿童置于无人监管和照看状态导致其面临危险且经教育不改的，或者拒不履行监护职责六个月以上导致农村留守儿童生活无着落的，或者实施家庭暴力、虐待或遗弃农村留守儿童导致其身心健康严重受损的，其近亲属、村（居）民委员会、县级民政部门等有关人员或者单位要依法向人民法院申请撤销监护人资格，另行指定监护人。

（四）塑造留守儿童关爱氛围

文化部、中央文明办颁布《关于广泛开展基层文化志愿服务活动的意见》，要求充分发挥各级各类新闻媒体的作用，大力宣传留守儿童志愿服务活动的进展和成效，宣传志愿者的感人事迹和精神风貌，着力营造有利于留守儿童志愿服务的浓厚氛围，扩大基层留守儿童志愿服务的社会影响。教育部基础教育一司在 2015 年工作要点中也强调要加大宣传，营造留守儿童关爱服务工作的良好氛围。

第四节　本章小结

本章梳理了中国 1978 年以来中央一级政府所出台的有关留守儿童教育支持的政策文件，分别从政策工具和政策内容两个方面进行了文献计量研究，结果发现：

中国中央一级政府所出台的政策文件主要使用的是命令工具，占到所有政策工具的 59%；其次是能力建设工具，占到所有政策工具的 18%。而使用比较少的是权威重组工具，仅占所有政策工具的 2%；其次是激励工具，只占所有政策工具的 8%。命令工具的使用频率分别是权威重组工具和激励工具使用频率的 29.5 倍和 7.4 倍。这说明，在中国的留守儿童教育支持政策中，命令工具是使用过溢的，而权威重组工具和激励工具的使用则严重不足。

中国中央一级政府所出台的政策文件涵盖了留守儿童教育支持的微观系统、中间系统、外部系统和宏观系统，尤其是对微观系统和外部系统有着丰富的政策设计。但留守儿童关爱政策对中间系统的政策关注严重不足，只有 6% 的留守儿童关爱政策关注到这一系统。对于仅有的政策设计，中国中央政府也主要使用的是命令工具，能力建设工具和权威重组工具使用较少。

第五章 留守儿童情绪智力发展的教育支持系统实证研究

布朗芬布伦纳是关于环境之于个体发展相关理论的集大成者。以往尽管班杜拉认为环境既影响着个体的发展，也受发展的个体影响，然而他仍然没有对个体发展的环境做出明确描述。布朗芬布伦纳的生态系统理论对环境影响做出了详细分析，并对其进行复杂的、系统性划分。并且，以往在借鉴布朗芬布伦纳的发展生态系统理论进行问题分析时，学者们往往采用质性的研究方法，鉴于其复杂性引发的测量难度，很少有学者尝试量化的研究方法。在前面国际比较和中国政策研究的基础上，本章尝试使用量化研究的方法从微观、中间、外部和宏观四个层面来探索当前留守儿童的生态系统发展现状，各个生态系统对留守儿童情绪智力发展的影响以及情绪智力在预测学业成绩、网络成瘾、问题行为以及应对方式等方面的作用。

第一节 研究方法

一 研究方法及依据

本章采用定量研究方法，严格遵守定量研究的一整套研究范式。目前一般将研究设计分为定性和定量两种研究范式，其中，定性研究主要是对现象内涵、概念、定义、特征等的描述，而定量研究则涉对现象内部要素之间因果关系的测量与检验。① 定性研究的目的在于通过对所研究现象本身特征的归纳式推理过程来创造新知识，有助于发现理论发展的新方向；定量研究则旨在借助具体理论来演绎现象中的要素作用关系，进而构建出具体假设，并借助统计分析来检验假设，从而检验特定理论对现象的适用性和解释力。研究人员进一步区分了针对探索未知领域从而实现知识创造的两种定量研究设计思路，即技术导向和理论导向。技术导向注重系统科学地描述所研究对象的特征与属性，挖掘所研究对象的本质及其他相关领域的独特性，本质上是在归纳逻辑指导下的现象描述研究，而理论导向则旨在通过理论演绎和假设检验来形成新的认识，注重认识、解释甚至预测研究对象的未来反应，本质上是演绎逻辑指导下的理论驱动研究。②

　　本书采纳理论导向的定量研究范式来设计思路与规划研究流程，理由如下：（1）尽管当前学界对布朗芬布伦纳的发展生态学理论已十分重视，但目前的研究更多处于理论建构和质性研究的阶段，一个符合中国农村留守儿童文化特殊性的教育发展生态系统测评工具仍有待开发，需要技术导向的定量研究范式的应用；（2）本书注重运用演绎逻辑来探究留守儿童的教育支持生态系统对留守儿童情绪智力发展的影响，依次检验了教育支持的微观系统、中间系统、外部系统及宏观系统对留守儿童情绪智力可能的影响，并运用问卷调查和数据分析来验证假设的适切性；（3）随着情绪智力研究的深入，归纳逻辑指导下的探索性研究已经不能满足理论与实践的需要，演绎逻辑驱动下的决定性研究亦有助于我们认识留守儿童情绪智力发展中关键要素的作用关系。

二　问卷发放与样本分布

　　本书采用整群随机抽样的方法，在江西、河南、四川 3 个省进行

---

①　Dabbs, J. M., *Making thing visible*, In Maanen, J. V. eds., *Varieties of Qualitative Research*, Beverly Hills, CA: Sage, 1982.

②　Hansson, B., *Philosophy of science*, Lund: Filosofiska Instituionen, 1993.

抽样，每个省随机抽取一个市并按照学校发展水平随机抽取 5 所农村中小学，在每所小学四、五年级，初中初一、初二年级随机抽取两个班进行抽样问卷调查，共发放学生问卷 1600 份，共回收问卷 1543份，将收回的数据根据填答情况进行严格的审查，删除无效问卷，剩下有效问卷 1479 份，有效回收率为 95.85%。其中留守儿童 857 人，占样本总数的 58.45%，非留守儿童 622 人，占样本总数的 41.55%；男留守儿童 431 人，占样本总数的 50.53%，女留守儿童 422 人，占样本总数的 49.47%；小学留守儿童 256 人，占样本总数的 32.53%，初中留守儿童 531 人，占样本总数的 67.47%；家庭经济水平较差的留守儿童 433 人，占样本总数的 50.94%，家庭经济水平中等的 372人，占样本总数的 43.76%，家庭经济水平较好的留守儿童 45 人，占样本总数的 5.29%（见表 5 - 1）。

表 5 - 1 样本分布

类型		N	%
留守与否	非留守	622	42.06
	留守	857	57.94
性别	男生	431	50.53
	女生	422	49.47
学段	小学	256	32.53
	初中	531	67.47
家庭经济水平	较差	433	50.94
	一般	372	43.76
	较好	45	5.29

三 研究工具与检验

情绪智力测评量表。本量表是在 Salovey 和 Mayer 的情绪智力理论指导下，对 Schutte 等人的 Emotional Intelligence Scale 量表进行情境化改编。该量表由情绪知觉、情绪调控、情绪理解及情绪利用等 4 个维度组成，问卷的结构效度指标（$X^2/df = 2.931$、$RMSEA = 0.033$、$GFI = 0.977$、$NFI = 0.900$、$TLI = 0.913$、$CFI = 0.931$）较好，总的内部一致性信度指标达到 0.867，这些都说明该问卷具有较好的信效度。

教育支持系统问卷。教育支持系统问卷包含微观系统问卷、中间系统问卷、外部系统问卷及宏观系统问卷四个组成部分。其中：

微观系统问卷。由人际支持问卷和人际疏离问卷测量。人际支持问卷由领悟社会支持量表（PSSS）改编而来，分为家庭支持、朋友支持、教师支持三类，采用1—7的七级评分法，总分由所有条目累计，全量表内部一致性系数为0.85。人际疏离问卷包含13个测题，由父母疏离、教师疏离、同伴疏离及自我疏离等四个维度组成，全量表内部一致性系数为0.87。

中间系统问卷。探索性因素分析发现（表5-2），留守儿童中间系统包含5个因子，根据内容分析，将5个因子分别命名为"学校参与""校社互动""亲师关系""邻里关系""父辈互动"。其中"学校参与"测量的是学生家庭对学校发展的参与情况，包括对学校发展主动建言，对校园建设提供帮助，参与学校的活动以及与校长交流；"校社互动"测量的是学校与周边社区的互动交流情况，包括学校向社区进行信息公布，社区参与学校建设、学校发展及决策征求社区意见等；"亲师关系"测量的是学校教师与学生家庭之间的关系密切度，包括父母与教师之间的关系，交流的频度以及教师家访等；"邻里关系"测量的是家庭与社区人员之间的互动交流情况，包括父母与邻里的人际互动和交流情况、父母在社区的威望以及在家庭遇到困难时亲朋施与帮助的情况；"父辈关系"测量的是学生父母与同伴父母之间的互动交流情况，包括子女学业交流以及同伴及父母之间举办集体活动等。

表5-2 　　　　　　　　　　中间系统的结构探索

		学校参与	校社互动	亲师关系	邻里关系	父辈互动
Q9	我的父母亲给学校提过建议	.777				

续表

		学校参与	校社互动	亲师关系	邻里关系	父辈互动
Q8	我的父母亲曾为校园建设提供帮助	.728				
Q10	学校鼓励父母参加学校活动	.530				
Q11	我的父母亲有机会与校长见面交谈	.520				
Q14	学校的重要信息向社区公布		.806			
Q13	社区能够参与校园、教室的布置		.770			
Q16	与学生关系密切的决定，学校会征求社区的意见		.485			
Q7	父母和学校老师的关系不错			.796		
Q5	父母常和学校老师联系			.737		
Q12	老师进行过家访			.512		
Q2	父母常和村里（或小区）人交流				.682	
Q3	父母在村里（或小区）有较高的威望				.666	
Q1	家里有事情忙不过来时常会有亲戚朋友来帮忙				.649	
Q6	有关我学习的问题父母会问同学的家长					.795
Q4	父母常带我和同学及其父母一起玩					.769
	特征值	2.116	1.735	1.606	1.448	1.430
	百分比	14.11%	11.57%	10.71%	9.654%	9.537%

外部系统问卷。该系统问卷由家长学校参与、新闻媒体关爱感知、慈善组织关爱感知、教育行政部门关爱感知以及父亲工作满意度5个维度组成，是留守儿童对外部支持系统的感知（见表5-3）。

表5-3　　　　　　　　　外部系统的因子分析

		组件				
		家长学校参与	新闻媒体关爱感知	教育行政部门关爱感知	父亲工作满意度	慈善组织关爱感知
F3	家长学校能够满足我家长的需要	.738				

续表

		组件				
		家长学校参与	新闻媒体关爱感知	教育行政部门关爱感知	父亲工作满意度	慈善组织关爱感知
F1	我的家人常参与家长学校	.719				
F2	我的家人常说家长学校的好话	.585				
F4	电视里常常报道留守儿童的负面消息		.838			
F10	电视里呼吁大家关爱留守儿童		.803			
F5	有关留守儿童的报道不符合事实		.623			
F12	我们当地政府对留守儿童问题比较重视			.714		
F14	政府人员常来慰问家庭困难的留守儿童			.655		
F11	常有医务人员为留守儿童免费体检			.621		
F18	父亲和单位的同事关系较好				.847	
F17	父亲对现在的工作很有干劲				.844	
F20	父亲对他的工作收入比较满意				.397	
F9	常有外面人对留守儿童捐款或捐物					.857
F8	我们村里（社区）有关爱留守儿童的志愿者					.856
特征值		1.972	1.953	1.628	1.612	1.607
百分比		13.15%	13.02%	10.85%	10.75%	10.72%

　　宏观系统问卷。宏观系统使用社会歧视知觉来测量，采用刘霞、申继亮[①]编制的个体歧视知觉问卷（Perceived Personal Discrimination Scale），用以考察留守儿童知觉到的被歧视程度。该问卷由留守儿童经历的典型歧视事件组成，由人际孤立、言语中伤、污名丑化及躯体伤害等四个维度组成，共计20个项目，采用5级评分，从1"完全不符合"到5"完全符合"，由被试者判断这些事情发生在自己身上的

---

　　① 刘霞、申继亮：《流动儿童的歧视知觉及其与自尊的关系》，《心理科学》2010年第3期。

频率，得分越高表明被试者知觉到的歧视现象越多。该问卷已经在国内多个研究中得到使用，具有较好的信效度。

结果变量问卷。本书将学业成绩、网络成瘾、问题行为、应对方式等作为留守儿童情绪智力的结果变量，其中：

网络成瘾问卷。该量表由杨洋与雷雳[①]根据 PIU 的界定和维度构想，参照国内外有关量表的项目以及访谈的结果编制，能适用于中小学生。量表共 38 个项目，包括 6 个因素：突显性（3 个项目）；耐受性（5 个项目）；强迫性上网戒断症状（11 个项目）；心境改变（5 个项目）；社交抚慰（6 个项目）；消极后果（8 个项目）。该量表是一个自陈量表，从"完全不符合"至"完全符合"。

问题行为量表。此问卷是首都师范大学崔丽霞[②]编制的自评问卷，共 60 个项目，采用四级评分，分数越高，问题行为越多。包括学习适应不良、攻击行为、违纪行为、退缩、神经质、考试焦虑等 6 个因素，各个因素可解释的变异量累计 43.14%；以适应状况的自我评定、教师评定和家长评定量表为效标，该问卷与各效标呈显著负相关，分别为 -0.276、-0.206、-0.412（p 均 <0.001）即该问卷是有效的。各因子的内部一致性系数在 0.6616—0.8695，总量表的内部一致性系数为 0.8915，各因子分半信为 0.70—0.82，总量表为 0.89；各因子间隔一周重测信度为 0.67—0.86，总量表为间隔三周重测信度为 0.58—0.83，总量表为 0.81。

应对方式问卷。应对方式测试采用黄希庭、余华等[③]编制的《中学生应对方式量表》。该量表是在对初一到高三的 1254 名中学生施测后，将中学生的应对分为六类：问题解决、忍耐、退避、求助、发泄、幻想，并归纳为积极应对方式或着重问题应对方式（包括问题解

[①] 杨洋、雷雳：《青少年外向/宜人性人格、互联网服务偏好与"网络成瘾"的关系》，《心理发展与教育》2007 年第 2 期。

[②] 崔丽霞、雷雳：《中学生问题行为群体特征的多视角研究》，《心理发展与教育》2005 年第 3 期。

[③] 黄希庭、余华等：《中学生应对方式的初步研究》，《心理科学》2000 年第 1 期。

决和求助）和消极应对方式或着重情绪应对方式（包括忍耐、退避、发泄和幻想）两类。这 6 个因子与开放式问卷调查归纳出的应对方式维度相一致，并且各个题目的因子负荷均在 0.4 以上，本量表重测信度为 0.68—0.89，该量表具有较高的信度和效度。

第二节　留守与非留守儿童情绪智力及教育支持系统的差异

一　留守与非留守儿童的情绪智力差异

表 5 - 4 显示，非留守儿童的情绪智力（3.45 ± 0.48）与留守儿童（3.31 ± 0.50）存在显著差异，非留守儿童显著高于留守儿童（t = 5.046，p < 0.001）；在各分维度，除了在情绪利用维度不存在显著差异外（t = 1.382，p > 0.05），非留守儿童在情绪感知（t = 5.055，p < 0.001）、情绪调控（t = 4.097，p < 0.001）、情绪理解（t = 6.321，p < 0.001）等维度都显著高于留守儿童，这说明留守儿童在对自我和他人情绪的觉察、识别，对自我情绪的管理与控制，对他人情绪的理解等方面存在着劣势。

表 5 - 4　　　　　　　留守与非留守儿童情绪智力差异

	留守与否	N	平均数	标准差	t	p
情绪感知	非留守	622	3.27	.53	5.055	.000
	留守	857	3.14	.50		
情绪调控	非留守	622	3.55	.56	4.097	.000
	留守	857	3.43	.58		
情绪理解	非留守	622	3.59	.69	6.321	.000
	留守	857	3.37	.66		
情绪利用	非留守	622	3.37	.52	1.382	.167
	留守	857	3.33	.57		
情绪智力	非留守	622	3.45	.48	5.046	.000
	留守	857	3.31	.50		

二 留守与非留守儿童的微观系统差异

留守与非留守儿童的人际支持差异。表5-5显示，留守儿童
（4.57±1.12）与非留守儿童（4.84±1.01）的人际支持知觉存在显
著差异，非留守儿童要显著高于留守儿童（t=4.868，p<0.001），
这说明留守儿童所感受到来自各方面的人际支持要少于非留守儿童。
具体来讲，留守儿童所感受到的家庭支持显著低于非留守儿童（t=
3.223，p<0.001）是可以理解的，父母外出务工导致与子女互动交
流减少，对子女的情感支持不足。但是与此同时，留守儿童的同伴支
持（t=5.287，p<0.001）、教师支持（t=4.182，p<0.001）也显
著低于非留守儿童。可见，父母外出所带来的负面效应不仅是切断或
者弱化与子女互动这么简单，它同样削弱了子女其他方面支持的获
得。科尔曼的"代际闭合"理论认为家长与学生老师、其他家长成
为朋友，可以形成一个可以闭合的"支持性社群"。① 这种支持性社
群不仅有助于信息的共享，使子女获得更多的教育支持，也有助于拉
近子女与教师、伙伴的关系，并从他们身上获得更多的情感支持。家
长与子女教师形成良好的关系更有助于子女获得教师的关爱、认可与
尊重，而为子女及其同伴提供更多互动、玩耍的机会更是有助于拉近
其与同伴的感情，增进他们之间的关系。

表5-5　　　　　　留守儿童与非留守儿童人际支持知觉差异

	留守与否	N	平均数	标准差	t	p
家庭支持	非留守	622	4.92	1.14	3.223	.001
	留守	857	4.71	1.27		
同伴支持	非留守	622	5.04	1.27	5.287	.000
	留守	857	4.69	1.24		

① Coleman, James, *Equality and Achievement in Education*, San Francisco & London: Westview Press, 1990, p. 201.

续表

	留守与否	N	平均数	标准差	t	p
教师支持	非留守	622	4.57	1.12	4.182	.000
	留守	857	4.32	1.20		
人际支持	非留守	622	4.84	1.01	4.868	.000
	留守	857	4.57	1.12		

留守与非留守儿童的人际疏离差异。表 5 - 6 显示，留守儿童（2.06 ± 0.95）与非留守儿童（1.63 ± 0.79）的人际疏离存在显著的差异，留守儿童所感受到的人际疏离要显著高于非留守儿童（t = - 9.468，p < 0.001）。具体来讲，虽然父母的外出务工使得留守儿童比非留守儿童产生更高的父母疏离（t = - 6.569，p < 0.001），但这在二者之间的差异里不仅不是最高的，反而是最低的。二者之间差异最大的是同伴疏离，留守儿童比非留守儿童产生更高的同伴人际疏离（t = - 9.852，p < 0.001），其次是教师疏离（t = - 9.732，p < 0.001）。这是值得我们反思的，因为教师和同伴的支持本应起到弥补留守父母关爱弱化或缺失的作用，却成为比父母外出更为负面的力量，形成对留守儿童情感的二次伤害。另外，留守儿童的自我疏离水平也显著高于非留守儿童（t = - 7.702，p < 0.001），这种长期碰壁所形成的"习得性无助"，使得留守儿童更容易在学业、发展上放弃自己，从而进一步走上其父辈外出务工的"老路"。

表 5 - 6　　　　　　留守儿童与非留守儿童人际疏离差异

	留守与否	N	平均数	标准差	t	p
父母疏离	非留守	622	1.63	.94	- 6.569	.000
	留守	857	1.98	1.06		
教师疏离	非留守	622	1.64	.92	- 9.732	.000
	留守	857	2.15	1.06		

续表

	留守与否	N	平均数	标准差	t	p
同伴疏离	非留守	622	1.61	.84	−9.852	.000
	留守	857	2.11	1.11		
自我疏离	非留守	622	1.64	.91	−7.702	.000
	留守	857	2.04	1.09		
人际疏离	非留守	622	1.63	.79	−9.468	.000
	留守	857	2.06	.95		

三 留守与非留守儿童的中间系统差异

表 5-7 显示，留守与非留守儿童情绪智力发展的中间系统具有显著差异（t=7.132，p<0.001），非留守儿童的中间系统要显著优于留守儿童。这说明父母外出务工不仅弱化了家庭功能，而且弱化了家庭、学校、社区之间的连接，使得代际间的闭合被破坏或弱化。分维度中，父母外出务工负面影响最大的是亲师关系，留守与非留守儿童之间存在显著差异（t=11.399，p<0.001），非留守儿童要显著高于留守儿童。这说明父母在家有助于亲师关系的巩固，而外出务工则不利于这种连接。其次，父母外出务工对学校参与的负面影响也较显著，非留守儿童与留守儿童的学校参与也存在显著差异（t=2.884，p<0.01），非留守儿童父母对学校建设、管理的参与要显著高于留守儿童。父母外出务工对校社互动、邻里关系及父辈互动的影响并未存在显著差异。

表 5-7 留守与非留守儿童的中间系统知觉差异

	留守与否	N	平均值	标准差	t	p
学校参与	非留守	622	2.33	.86	2.884	.004
	留守	857	2.19	.87		
校社互动	非留守	622	3.51	.86	1.903	.057
	留守	857	3.42	.90		

	留守与否	N	平均值	标准差	t	p
亲师关系	非留守	622	2.38	.59	11.399	.000
	留守	857	1.99	.72		
邻里关系	非留守	622	2.96	.82	1.893	.059
	留守	857	2.87	.87		
父辈互动	非留守	622	2.05	1.05	1.540	.124
	留守	857	1.97	1.05		
中间系统	非留守	622	2.65	.37	7.132	.000
	留守	857	2.49	.46		

四 留守与非留守儿童的外部系统差异

表5-8显示，留守与非留守儿童的外部系统具有显著差异，非留守儿童要显著好于留守儿童（t = 1.978，p < 0.05）。在分维度，留守与非留守儿童的家长学校参与（t = 1.994，p < 0.05）、父亲工作满意度（t = 2.139，p < 0.05）都具有显著差异，非留守儿童要显著好于留守儿童。但在媒体关爱（t = −0.261，p > 0.05）、慈善关爱（t = −0.093，p > 0.05）、政府关爱（t = 0.770，p > 0.05）等方面的感知，留守与非留守儿童不存在显著差异。

表5-8 留守与非留守儿童的外部系统知觉差异

	留守与否	N	平均值	标准差	t	p
家长学校参与	非留守	426	4.6346	.65060	1.994	.047
	留守	308	4.5238	.80296		
媒体关爱	非留守	426	2.9994	.52957	−.261	.794
	留守	308	3.0097	.52726		
慈善关爱	非留守	426	2.3421	.74903	−.093	.926
	留守	308	2.3474	.76215		
政府关爱	非留守	426	3.0182	.62081	.770	.441
	留守	308	2.9830	.59851		

续表

	留守与否	N	平均值	标准差	t	p
父亲工作满意度	非留守	426	3.1507	.69723	2.139	.033
	留守	308	3.0357	.74774		
外部系统支持度	非留守	426	3.2290	.31628	1.978	.048
	留守	308	3.1799	.35211		

五 留守与非留守儿童的宏观系统差异

留守与非留守儿童的社会歧视知觉存在差异。表5-9显示，留守儿童（2.32±0.85）与非留守儿童（2.02±0.83）的社会歧视知觉存在显著差异，首先，留守儿童的社会歧视知觉显著高于非留守儿童（t=-6.816，p<0.001）。这说明相比非留守儿童，留守儿童在日常生活学习中更容易遭受歧视。具体表现在，比非留守儿童遭受更多的躯体伤害（t=-7.407，p<0.001），二者在此维度上差异最为显著。其次是留守儿童遭受更多的人际孤立（t=-6.967，p<0.001），受到更多的人际排斥。再次是留守儿童更容易被污名丑化（t=-6.575，p<0.001），也更容易被言语中伤（t=-2.262，p<0.05）。

表5-9　　留守儿童与非留守儿童社会歧视知觉的差异

	留守与否	N	平均数	标准差	t	p
人际孤立	非留守	622	2.01	.89	-6.967	.000
	留守	857	2.37	1.06		
言语中伤	非留守	622	2.37	1.14	-2.262	.024
	留守	857	2.49	.95		
污名丑化	非留守	622	1.88	.93	-6.575	.000
	留守	857	2.21	.94		
躯体伤害	非留守	622	1.79	.97	-7.407	.000
	留守	857	2.19	1.06		
社会歧视知觉	非留守	622	2.02	.83	-6.816	.000
	留守	857	2.32	.85		

六　研究结论与讨论

（一）非留守儿童与留守儿童的情绪智力存在显著差异

非留守儿童与留守儿童的情绪智力存在显著差异，非留守儿童显著高于留守儿童；在各分维度，除了情绪利用维度不存在显著差异外，非留守儿童在情绪感知、情绪调控、情绪理解等维度都显著高于留守儿童，这说明留守儿童在对自我和他人情绪的觉察、识别，对自我情绪的管理与控制，对他人情绪的理解存在显著的劣势。这与以往的部分研究结论相一致，张秋艳等人的研究表明留守初中生与非留守初中生，在情绪智力总分、情绪知觉及自我情绪管理的得分上，存在显著差异，在他人情绪管理和情绪利用上差异不显著。这可能是因为家庭是青少年成长的重要场所，在家庭中成员之间尤其是亲子之间相互的情感交流会影响个体成员情绪智力的发展。[1] 但是也有研究与本书的结论不相一致。例如，孙虎林对苏北农村留守儿童的情绪智力调查也得到一致的结论，无论是在年级、性别，还是总体上，留守与非留守初中生的情绪智力差异不显著。[2] 储婷婷对浙江省留守儿童与非留守儿童情绪智力的比较则发现，二者的情绪感知、自我情绪控制、调控他人情绪、运用情绪及情绪智力总分差异均不显著。[3] 这样的研究差别可能是由研究对象的地区文化差异，或样本量的不同造成的。本书和张秋艳的研究取样主要来自中西部，留守儿童父母前往较远的东部地区务工，回家看望孩子的时间间隔少则半年，多则一年甚至更长的时间；而孙虎林和储婷婷则分别对苏北和浙江等东部地区进行取样，这些留守孩子的父母一般在不远的地区进行务工，回家看望孩子的频率较高，因此亲子情感交流阻断的程度就不像中西部地区留守儿

---

① 张秋艳、张卫等：《中学生情绪智力与应对方式的关系》，《中国心理卫生杂志》2004 年第 8 期。

② 孙虎林：《苏北农村留守初中生情绪智力、自尊实证研究》，硕士学位论文，苏州大学，2008 年。

③ 储婷婷：《浙江省留守儿童情绪智力、自我和谐与心理健康的关系研究》，硕士学位论文，浙江师范大学，2011 年。

童那样严重。

（二）留守与非留守儿童的教育支持系统存在显著的差异

1. 微观系统中留守儿童与非留守儿童的人际支持与人际疏离存在显著差异

非留守儿童要显著高于留守儿童，这说明留守儿童所感受到来自各方面的人际支持要少于非留守儿童。不仅留守儿童所感受到的家庭支持显著低于非留守儿童，留守儿童的同伴支持、教师支持也显著低于非留守儿童。留守儿童与非留守儿童的人际疏离也存在显著的差异，留守儿童所感受到的人际疏离要显著高于非留守儿童。具体来讲，虽然父母的外出务工使得留守儿童比非留守儿童产生更高的父母人际疏离，但这在二者之间的差异上不仅不是最高的，反而是最低的。二者之间差异最大的是同伴疏离，留守儿童比非留守儿童产生更高的同伴人际疏离，其次是教师人际疏离。根据埃里克森的心理发展八阶段理论（见表5-10），人格发展可以分成各有侧重、互相连接的八个发展阶段，个体在每一个发展阶段都会面临一个确定的主题，或是说一个特定的心理危机。每一个危机都涉及一个积极的结果和一个消极结果，所谓积极结果就是指由于特定心理危机得到恰当地解决而使这个危机所对应的发展阶段对人的人格所产生的积极的影响，同样，消极结果是指某个发展阶段对人格所产生的消极影响。而每一阶段都有相应的重要影响人物，也就是存在着人际关系的焦点。根据下表可以看出，留守中小学生正处于第四和第五阶段，明显的学校师生和同伴是这个时期对留守儿童发展最有帮助的"重要他人"，是留守儿童此阶段人际关系的焦点，发挥着关键的作用。这个时期同伴和教师的支持或疏离对儿童的心理发展具有重要的影响。

表5-10　　　　　　　　　埃里克森心理发展八阶段理论

阶段	主题	积极结果	消极结果	重要他人
0—1岁	基本信任对基本不信任	内在好的感觉，信任自己和他人，乐观	坏的感觉，不信任自己和他人，悲观	母亲

续表

阶段	主题	积极结果	消极结果	重要他人
1—3 岁	自主对羞怯和疑虑	意志训练，自我培训，能作积极决定	严厉，自负怀疑，关注自我，空虚	父亲
3—5 岁	主动对内疚	成功的欢乐，主动性，方向性，目的性	对深思的目标和取得的成就感到内疚	家庭成员
5—12 岁	勤奋对自卑	能够被生产性的工作吸引，因完成工作而自豪	不适合感和自卑感，不能完成任务	邻居和学校师生
12—20 岁	同一性对角色混乱	对内在一致性和连续性有信心，生活充满憧憬	角色混乱，没有固定的标准，感到虚伪	同伴和小团体
20—24 岁	亲密对孤独	感情的共鸣，分享想法、工作和感情	避免亲密，关系淡漠	友人
24—65 岁	繁殖对停滞	能投入工作，有建立亲密人际关系的能力	失去对工作的兴趣，人际关系贫乏	一起工作和分担家务的人
65 岁以后	自我整合对失望	有秩序感和意义感	怕死，对生活及生活中已得到的或没发生的事情感到痛苦、失望	整个人类

2. 留守与非留守儿童情绪智力发展的中间系统具有显著差异

非留守儿童的中间系统闭合度要显著高于留守儿童。这说明父母外出务工不仅弱化了家庭养育功能，而且弱化了家庭、学校、社区之间的连接，使得代际闭合被破坏或弱化。代际闭合在《科尔曼报告》中被首次提出，是指家长与老师、其他学生的家长形成一个可以闭合的人际交往圈，这种交往圈有利于学生学业、情感发展情况得到有效的交流，推动学生的学业与身心发展。任何教育教学的起点都是儿童的已有经验，这就使得儿童家庭、社区与学校经验统一对学生的发展十分有意义。中间系统连接有助于将农村留守儿童学校、社区与家庭生活经验统一起来：儿童家庭经验能够为学校和社区经验的获得提供基础，而儿童在学校和社区获得的经验又能为家庭经验进行智力方面的阐释与澄清，从而有效地促进儿童的发展。① 美国当代著名教育家

---

① 卢俊勇、陶青：《农村学校中的家校合作：本质、意义与策略》，《现代教育管理》2018 年第 6 期。

欧内斯特·L. 博耶在《关于美国教育改革的演讲》一书的《基础教育》报告中指出："最近我们听到不少有关学校失败和教育革新的议论。然而，随着时间的推移，我越来越坚定地相信失败的不是学校，而是学校与家庭、社区及宗教机构的伙伴关系。"① 因为父母外出务工，留守儿童与学校教师及其他同学家长之间的沟通交流必然会出现明显的弱化，这导致家庭、学校、社区闭合环出现断裂，使得学生在不同微系统中的经验出现明显冲突和混乱，十分不利于留守儿童学业与情感的发展。

分维度中，父母外出务工最大的负面影响是亲师关系的弱化，留守与非留守儿童之间存在显著差异，非留守儿童要显著高于留守儿童。这说明父母在家有助于亲师关系的巩固，而父母外出务工则不利于这种连接。另外，父母外出务工对学校参与的负面影响也较显著，非留守儿童与留守儿童父母的学校参与也存在显著差异，非留守儿童父母对学校建设、管理的参与要显著高于留守儿童。家庭、学校的主动、积极合作，在一定程度上能够改善家庭决定出身的被动宿命，减弱家庭差异对儿童成长造成的影响，促进儿童成长，并对改善家庭与学校关系、促进学校教学等作用显著。② 相关调查表明，当前家长参与家校合作的广度与深度都相当有限，学校邀请参加家长委员会的家长往往是有一定社会关系和经济能力的家长，③ 加之留守儿童家庭教育缺位和隔代教养，使得留守家庭参与学校活动存在主观和客观的双重障碍。隔代或临时监护人往往关注更多的是留守孩子的衣食住行，由于知识文化水平的限制，他们对孩子的学习感到力不从心，对孩子心理健康状况更是重视不够。他们更认同"家长或家庭负责孩子的'养'，学校负责'教'"，因此他们参与学校限于低层次的如家长会

---

① ［美］欧内斯特·L. 博耶：《关于美国教育改革的演讲》，涂艳国、方彤译，教育科学出版社 2002 年版，第 22 页。

② Epstein J. L. , Sheldon S. B. , *School, Family, and Community Partnerships: Your Handbook for Action*, SAGE Publications, 2008.

③ 李进忠：《走向共同责任的家校合作——国外的经验和我们的实践》，《基础教育参考》2004 年第 7 期。

等家校合作形式，而较高层次的家校合作形式如农村小学网站建设以及家长参与农村小学决策等，还没有被这些家长广泛采纳和接受。[1]

3. 留守与非留守儿童的外部系统支持度具有显著差异

外部系统非留守儿童要显著好于留守儿童。在分维度上，留守与非留守儿童的家长学校参与度、父亲工作满意度都具有显著差异，非留守儿童要显著好于留守儿童。但在媒体关爱、教育慈善组织关爱、教育行政部门关爱上，留守与非留守儿童不存在显著差异。家庭成员参与家长学校能有效地促成留守儿童家庭与学校的连接，促进家庭对学校资源的有效利用以及儿童学校和家庭生活经验的一致性，进一步地弥补留守儿童弱化的家庭功能。但本书显示，留守儿童家庭成员反而对参与家长学校并不热情，对于这样为数不多能与学校教师交流互动，增进自身监护知识和技能的学习机会并不珍惜。当然这一方面反映了当前家长学校办学成效不足，但从另一方面说明学习意识不足同样是隔代监护问题的重要原因。留守与非留守儿童的父亲工作满意度也存在显著差异。之所以选择父亲职业作为测评点，这是因为许多单亲外出务工者往往是留守儿童的父亲。这反映了留守儿童家长在外务工的辛苦，农民工往往处于劳动力市场的底层，收入低、生存条件差，急需国家出台相关政策法规，改善外来务工人员的工作和生活环境，让他们有更多的时间，以更为愉悦的心情来关心自己远在家乡的孩子。

4. 宏观系统中留守儿童与非留守儿童的社会歧视知觉存在显著差异

留守儿童的社会歧视知觉显著高于非留守儿童。这说明相比非留守儿童，留守儿童在日常生活学习中更容易遭受歧视。具体表现在，比非留守儿童遭受更多的躯体伤害，二者在此维度上差异最为显著。其次是留守儿童遭受更多的人际孤立，受到更多的人际排斥。再次是留守儿童更容易被污名丑化，也更容易被言语中伤。这与之前的研究

---

[1]　乔虹：《农村留守儿童教育中家长参与"家校合作"的案例研究》，《基础教育研究》2015 年第 13 期。

结论具有一致性，申继亮等的研究表明，双亲在家的非留守儿童的个体歧视知觉显著低于单亲在外打工和双亲在外打工的留守儿童；傅王倩等的研究则表明，初中阶段的留守儿童普遍感知到了歧视的存在，其中言语歧视的得分最高。作为一种压力性体验，遭受歧视的经历会强化个体对自身社会地位低下的评价，[1] 同时会产生因他人拒绝或排斥自己而带来的挫败感，[2] 对于留守儿童的学业与身心都有显著的负面影响。

第三节　留守儿童情绪智力的发展生态系统影响因素

一　微观系统的留守儿童情绪智力影响因素

儿童心理发展的影响因素众多，研究者们对儿童心理发展影响因素的研究主要集中在两个维度：一是这些因素的来源，包括个体的生理、心理过程及外部环境；二是这些因素与儿童心理发展关系的方向，即风险因素或保护性因素。俞国良等[3]将影响儿童微观系统发展的因素分为亲子关系质量、同伴关系质量以及学校环境。受以上研究的启发，本书将人际支持、人际疏离以及学校氛围作为测量留守儿童微观系统的三个指标。

（一）人际支持对留守儿童情绪智力的影响

1. 人际支持与留守儿童情绪智力的相关分析

表 5 - 11 显示，性别与情绪知觉（r = - 0.089，p < 0.01）、情绪

---

① DuBois, D. L., Burk-Braxton, C., Swenson, L. P., Tevendale, H. D., & Hardesty, J. L., "Race and Gender Inflences on Adjustment in Early Adolescence", *Child Development*, Vol. 73, No. 5, 2002.

② Perlow, H. M., Danoff-Burg, S., Swenson, R. R., & Pulgiano, D., "The Impact of Ecological Risk and Perceived Discrimination on the Psychological Adjustment of African American and European American Youth", *Journal of Community Psychology*, Vol. 32, No. 4, 2004.

③ 俞国良、李建良、王勍：《生态系统理论与青少年心理健康教育》，《教育研究》2018 年第 3 期。

理解（$r = -0.085$，$p < 0.05$）、家庭支持知觉（$r = -0.105$，$p < 0.01$）存在显著负相关，留守女童的情绪知觉、情绪理解水平更高，也感受到更多的家庭支持。民族与情绪调控（$r = 0.130$，$p < 0.01$）、教师支持（$r = -0.071$，$p < 0.05$）显著相关，汉族学生比少数民族学生能够更好地调控自己的情绪，而少数民族学生比汉族学生能够更好感受到来自其他方面的支持。学段与情绪知觉（$r = 0.098$，$p < 0.01$）、情绪调控（$r = 0.082$，$p < 0.05$）、情绪理解（$r = 0.076$，$p < 0.05$）及情绪利用（$r = 0.131$，$p < 0.01$）存在显著的正相关，留守初中生比小学生有着更高水平的情绪知觉、情绪调控、情绪理解及情绪利用水平。这说明在探索人际支持知觉对留守儿童情绪智力的影响时，控制性别、民族、学段等无关变量对留守儿童情绪智力的影响作用是有必要的。

家庭支持（$r = 0.297$，$p < 0.01$）、同伴支持（$r = 0.427$，$p < 0.01$）、教师支持（$r = 0.402$，$p < 0.01$）都与留守儿童情绪知觉存在显著正相关，从相关系数可以看出，同伴支持与留守儿童情绪知觉发展的相关最为密切，其次是教师支持，最后才是家庭支持。家庭支持（$r = 0.473$，$p < 0.01$）、同伴支持（$r = 0.520$，$p < 0.01$）、教师支持（$r = 0.433$，$p < 0.01$）都与留守儿童情绪调控存在显著正相关，从相关系数可以看出，同伴支持与留守儿童情绪调控发展的相关最为密切，其次是家庭支持，最后是教师支持。家庭支持（$r = 0.441$，$p < 0.01$）、同伴支持（$r = 0.541$，$p < 0.01$）、教师支持（$r = 0.486$，$p < 0.01$）都与留守儿童情绪理解存在显著正相关，从相关系数可以看出，同样是同伴支持与留守儿童情绪理解发展的相关最为密切，其次是教师支持，最后才是家庭支持。家庭支持（$r = 0.426$，$p < 0.01$）、同伴支持（$r = 0.467$，$p < 0.01$）、教师支持（$r = 0.391$，$p < 0.01$）都与留守儿童情绪利用存在显著正相关，从相关系数可以看出，同样是同伴支持与留守儿童情绪智力发展的相关最为密切，其次是家庭支持，最后才是教师支持。以上说明，留守儿童人际支持知觉各变量与情绪智力各变量存在显著的相关，这为进一步的回归分析奠定了基础，防止虚假回归的出现。

2. 人际支持对留守儿童情绪智力影响

表 5 - 12 显示，分层回归分析发现，在控制了性别、民族和年级对情绪智力的影响后，家庭支持、同伴支持和教师支持对留守儿童情绪智力存在显著正向影响（ $\triangle F = 143.017$ ， $p < 0.001$ ），并且能够解释留守儿童情绪智力 36.8% 的变化，从回归系数可以看出，首先，同伴支持对留守儿童情绪智力的影响最为显著（ $\beta = 0.395$ ， $p < 0.001$ ），这说明当留守儿童面临问题或困难时，有朋友帮助和依靠，与朋友讨论问题，分享快乐和忧伤都有助于提升留守儿童的情绪智力。其次是家庭支持（ $\beta = 0.143$ ， $p < 0.01$ ），能够得到亲属情感或其他方面的帮助与支持，与亲属交流问题，并在亲属帮助下做出重要决定有助于留守儿童情绪智力的发展。再次是教师支持（ $\beta = 0.116$ ， $p < 0.05$ ），在留守儿童需要帮助时有人在旁安慰他，教师与其分享快乐与忧伤对其情绪智力发展具有较大的帮助。这说明人际支持有助于留守儿童情绪智力的提升，在这三种支持中要重点提升同伴朋友对留守儿童的支持与帮助，这对留守儿童情绪智力发展的效果最为显著。

在控制了性别、民族和年级对情绪知觉的影响后，同伴支持（ $\beta = 0.301$ ， $p < 0.001$ ）和教师支持（ $\beta = 0.246$ ， $p < 0.001$ ）仍对留守儿童情绪知觉存在显著正向影响，但家庭支持对情绪知觉不再产生显著影响（ $\beta = -0.075$ ， $p > 0.05$ ），这说明提升留守儿童的同伴支持与教师支持有助于提升留守儿童的情绪知觉，尤其是同伴支持的效果最为显著。

在控制了性别、民族和年级对情绪调控的影响后，同伴支持（ $\beta = 0.357$ ， $p < 0.001$ ）和家庭支持（ $\beta = 0.230$ ， $p < 0.001$ ）仍对留守儿童情绪知觉存在显著正向影响，但教师支持对情绪调控不再产生显著影响（ $\beta = 0.022$ ， $p > 0.05$ ），这说明提升留守儿童的同伴支持与家庭支持有助于提升留守儿童的情绪调控，尤其是同伴支持的效果最为显著。

在控制了性别、民族和年级对情绪理解的影响后，同伴支持（ $\beta = 0.393$ ， $p < 0.001$ ）和教师支持（ $\beta = 0.150$ ， $p < 0.01$ ）仍对留守儿童情绪理解存在显著正向影响，但家庭支持对情绪理解不再产生

显著影响（$\beta = 0.078$，$p > 0.05$），这说明提升留守儿童的同伴支持与教师支持，尤其是同伴支持有助于提升留守儿童的情绪理解水平。

在控制了性别、民族和年级对情绪利用的影响后，同伴支持（$\beta = 0.306$，$p < 0.001$）和家庭支持（$\beta = 0.238$，$p < 0.001$）仍对留守儿童情绪利用存在显著正向影响，但教师支持对情绪调控不再产生显著影响（$\beta = 0.001$，$p > 0.05$），这说明提升留守儿童的同伴支持与家庭支持有助于提升留守儿童的情绪调控，尤其是同伴支持的效果最为显著。

3. 研究结论与讨论

研究发现，微观系统中家庭支持、同伴支持和教师支持对留守儿童情绪知觉存在显著正向影响，能够解释留守儿童情绪智力 36.8% 的变异。其中：

同伴支持对留守儿童情绪智力的正向影响最为显著。纵观人的毕生发展，青春期前后或许是同伴关系对其心理影响最大的时期。[1] 究其原因，留守儿童在努力适应家庭变迁所带来的家庭功能弱化时，特别需要依靠朋友来寻求情绪支持，一方面，同伴能够帮助青少年调节情绪，提供情感支持和安全感以及自信和认可；另一方面，同伴关系也与青少年的焦虑、忧伤、愤怒等消极情绪的增长显著相关。[2] 赵景欣等人探讨了农村留守儿童同伴关系与心理适应的关系，发现同伴拒绝能显著增加儿童的攻击、学业违纪行为，同伴接纳能够显著降低儿童的孤独感。[3] 罗晓路和李天然也发现与非留守儿童相比，留守儿童更不容易被同伴接纳，更容易受到同伴的忽视。[4] 更有研究显示，留

---

① 俞国良、李建良、王勍：《生态系统理论与青少年心理健康教育》，《教育研究》2018 年第 3 期。

② Larson, R., & Richards, M. H., "Daily Companionship in Late Childhood and Early Adolescence: Changing Developmental Contexts", *Child Development*, Vol. 2, 1991.

③ 赵景欣等：《同伴拒绝、同伴接纳与农村留守儿童的心理适应：亲子亲合与逆境信念的作用》，《心理学报》2013 年第 7 期。

④ 罗晓路、李天然：《家庭社会经济地位对留守儿童同伴关系的影响》，《中国特殊教育》2015 年第 2 期。

守儿童受校园欺凌的报告率要显著高于非留守儿童，① 这对于留守儿童的情绪智力发展是一个显著的风险因素。

家庭支持也是促进留守儿童情绪智力发展的重要因素。家庭作为一个初级社会群体，其重要的特征就是成员之间频繁地面对面富有感情地互动。儿童正是在与父母朝夕相处的亲子互动过程中获得了人际交往的基本知识，并开始社会化的进程，因此，与父母建立起亲密的依恋关系是儿童健康发展的重要条件。由于其正处于身心发展的关键时期，生理的和心理的变化常常让他们变得无所适从，成长的欣喜与惶惑需要有倾诉的对象，而农村留守儿童由于与父母常年分离，亲密的依恋关系难以很好地建立，他们的情感处于饥渴状态。② 尽管如此，家庭对他们来讲仍然是情感庇护的港湾，尽管父母外出导致留守儿童家庭功能的显著弱化，但家庭对其情绪智力发展的促进作用仍然不可忽视。之前对寄宿学校的留守儿童社会情感发展的研究就发现，留守儿童即使在缺乏父母关爱的情况下，从祖辈、亲戚的照顾中所获得的情感支持也比从不佳的学校寄宿监护中获得的要更多。③

来自教师等的支持对留守儿童情绪智力发展发挥显著作用，但仍需进一步提升。教师支持在三个因素中影响作用最弱，但仍处于显著的水平，这一方面说明教师对留守儿童的情感支持作用同样需要重视，但从另一方面也说明在留守儿童关爱保护方面教师的作用还需要得到进一步的发挥。

（二）人际疏离对留守儿童情绪智力的影响

1. 留守儿童人际疏离与情绪智力的相关分析

表 5 - 13 显示，人口学变量除了之前已经讨论过的与留守儿童情绪智力各因素之间的相关外，性别与自我疏离存在显著负相关（r =

---

① 唐冬纯、蔡伟聪、李丽萍：《广州留守与非留守儿童校园受欺凌情况及其影响因素》，《中国学校卫生》2018 年第 7 期。

② 吕吉、刘亮：《农村留守儿童家庭结构与功能的变化及其影响》，《中国特殊教育》2011 年第 10 期。

③ 王树涛、毛亚庆：《寄宿对留守儿童社会情感能力发展的影响：基于西部 11 省区的实证研究》，《教育学报》2015 年第 5 期。

-0.091，p < 0.01)，男生比女生的自我人际疏离更强烈；民族与父母人际疏离 (r = -0.071，p < 0.05)、同伴人际疏离 (r = -0.070，p < 0.05) 存在显著负相关，汉族留守儿童的父母人际疏离和同伴人际疏离要显著高于其他少数民族的留守儿童；学段与留守儿童的同伴人际疏离存在显著的正相关 (r = 0.074，p < 0.05)，留守初中生的同伴人际疏离要显著高于留守小学生。性别、民族、学段等人口学变量与人际疏离的显著相关说明在探索留守儿童人际疏离对情绪智力的影响时，控制这些无关变量是有必要的。

留守儿童的父母人际疏离、教师人际疏离、同伴人际疏离及自我人际疏离等人际疏离的四个分维度与情绪知觉、情绪调控、情绪理解、情绪利用等情绪智力的四个分维度存在显著负相关，同伴人际疏离在人际疏离四个维度与留守儿童的情绪知觉 (r = -0.215，p < 0.01)、情绪调控 (r = -0.399，p < 0.01)、情绪理解 (r = -0.345，p < 0.01)、情绪利用 (r = -0.345，p < 0.01) 的相关中都是最为显著，其次是教师疏离，其除了与情绪利用 (r = -0.280，p < 0.01) 的相关不如自我疏离 (r = -0.290，p < 0.01) 显著之外，与情绪智力的情绪知觉 (r = -0.213，p < 0.01)、情绪调控 (r = -0.351，p < 0.01)、情绪理解 (r = -0.276，p < 0.01) 等三个维度的相关显著度都仅次于同伴人际疏离。父母人际疏离与留守儿童的情绪知觉 (r = -0.108，p < 0.01)、情绪调控 (r = -0.325，p < 0.01)、情绪理解 (r = -0.225，p < 0.01)、情绪利用 (r = -0.232，p < 0.01) 的相关显著度都最低，这是一个有意思的现象，值得我们深入探讨。这些相关也为进一步回归分析奠定了基础，避免了虚假回归分析。

2. 留守儿童人际疏离对情绪智力的影响

表 5 - 14 显示，在总的情绪智力方面，留守儿童的父母疏离、教师疏离、同伴疏离及自我疏离都对情绪智力存在显著负向影响，其中同伴疏离的负向影响最为显著 (β = -0.255，p < 0.001)，其次是自我疏离 (β = -0.167，p < 0.01)，教师疏离的负面影响最小 (β = -0.135，p < 0.05)，但仍保持显著。

在情绪知觉方面,父母疏离、教师疏离、同伴疏离及自我疏离都对留守儿童的情绪智力存在显著影响,其中父母疏离的影响最为显著($\beta = -0.248$,$p < 0.001$),其次是教师疏离($\beta = -0.209$,$p < 0.01$),同伴疏离的负面影响最小,但仍然显著($\beta = -0.107$,$p < 0.05$)。

但在对情绪调控、情绪理解、情绪利用三个维度的影响分析中,同伴疏离都是最为显著的负面影响因素,对这三个维度的影响系数分别为 -0.209($p < 0.001$)、-0.284($p < 0.001$)及 -0.262($p < 0.001$);其次是自我疏离,对情绪调控、情绪理解、情绪利用维度的影响系数分别为 -0.155($p < 0.01$)、-0.138($p < 0.05$)及 -0.129($p < 0.05$);父母疏离对情绪理解的影响显著($\beta = -0.137$,$p < 0.05$),但对情绪调控和情绪利用的影响都不显著;而教师疏离对情绪调控的负向影响显著($\beta = -0.118$,$p < 0.05$),但对情绪理解、情绪利用的影响不显著。

3. 研究结论与讨论

同伴疏离是影响留守儿童情绪智力发展最为负面的因素。之前的研究已经证明同伴支持对个体情绪智力发展的重要意义,情绪理解能力越高的儿童在同伴群体中越受欢迎。[1] 儿童受同伴接纳程度与其情绪理解能力呈显著正相关,同伴接纳程度对幼儿的情绪理解能力具有预测作用。[2] 而同伴疏离则在留守儿童组织里具有显著的负向预测作用,它使儿童丧失了更多在与同伴交往、协商的过程中学会通过适当的认知策略来调节自己的情绪的机会。进行情绪交流和维持积极的同伴交往是儿童社会性发展的一个重要方面,[3] 它不仅能够使儿童了解自己和他人的情绪,还指导着儿童与同伴的交往行为。同伴疏离甚至会导致同伴欺负,并进一步转化为留守儿童的抑郁焦虑。受欺负的经

---

① Villanneva L., Clemente R., Garcia F., "Theory of Mind and Peer Rejection at School", *Social Development*, Vol. 9, 2000.

② 李幼穗、赵莹:《幼儿同伴关系与情绪理解能力关系的研究》,《心理科学》2009年第2期。

③ 李幼穗:《儿童社会性发展及其培养》,华东师范大学出版社2004年版,第125—130页。

历可能会让受欺负者产生负面的自我评价，认为自己很差，不值得被喜欢，缺少朋友的关心支持和愉快的友谊，从而难受、痛苦和对未来的担忧、抑郁和焦虑。受欺负者常常也是同伴不喜欢、拒绝和孤立的对象，从而抑郁和焦虑。①

自我疏离也是影响留守儿童情绪智力发展的显著负面因素。这与之前的研究发现自我和谐与情绪智力之间呈显著正相关具有一致性。②自我作为现象学领域中的一个概念，包括个体对外界的知觉、个体对自我的知觉在内的与自身有关方面的知觉与意义。假如一个人体验到自我内部不同方面之间、自我与经验、自我期待与现实情况之间的差距，就会出现内心的紧张与纷扰，就会出现一种"不和谐"的负性状态，甚至导致对自我的疏离感，而这种疏离感会进一步弱化对自我情绪的觉察与调节作用。

父母疏离也是影响留守儿童情绪智力发展的一个显著负面因素。尽管父母外出导致亲子关系显著弱化，父母对他们来讲仍然是情感庇护的港湾，父母关爱对其情绪能力发展的促进作用仍然不可忽视。之前有研究发现父母关爱对留守儿童孤独情绪有显著负向预测性，是因为父母关爱使得留守儿童的希望水平得到提升，从而减弱了对孤独情绪的负向作用。③而对父母的疏离感则会弱化希望水平，反而增强了对孤独情绪的正向作用。

（三）学校氛围对留守儿童情绪智力的影响④

1. 学校氛围对留守与非留守儿童情绪智力总体的影响

学校的师生关系、同学关系及发展多样性等支持性氛围对留守儿

---

① 黄芳、凌辉：《幼儿同伴关系与情绪理解能力关系的研究》，《心理科学》2009年第2期。

② 何安明、惠秋平：《大学生自我和谐与感恩：物质主义价值观和情绪智力的调节与中介作用》，《教育研究与实验》2015年第2期。

③ 范兴华、何苗、陈锋菊：《父母关爱与留守儿童孤独感：希望的作用》，《中国临床心理学杂志》2016年第4期。

④ 王树涛：《学校氛围对留守与非留守儿童情绪智力影响的比较及启示》，《现代教育管理》2018年第4期。

童情绪智力都具有显著的正向影响，其中发展多样性对留守儿童情绪智力的正向影响最强（$\beta = 0.264$，$p < 0.001$），其次是同学关系（$\beta = 0.177$，$p < 0.001$），再次是师生关系（$\beta = 0.150$，$p < 0.001$）；而学业压力、秩序与纪律等控制性因素对留守儿童情绪智力都具有显著的负向影响，秩序与纪律对留守儿童情绪智力的负面影响最显著（$\beta = -0.107$，$p < 0.01$），其次是学业压力（$\beta = -0.103$，$p < 0.01$），学校氛围能够解释留守儿童情绪智力发展的19.8%；而只有师生关系、发展多样性等支持性氛围对非留守儿童产生显著正向影响，其中师生关系对非留守儿童的正向影响更强（$\beta = 0.184$，$p < 0.05$），其次是发展多样性（$\beta = 0.165$，$p < 0.05$），控制性氛围的两个因素对非留守儿童都不产生显著影响，学校氛围只能解释非留守儿童情绪智力发展的14.4%。可见，学校氛围对留守儿童情绪智力的解释力度要显著高于对非留守儿童的解释力度，留守儿童情绪智力发展从发展多样性中获益最多，而非留守儿童则更受益于良好的师生关系。

2. 学校氛围对留守与非留守儿童情绪智力各维度的影响

在情绪知觉方面，师生关系与发展多样性等支持性氛围对留守儿童的情绪知觉具有显著正向影响，其中发展多样性（$\beta = 0.253$，$p < 0.001$）的影响更大，其次是师生关系（$\beta = 0.111$，$p < 0.01$），而学业压力和秩序与纪律等控制性因素对留守儿童的情绪知觉具有显著负向影响，秩序与纪律（$\beta = -0.149$，$p < 0.001$）的负面影响更大，其次是学业压力（$\beta = -0.089$，$p < 0.01$），学校氛围能够解释留守儿童情绪知觉发展的10%；而只有师生关系（$\beta = 0.207$，$p < 0.05$）对非留守儿童的情绪知觉具有显著影响，学校氛围各维度能够解释非留守儿童情绪知觉发展的9.5%。可见，留守儿童的情绪知觉发展更受益于学校发展多样性，而非留守儿童更受益于师生关系，学校氛围对留守儿童情绪知觉的解释力度略高于非留守儿童。

在情绪调控方面，同学关系和发展多样性等支持性氛围对留守儿童的情绪调控具有显著正向影响，同样是发展多样性（$\beta = 0.251$，$p < 0.001$）的影响更大；学业压力（$\beta = -0.113$，$p < 0.01$）这一控

制性氛围对留守儿童的情绪调控具有显著负向影响，学校氛围能够解释留守儿童情绪调控发展的 13.9%，而学校氛围所有维度都对非留守儿童情绪调控不产生显著影响，只能解释其情绪调控发展的 11.7%。可见，发展多样性也是留守儿童情绪调控发展的最重要因素，与此同时学校氛围对留守儿童情绪调控的解释力度也要显著高于非留守儿童。

在情绪理解方面，师生关系（$\beta = 0.171$，$p < 0.001$）、同学关系（$\beta = 0.247$，$p < 0.001$）和发展多样性（$\beta = 0.249$，$p < 0.001$）等支持性氛围对留守儿童情绪理解具有显著正向影响，其中发展多样性（$\beta = 0.249$，$p < 0.001$）的影响最大，其次是同学关系（$\beta = 0.247$，$p < 0.001$）；学业压力这一控制性因素对留守儿童情绪理解具有显著的负向影响（$\beta = -0.144$，$p < 0.001$），学校氛围能够解释留守儿童情绪理解的 27.1%；而只有发展多样性对非留守儿童情绪理解具有显著影响（$\beta = 0.205$，$p < 0.05$），学校氛围能够解释其发展的 10.4%。可见发展多样性对留守与非留守儿童的情绪理解都是最重要的影响因素，学校氛围对留守儿童情绪理解的解释力度同样要显著高于对非留守儿童。

在情绪利用方面，师生关系与发展多样性等支持性氛围对留守儿童的情绪利用具有显著正向影响，其中发展多样性（$\beta = 0.236$，$p < 0.001$）仍然是最重要的因素，秩序与纪律（$\beta = -0.200$，$p < 0.001$）这一控制性因素则是留守儿童情绪利用的显著负面因素，学校氛围能够解释留守儿童情绪利用发展的 12.6%；师生关系是影响非留守儿童情绪利用最显著的正面因素（$\beta = 0.283$，$p < 0.001$），意外的是学业压力对非留守儿童情绪利用具有显著的正面影响（$\beta = 0.226$，$p < 0.001$），秩序与纪律则对其具有显著负面影响（$\beta = -0.259$，$p < 0.001$），学校氛围能够解释非留守儿童情绪利用发展的 16.1%。可见，发展多样性与师生关系同样分别是留守与非留守儿童情绪利用的最有利因素，而秩序与纪律则是他们情绪利用的最显著负面因素，学校氛围对非留守儿童情绪利用的解释力度要显著高于对留守儿童（见表 5 - 15）。

表 5—11　　人际支持知觉与留守儿童情绪智力的相关分析

	性别	民族	学段	情绪知觉	情绪调控	情绪理解	情绪利用	家庭支持	同伴支持	教师支持
性别	1									
民族	-0.011	1								
学段	0.018	0.214**	1							
情绪知觉	-0.089**	-0.009	0.098**	1						
情绪调控	-0.057	0.130**	0.082*	0.573**	1					
情绪理解	-0.085*	0.063	0.076*	0.705**	0.693**	1				
情绪利用	-0.010	0.055	0.131**	0.655**	0.664**	0.694**	1			
家庭支持	-0.105**	0.030	0.025	0.297**	0.473**	0.441**	0.426**	1		
同伴支持	-0.036	-0.007	0.064	0.427**	0.520**	0.541**	0.467**	0.686**	1	
教师支持	-0.031	-0.071*	-0.005	0.402**	0.433**	0.486**	0.391**	0.720**	0.742**	1

表 5—12　　留守儿童情绪智力对人际支持知觉的分层回归分析

	情绪知觉		情绪调控		情绪理解		情绪利用		情绪智力	
	第一步	第二步	第一步	第二步	第一步	第二步	第一步	第二步	第一步	第二步
性别	-.074*	-.068*	-.050	-.016	-.063	-.041	-.003	.030	-.054	-.026
民族	-.004	.010	.136***	.117***	.068	.065*	.048	.028	.074	.066*
年级	.096***	.083*	.046	.031	.040	.024	.107**	.094**	.081*	.065*
家庭支持		-.075		.230***		.078		.238***		.143**

续表

	情绪知觉		情绪调控		情绪理解		情绪利用		情绪智力	
	第一步	第二步	第一步	第二步	第一步	第二步	第一步	第二步	第一步	第二步
同伴支持		.301***		.357***		.393***		.306***		.395***
教师支持		.246***		.022		.150**		.001		.116*
R^2	.014	.222	.026	.335	.011	.338	.016	.263	.017	.373
调节 R^2	.010	.216	.022	.330	.007	.333	.012	.257	.014	.368
$\triangle R^2$	.014	.208	.026	.310	.011	.327	.016	.247	.017	.356
$\triangle F$	3.652*	67.310***	6.645***	117.521***	2.846*	124.492***	4.092**	84.493***	4.484**	143.017***

表 5 – 13　留守儿童人际疏离与情绪智力的相关

	性别	民族	学段	情绪知觉	情绪调控	情绪理解	情绪利用	父母疏离	教师疏离	同伴疏离	自我疏离
性别	1										
民族	-.011	1									
学段	.018	.214**	1								
情绪知觉	-.089**	-.009	.098**	1							
情绪调控	-.057	.130**	.082*	.573**	1						
情绪理解	-.085*	.063	.076*	.705**	.693**	1					
情绪利用	-.010	.055	.131**	.655**	.664**	.694**	1				
父母疏离	.062	-.071*	.000	-.108**	-.325**	-.225**	-.232**	1			

续表

	性别	民族	学段	情绪知觉	情绪调控	情绪理解	情绪利用	父母疏离	教师疏离	同伴疏离	自我疏离
教师疏离	-.024	-.009	.062	-.213**	-.351**	-.276**	-.280**	.729**	1		
同伴疏离	-.026	-.070*	.074*	-.215**	-.399**	-.345**	-.345**	.672**	.752**	1	
自我疏离	-.091**	-.009	.027	-.181**	-.349**	-.265**	-.290**	.691**	.668**	.725**	1

表 5-14　留守儿童情绪智力对人际疏离的分层回归

	情绪知觉		情绪调控		情绪理解		情绪利用		情绪智力	
	第一步	第二步	第一步	第二步	第一步	第二步	第一步	第二步	第一步	第二步
性别	-.073*	-.112**	-.055	-.076*	-.064	-.095**	-.007	-.034	-.057	-.091**
民族	-.004	-.005	.136***	.115**	.067	.047	.047	.027	.074*	.055
年级	.096*	.118**	.040	.071*	.038	.070*	.102**	.134***	.077**	.112**
父母疏离		-.248***		.021		-.137*		.103		-.142**
教师疏离		-.209**		-.118*		-.070		-.092		-.135*
同伴疏离		-.107*		-.209***		-.284***		-.262***		-.255***
自我疏离		-.159**		-.155**		-.138*		-.129*		-.167***
R^2	.014	.092	.025	.200	.011	.140	.015	.150	.017	.181
调节 R^2	.010	.084	.021	.192	.007	.132	.011	.142	.013	.173
$\triangle R^2$	.014	.078	.025	.175	.011	.129	.015	.135	.017	.164
$\triangle F$	3.634*	16.107***	6.477***	40.928***	2.819*	28.101***	3.754*	29.862***	4.332**	37.595***

表 5－15　　学校氛围对留守与非留守儿童情绪智力影响的比较

	情绪知觉		情绪调控		情绪理解		情绪利用		情绪智力	
	留守	非留守	留守	非留守	留守	非留守	留守	非留守	留守	非留守
第一步：人口学变量										
性别	-0.006	-0.122	-0.010	-0.132*	0.090**	0.121*	-0.053	0.038	0.016	-0.067
年级	0.189***	0.058	0.026	-0.128*	0.102***	-0.078	0.127***	-0.057	0.111**	-0.055
民族	0.009	0.009	-0.019	0.118	-0.023	-0.058	-0.014	0.122*	-0.023	0.032
第二步：学校氛围										
师生关系	0.111**	0.207*	0.073	0.082	0.171***	0.036	0.168***	0.283***	0.150***	0.184*
同学关系	0.045	0.105	0.116**	0.122	0.247***	0.148	0.067	0.044	0.177***	0.105
发展多样性	0.253***	0.017	0.251***	0.099	0.249***	0.205*	0.236***	0.088	0.264***	0.165*
学业压力	-0.089**	-0.047	-0.113**	0.009	-0.144***	-0.107	-0.004	0.226***	-0.103**	0.039
秩序与纪律	-0.149***	0.060	0.012	0.127	-0.054	0.018	-0.200***	-0.259***	-0.107**	-0.022
R^2	0.149	0.104	0.167	0.166	0.310	0.214	0.153	0.198	0.233	0.162
调节 R^2	0.140	0.071	0.158	0.135	0.302	0.185	0.144	0.169	0.224	0.132
$\triangle R^2$	0.100	0.095	0.139	0.117	0.271	0.104	0.126	0.161	0.198	0.144
$\triangle F$	19.713***	5.150***	27.936***	6.864***	65.614***	6.462***	24.997***	9.782***	43.103***	8.369***

3. 研究结论与讨论

发展多样性是促进留守儿童情绪智力发展的最有益因素。本书发现学校发展多样性对于留守儿童的情绪智力及分维度情绪知觉、情绪调控、情绪理解及情绪利用都具有最重要的影响。发展多样性是指学校提供丰富的资源，尊重学生的自主性使学生获得多样性的学校生活并得到全面的发展。这是一种积极和支持性的学校氛围，之前的研究发现尤其是对于那些心理与社会处境不利的儿童而言，这种积极和支持性的知觉对他们的心理发展具有保护作用。[1] 自我决定理论认为人具有积极地自我整合、自我完善和不断学习的倾向，但这种倾向的发生并非自然而然的，需要外部环境的支持和给养才能实现。只有当外界满足个体的心理需求时，个体才会朝向积极的方向发展，否则将朝向消极方向发展或产生功能性障碍。[2] 自主是自我决定理论认为的人先天的三种基本心理需求之一，它假定人们都希望在行为中感到自由和不受压制，希望通过自身的行动拉近与重要人物的距离，并在行动中体会到力量和能力。相比父母在身边的儿童，留守儿童更加能够感受到外界的束缚，这些束缚可能是因为外界的歧视、嘲弄与欺侮，也可能是因为缺少家庭足够的资源与情感支持而自我设限。当留守儿童感受到学校对其自主发展的鼓励与资源的支持时，他们的束缚更容易被打开，潜能也更容易被激发。

师生关系对非留守儿童情绪智力的发展最为有益。师生关系是非留守儿童情绪智力发展的最重要因素，对留守儿童的影响虽然显著，但不如其较之非留守儿童重要。根据社会资本的"代际闭合"理论，留在孩子身边的父母与教师有更多的互动和交流机会，更容易成为朋友，从而更容易对学生形成一个闭合的"支持性社群"，使得信息和情

---

① Gabriel P. Kuperminc., "School Social Climate and Individual Differences in Vulnerability to Psychopathology among Middle School Students", *Journal of School Psychology*, Vol. 39, No. 2, 2001.

② 钟伯光、姒刚彦：《自我决定理论在中国人人群的应用》，《心理科学进展》2013年第 10 期。

感可以得到更加有效的传递，有助于这部分孩子拉近与老师之间的关系。而留守儿童的隔代养育或亲朋养育难以替代其父母与学校形成紧密的互动和联结，使得他们难以获得学校教师足够的情感支持。而积极的师生关系往往与良好的学校教育结果相关联，因为这些获得教师积极支持的学生会积极参与学校的活动，并避免问题行为。[①] 另外，当前的留守儿童"问题化"也容易导致教师对这部分学生产生低期望，无意为他们塑造有效的教学环境和高质量的课堂情感氛围，并给予较少和较低质量的额外教学投入、反馈和师生交流，进而恶性循环地导致这部分学生低水平的学校参与与自我期望。在缺乏支持的氛围中，缺乏自信的状态下，个体难以较好地识别和利用自己和他人的情绪，往往因为刻板的负面认知和行为倾向降低对情绪的识别和利用效果。

同学关系对留守儿童情绪智力影响显著，但对非留守儿童不显著。之前少有的研究也发现同伴接纳程度对儿童情绪理解等情绪智力因素具有预测作用，受欢迎的幼儿在情绪理解任务上显著高于被拒绝、被忽视和矛盾型的幼儿。[②] 但它对不同处境儿童情绪智力的影响是否一致，并未被做出比较。本书发现同伴关系对留守儿童这样的处境不利儿童的情绪智力影响显著，但对非留守儿童不显著。这可能是因为对留守儿童来讲，父母外出务工导致他们与父母长期分离，使得他们在尚无"缓冲"和做好准备的情况下就提前"独立"出来，与父母的亲子依恋关系被"生硬"地破除。在这一背景下，同伴就可能成为满足其社会交往需要、获得支持和安全感、实现积极发展的重要源泉。[③] 而对于非留守儿童，由于能够从父母身上获得相对充足的情感支持，他们表现得不像留守儿童那样对同伴产生依赖。

---

① Powers, J. D., Bowen, G. L., & Rose, R. A., "Using Social Environment Assets to Identify Intervention Strategies for Promoting School Success", *Children and Schools*, Vol. 27, 2005.

② 李幼穗、赵莹：《幼儿同伴关系与情绪理解能力关系的研究》，《心理科学》2009年第 2 期。

③ Wen, M., & Lin, D. H., "Child Development in Rural China: Children Left behind by Their Migrant Parents and Children of Nonmigrant Families", *Child Development*, Vol. 83, No. 1, 2012.

秩序与纪律是留守儿童情绪智力发展的最不利因素。秩序与纪律是影响留守儿童情绪智力总体及情绪知觉、情绪利用的最消极因素，但只对非留守儿童的情绪利用具有显著负面影响。自我决定理论将环境与个体的互动分为支持型和控制型，前面良好的师生关系与发展多样性属于支持型的互动，而秩序与纪律则属于控制型的互动，相比支持型强调提供选择、给予理解和关爱，控制型强调专制、压力和命令。相比其他儿童，留守儿童这样的处境不利儿童对环境刺激具有更高的感受性，外在的关爱、理解与支持能够引导他们学会如何倾听他人、理解他人，采用建设性行动方式应对问题；而专制、压力和命令则容易刺激他们本来就脆弱和敏感的神经，使他们走向自我封闭和认知固化，采用回避或愤怒的方式应对问题。另外，良好的氛围也能够建立起家庭功能不足的留守儿童对学校安全性的依恋，使他们的情绪解码更准确，并在积极状态下产生认知促进效应；而外在的控制和压力则引发他们的焦虑和不安全感，使他们仿佛对积极情绪存在"戒备"，反而强化了其固有的负面认知策略，同时缺乏安全感的留守儿童的情绪利用策略也缺乏灵活性，在消极情绪状态下会采用防御机制，表现出较多的消极负面的思维倾向。

学业压力是把"双刃剑"，对留守与非留守儿童作用不同。学业压力对留守儿童的情绪智力及大部分维度具有消极作用，但对非留守儿童的情绪利用维度具有积极作用。学业压力是中国青少年的关键性压力来源，[①] 对个体的情绪状态具有重要的影响。但这也受个体压力应对方式的调节，消极的压力应对使得个体久久不能摆脱负面事件的影响，并且沉迷于当时的情绪状态中，不断地体会自身的情感感受，不能抽离出来进行理性思考，不能对情绪进行加工，会负面影响个体对情绪进行理性思索；[②] 而积极的应对方式则使个体着眼于问题解决

---

① 陈慧、邓慧华、钟萍等：《青少年早期的抑郁与生活事件的交叉滞后分析》，《中国临床心理学杂志》2012 年第 1 期。

② 郭素然、伍新春、郭幽圻、王琳琳、唐顺艳：《大学生反刍思维对消极情感和积极情感的影响——以孤独感和情绪智力为例》，《心理发展与教育》2011 年第 3 期。

和求助，不断审视自己的内心想法，探索可能的原因及分析事件带来的影响，反而有助于心理治疗，成为后续行为的动力。留守与非留守儿童的压力应对方式存在显著差异，有研究就发现，留守儿童在面对问题时的问题解决与求助等应对方式都显著低于非留守儿童。① 本书中学业压力对非留守儿童的情绪利用具有积极作用也佐证了这一观点。另外，非留守儿童比留守儿童获得家庭更多的情感支持，这些支持成为其调节负面情绪的内在资源。压力应对模型就认为，获得外在情感支持的青少年在情绪调节方面表现得更好，这些能力能够帮助他们建设性地处理焦虑、抑郁或愤怒等消极情绪。②

研究发现学校氛围对留守儿童情绪智力发展的作用更大。学校氛围对留守儿童情绪智力及大多数子维度的影响都大于非留守儿童，支持性氛围对留守儿童的影响更为积极，控制性因素对留守儿童的影响则更为消极。之前的研究也表明学校氛围对处境不利学生的影响更大，③ 学校的情感支持对于处境不利学生的学校表现具有更为积极的影响。④ 从风险防御理论来看，因为风险与防御性因素的累积对学生的学校表现更具预测作用，不良学校氛围增加的学业失败风险可能会成为压垮处境不利儿童的"最后一根稻草"，加速其情绪与问题行为的产生，而良好的学校氛围则能帮助其抵御家庭方面的压力源，能够为那些心理脆弱的学生提供广泛的社会支持，使学生的问题解决技能得到提升，信任网络得到建立，进一步促进他们生成面对挫折时的复原力。

① 肖聪阁、陈旭:《农村留守初中生依恋与应对方式的关系研究》,《心理发展与教育》2009 年第 1 期。

② Wills, T. A., & Cleary, S. D., "How are Social Support Effects Mediated? A Test with Parental Support and Adolescent Substance Use", *Journal of Personality and Social Psychology*, Vol. 71, No. 5, 1996.

③ Becker, B. B., & Luthar, S. S., "Social-emotional Factors Affecting Achievement Outcomes among Disadvantaged Students: Closing the Achievement Gap", *Educational Psychologist*, Vol. 37, No. 4, 2002.

④ Griffith, J., "School Climate as 'Social Order' and 'Social Action': A Multi-Level Analysis of Public Elementary School Student Perceptions", *Social Psychology of Education*, Vol. 2, 1999.

从心理资源理论来看，人的心理生活是生成性和创造性的，这一过程需要特定的资源。所谓心理资源是个体心理生活建构的基础、生成的养分及拓展的依据。正如人的物质生活需要自然资源，人的心理生活则需要文化资源、社会资源等。① 现实中因分配不公，弱势群体始终处于资源严重匮乏的弱势地位，像留守儿童这一类群体获取文化社会资源的途径十分狭窄，无法从家庭、学校、社区等系统获取资源。② 而中国现行学校体制与弱势群体和经济上处于不利地位学生的经济、文化不相匹配，学校不能适应这些学生的心理、文化与发展的需要，为他们提供的资源和服务太少。③ 当他们的资源需要得不到满足时，心理生活的生成和创造自然会迟缓甚至陷入停滞。学校氛围作为一个资源的供给场所，能够调节不利处境与学生不良情绪及问题行为之间的关系，积极的学校氛围感知能够使不利处境的学生表现出与优越处境的学生一样积极的情绪与行为。④ 因此，学校应该积极作为，加强支持性的学校氛围建设，弥补该学生群体家庭功能与自身资源的不足。

二 中间系统的留守儿童情绪智力影响因素

（一）中间系统对留守儿童情绪智力的影响

1. 留守儿童情绪智力对中间系统的回归分析

表5-16显示，回归分析发现中间系统对留守儿童情绪智力具有显著的正向影响（$F = 65.003$，$p < 0.001$），在排除了性别、民族、年级等无关变量后，仍然能够解释留守儿童情绪智力20.3%的变化。中间系统的5个因子学校参与（$t = 0.076$，$p < 0.01$）、校社互动

---

① 葛鲁嘉：《心理资源论》，《陕西师范大学学报》（哲学社会科学版）2008年第6期。

② 陈钟林、吴伟东：《情境、资源与交流：生态系统视角下的弱势青少年研究》，《中国青年研究》2007年第5期。

③ 王后雄：《从社会学视角看弱势群体"差生群"生成原因及对策》，《教育科学》2005年第10期。

④ Laura，M. H.，Eunju L.，"Mitigating the effect of family poverty on academic and behavioral outcomes: The role of school climate in middle and high school"，*Children and Youth Services Review*，Vo.33，2011.

（t＝0.188，p＜0.001）、亲师关系（t＝0.137，p＜0.001）、邻里关系（t＝0.183，p＜0.001）、父辈互动（t＝0.126，p＜0.001）对留守儿童情绪智力具有显著正向影响。这验证了布朗芬布伦纳关于中间系统重要性的理论假设，他曾经就强调儿童中间系统连接的重要性，并强调这甚至是比微观系统更为重要的系统。

中间系统对留守儿童情绪知觉具有显著的正向影响（F＝30.332，p＜0.001），在排除性别、民族、年级等无关变量后，仍然能够解释留守儿童情绪知觉10.6%的变化。具体校社互动（t＝0.140，p＜0.001）、亲师关系（t＝0.079，p＜0.05）、邻里关系（t＝0.180，p＜0.001）、父辈互动（t＝0.093，p＜0.01）都对留守儿童情绪智力具有显著正向影响，其中邻里关系的影响力最强，其次为校社互动。学校参与对留守儿童情绪知觉的影响不显著（t＝0.001，p＞0.05）。

中间系统对留守儿童情绪调控具有显著的正向影响（F＝32.992，p＜0.001），在排除性别、民族、年级等无关变量后，仍然能够解释留守儿童情绪调控11.4%的变化。具体的学校参与（t＝0.079，p＜0.01）、校社互动（t＝0.146，p＜0.001）、亲师关系（t＝0.120，p＜0.001）、邻里关系（t＝0.104，p＜0.001）、父辈互动（t＝0.083，p＜0.01）都对留守儿童情绪调控具有显著正向影响，其中学校社区互动的影响力最强，其次为教师家庭关系。

中间系统对留守儿童情绪理解具有显著的正向影响（F＝33.857，p＜0.001），在排除性别、民族、年级等无关变量后，仍然能够解释留守儿童情绪理解11.7%的变化。具体的学校参与（t＝0.107，p＜0.001）、校社互动（t＝0.125，p＜0.001）、亲师关系（t＝0.097，p＜0.01）、邻里关系（t＝0.118，p＜0.001）、父辈互动（t＝0.098，p＜0.001）都对留守儿童情绪理解具有显著正向影响，其中学校社区互动的影响力最强，其次为邻里关系。

中间系统对留守儿童情绪利用具有显著的正向影响（F＝33.493，p＜0.001），在排除性别、民族、年级等无关变量后，仍然能够解释留守儿童情绪利用11.6%的变化。具体校社互动（t＝0.148，p＜

表5—16 中间系统连接度对留守儿童情绪智力的影响

	情绪知觉		情绪调整		情绪理解		情绪利用		情绪智力	
	第一步	第二步	第一步	第二步	第一步	第二步	第一步	第二步	第一步	第二步
性别	.043	.039	.044	.038	.070*	.069**	.081**	.075	.080**	.075**
民族	.074**	.092**	-.067*	-.047	.028	.050	.017	.037	.015	.042
年级	.032	.026	.016	.010	.000	-.006	.013	.007	.020	.012
学校参与		.001		.079**		.107***		.029		.076**
校社互动		.140***		.146***		.125***		.148***		.188***
亲师关系		.079*		.120***		.097**		.109***		.137***
邻里关系		.180***		.104***		.118***		.147***		.183***
父辈互动		.093**		.083**		.098***		.099***		.126***
R^2	.008	.114	.007	.121	.006	.123	.007	.123	.007	.210
调节R^2	.006	.109	.004	.116	.003	.117	.005	.117	.005	.205
$\triangle R^2$	.008	.106	.007	.114	.006	.117	.007	.116	.007	.203
$\triangle F$	3.554*	30.332***	2.838*	32.992***	2.407*	33.857***	2.978*	33.493***	2.968*	65.003***

0.001）、邻里关系（t = 0.147，p < 0.001）、亲师关系（t = 0.109，p < 0.001）、父辈互动（t = 0.099，p < 0.001）都对留守儿童情绪利用具有显著正向影响，其中校社互动的影响力最强，其次为邻里关系。学校参与对留守儿童情绪利用的影响不显著（t = 0.029，p > 0.05）。

2. 研究结论与讨论

中间系统各因子对留守儿童情绪智力发展影响显著。中间系统的各因子都对留守儿童情绪智力发展具有显著影响，这验证了布朗芬布伦纳关于中间系统重要性的理论假设。他曾经就强调儿童中间系统连接的重要性，并强调这甚至是比微观系统更为重要的系统。爱普斯坦[①]关于家庭与学校的互动对儿童发展影响的研究也表明，家长与教师的共同积极参与和双向沟通交流，促进了小学生进入中学后的表现，他们表现出较高的创造性和独立性，学习成绩也有了提高，这说明学校和家庭的相互作用过程对儿童发展的影响可能远远大于家庭和社会的单独影响。但如果学校和家庭等微观系统在对青少年的教育方式或要求上存在差异，而又不能通过有效途径加以沟通解决的话，便会使青少年无所适从，对他们的要求产生困惑，有可能对学校失去兴趣，对家庭缺乏亲近感及对社会感到迷茫。[②] 这种情况的出现会削弱学校和家庭等微观系统对青少年教育的权威性。国内的研究就指出家校合作有助于将农村留守儿童学校经验与家庭经验统一起来：儿童家庭经验能够为学校经验的获得提供基础，而儿童在学校获得的经验又能为家庭经验进行智力方面的阐释与澄清，从而有效地促进儿童生理、智力、情感、社会、审美以及道德等方面的发展。[③]

---

① Epstein, J. L., & Sanders, M. G., "Prospects for Change: Preparing Educators for School, Family, and Community Partnerships", *Peabody Journal of Education*, Vol. 81, No. 2, 2006.

② Leverett, L., "City Schools: How Districts and Communities can Create Smart Education Systems", *Harvard Education Press*, Vol. 352, No. 1, 2007.

③ 卢俊勇、陶青:《农村学校中的家校合作: 本质、意义与策略》,《现代教育管理》2018 年第 6 期。

父母外出务工弱化了中间系统的作用发挥。在本书中出人意料的是校社互动、邻里关系是对留守儿童情绪智力发展影响最为显著的两个因素，而学校参与、亲师关系、父辈互动等直觉上感觉更重要的因素的影响虽然也显著却相对较弱。究其原因，后面的三个因素需要父母更多亲身参与其中，如学校参与需要父母主动为学校建言献策、提供帮助，能够参与到学校的管理和建设中去，能够与学校领导和教师做更多的面对面沟通，以促进儿童学校经验和家庭经验的一致性和互补性。亲师互动则需要家长与教师做更多面对面或者依靠通信工具的沟通，父母外出务工则弱化了这种沟通和连接。父辈互动需要父母与儿童同伴的父母更多学业和情感上的互动，交流孩子的学业与身心成长，从而保持儿童成长经验在家庭和同伴中获得的一致性，而如果父母外出务工则使这种交流的作用大打折扣，因为外出务工父母不了解自己孩子的日常点滴，沟通就显得没有必要。但另一方面则显示，邻里与社区等留守儿童熟悉的人出现在他们的学校和家庭生活经验中有助于发挥父母不在场的"替代作用"，促使孩子获得一种替代性的连接和一致性经验的支持，从而促进其情绪情感的发展。

（二）学校家庭连接对留守儿童情绪智力的影响

1. 留守儿童情绪智力对学校家庭连接的回归分析

表 5-17 显示，回归分析发现，学校家庭连接中的父母学校参与和父母教师关系都对留守儿童情绪智力具有显著的正向影响，在排除了性别、民族、年级等无关变量后，分别能够解释留守儿童情绪智力 7.8% 和 5.8% 的变化。父母参与学校活动（$t=0.200$，$p<0.001$）、与校长交流（$t=0.139$，$p<0.001$）等对留守儿童情绪智力具有显著正向影响；亲师关系（$t=0.155$，$p<0.001$）与通信互动（$t=0.140$，$p<0.001$）分别对留守儿童情绪智力具有显著正向影响。

除了情绪知觉，对情绪调控、情绪理解、情绪利用等分维度的影响都与对情绪智力的影响趋势相似，父母学校参与中的活动参与、校长交流以及父母教师关系中的二者互动、交流都是四个显著的影响因素。

表5－17　学校家庭连接对留守儿童情绪智力的影响

	情绪知觉		情绪调控		情绪理解		情绪利用		情绪智力	
	第一步	第二步	第一步	第二步	第一步	第二步	第一步	第二步	第一步	第二步
性别	.041	.023	.046	.029	.073	.057	.082	.065	.082**	.059*
民族	.092**	.109***	-.043	-.035	.052	.064	.038	.046	.045	.059*
年级	.029	.030	.012	.014	-.005	-.003	.009	.012	.015	.018
主动建言	.005	-.003	-.013	-.025	.045	.034	-.021	-.033	.006	-.008
提供帮助	-.021	-.033	.025	.007	.002	-.013	.005	-.014	.004	-.017
活动参与	.142***	.120***	.150***	.124***	.168**	.145***	.130***	.105**	.200***	.167***
校长交流	.050	.021	.133***	.095***	.107**	.074*	.119***	.080**	.139***	.093**
亲师关系		.170***		.090**		.115***		.087**		.155***
通信互动		.065*		.127***		.089**		.131***		.140***
教师家访		-.040		.014		.001		.015		-.003
R^2	.034	.071	.061	.094	.065	.093	.045	.079	.085	.143
调节 R^2	.029	.064	.056	.087	.060	.086	.040	.072	.080	.136
$\triangle R^2$	.026	.037	.054	.033	.060	.028	.039	.034	.078	.058
$\triangle F$	8.472***	16.692***	18.368***	15.512***	20.298***	12.990***	12.789***	15.421***	27.194***	28.391***

2. 研究结论与讨论

鼓励家长参与学校活动，给予更多机会与校长见面交流对留守儿童的情绪情感发展具有显著正向影响，家长与教师的面对面或通信交流也是影响留守儿童情绪情感发展的显著因素。家长为学校建设主动建言、提供帮助或者教师进行家访则是影响不显著的因素。究其原因，可能是这三个因素都处于较低的水平，也就是大多数家长基本不为学校建设主动建言、提供帮助或者教师也基本不进行家访。前两个因素容易理解，因为父母外出留下年迈的祖父母与留守儿童一起生活，他们没有知识或能力去为学校建设建言献策或提供帮助；而后者则反映出当前教育的一个问题，即教师不再像之前那样对学生进行家访了，一方面通信工具的发达使得通信交流一样能够将学生的情况交流清楚，另一方面留守儿童父母不在家，见面交流的难度加大且价值可能降低。但是这种"重要他人"同时出现在儿童的两个微观系统所形成的经验连接则会显著弱化甚至断裂。这启示我们学校应尽可能多地邀请留守儿童在家的家长参与到学校活动中来，以支持这种儿童情感发展的微系统之间的连接。

（三）家庭社区连接对留守儿童情绪智力的影响

1. 留守儿童情绪智力对家庭社区连接的回归分析

表 5-18 显示，在排除性别、民族、年级等无关变量的影响后，家庭社区互动（$F = 41.352$，$p < 0.001$）、同伴父辈关系（$F = 27.994$，$p < 0.001$）仍对留守儿童情绪智力具有显著影响，分别能够解释留守儿童情绪智力变化的 8.8% 和 3.8%。具体家校社区互动的邻里交流（$t = 0.171$，$p < 0.001$）、社区威望（$t = 0.092$，$p < 0.01$）与亲朋帮助（$t = 0.167$，$p < 0.001$）等都对留守儿童情绪智力具有显著的正面影响。同伴父辈关系中的父辈学业交流（$t = 0.155$，$p < 0.001$）、同伴亲子互动（$t = 0.077$，$p < 0.01$）都对留守儿童的情绪智力具有显著影响。

家庭社区互动（$F = 27.755$，$p < 0.001$）、同伴父辈关系（$F = 11.267$，$p < 0.001$）仍对留守儿童情绪知觉具有显著影响，分别能够

解释留守儿童情绪知觉变化的 6.1% 和 1.6%。家庭社区互动中的邻里交流（$t = 0.131$，$p < 0.001$）、社区威望（$t = 0.107$，$p < 0.001$）及亲朋帮助（$t = 0.127$，$p < 0.001$）对留守儿童情绪知觉存在显著影响，同伴父辈关系维度的父辈学业交流（$t = 0.087$，$p < 0.01$）、同伴亲子互动（$t = 0.067$，$p < 0.05$）也对留守儿童情绪知觉存在显著影响。在对情绪理解的影响中，家庭社区互动、同伴父辈关系及其各自的子维度也都呈现了相同的趋势。

对情绪调控的影响中，家庭社区互动（$F = 17.395$，$p < 0.001$）、同伴父辈关系（$F = 14.323$，$p < 0.001$）是两个显著的影响因子，分别能够解释情绪调控变化的 3.9% 和 2.1%。其中家庭社区互动的邻里交流（$t = 0.098$，$p < 0.01$）和亲朋帮助（$t = 0.134$，$p < 0.001$）对留守儿童情绪调控具有显著影响，但父母社区威望影响不显著；同伴父辈关系中的父辈学业交流对留守儿童情绪调控具有显著影响（$t = 0.120$，$p < 0.001$），但同伴亲子互动的影响不显著。家庭社区互动、同伴父辈关系对留守儿童情绪利用的影响也呈现出相同的趋势。

2. 研究结论与讨论

留守儿童家庭和社区连接体现了两类家庭社会资本水平。关于社会资本影响学生发展的研究主要有"网络资源"和"社会闭合"两种理论思路，分别以布迪厄和科尔曼的理论为代表。布迪厄将社会资本定义为个人通过体制化的社会关系网络所能获得的实际或潜在资源的集合；个人社会资本的多寡取决于其网络规模的大小和网络成员靠自己权力所占有资源的多少，拥有较多社会资本的人能够更方便地获取各种利益。布迪厄认为，家长们传递给子女的社会资本可以为子女提供更多更好的教育机会，从而以一种隐秘的方式实现了社会再生产。科尔曼认为社会资本在教育中发挥中介作用表现为一种结构上的"社会闭合"，社会闭合具体可以区分为两种形式，一种是"父母参与"，指家庭内部代际关系的紧密性，包括子女交流、对子女的监督和指导等；另一种称为"代际闭合"，指家长与学生老师、其他家长成为朋友，从而形成一个可以闭合的"支持性社群"，有利于孩子学

表5-18　家庭社区连接对留守儿童情绪智力的影响

	情绪知觉		情绪调控		情绪理解		情绪利用		情绪智力	
	第一步	第二步	第一步	第二步	第一步	第二步	第一步	第二步	第一步	第二步
性别	.050	.053*	.048	.052	.075*	.079*	.087**	.090**	.088**	.092***
民族	.095**	.092**	-.057*	-.063*	.042	.036	.030	.025	.034	.028
年级	.027	.029	.015	.019	-.004	.000	.011	.015	.016	.021
邻里交流	.131***	.117***	.098***	.083**	.127***	.110***	.154***	.139***	.171***	.150***
社区威望	.107***	.094**	.048	.034	.066*	.051	.054	.040	.092**	.073**
亲朋帮助	.127***	.109***	.134***	.114***	.108***	.086**	.125***	.105***	.167***	.140***
父辈学业交流		.087**		.120***		.125***		.125***		.155***
同伴亲子互动		.067*		.051		.061*		.050		.077**
R^2	.069	.086	.046	.067	.049	.073	.063	.085	.095	.134
调节 R^2	.065	.080	.041	.061	.044	.068	.058	.079	.091	.128
$\triangle R^2$	.061	.016	.039	.021	.043	.025	.056	.022	.088	.038
$\triangle F$	27.755***	11.267***	17.395***	14.323***	19.206***	16.850***	25.201***	15.436***	41.352***	27.994***

习的信息可以得到更加有效的传递，并鼓励孩子更加努力、有效的学习和成长。[①]

网络资源方面，留守儿童家庭的邻里交流、亲朋帮助是影响其情绪智力发展的最显著因素，说明了在父母外出导致亲子情绪支持弱化的背景下，加强家庭与邻里、亲朋好友之间的联系可以弥补这种支持的弱化。另外，社区威望也是一个重要支持性因素，这种因素是家庭在一个社区长期运营的结果，短时间内难以改变。代际闭合方面，父辈学业交流的影响最为显著，同伴亲子互动次之。在通信工具发达的现代社会，外出务工的父母不应减弱对孩子学业与情感发展的关注，而应借助移动通信工具加强与孩子同伴家长的学业与情感交流，多方位了解孩子的发展情况，保持对孩子的实时关注。

（四）学校社区连接对留守儿童情绪智力的影响

1. 留守儿童情绪智力对学校社区连接的回归分析

表 5 - 19 显示，在排除性别、民族、年级等无关变量的影响后，学校社区互动（$F = 47.911$，$p < 0.001$）仍对留守儿童情绪智力具有显著影响，能够解释留守儿童情绪智力变化的 10.1%。具体参与建设（$t = 0.207$，$p < 0.001$）、信息公布（$t = 0.113$，$p < 0.001$）与征求意见（$t = 0.102$，$p < 0.001$）等都对留守儿童情绪智力具有显著的正向影响。其中，学校社区合作对情绪调控（$F = 28.789$，$p < 0.001$）、情绪利用（$F = 28.347$，$p < 0.001$）、情绪理解（$F = 22.763$，$p < 0.001$）以及情绪知觉（$F = 22.109$，$p < 0.001$）等都具有显著影响，分别能够解释它们变化的 6.3%、6.2%、5.1% 和 4.9%。

参与建设在影响留守儿童情绪智力及其四个维度的学校社区互动因素中始终是最为显著的因素，信息公布对留守儿童情绪智力及其四个维度的影响也都显著，征求意见除了对情绪利用影响不显著外，对

---

① Coleman, James, *Equality and Achievement in Education*, San Francisco & London: Westview Press, 1990, p. 201.

表 5 - 19　　学校社区连接对留守儿童情绪智力的影响

	情绪知觉		情绪调控		情绪理解		情绪利用		情绪智力	
	第一步	第二步	第一步	第二步	第一步	第二步	第一步	第二步	第一步	第二步
性别	.043	.030	.044	.028	.070*	.059*	.081**	.066*	.080**	.062
民族	.074**	.062*	-.067*	-.082**	.028	.017	.017	-.001	.015	-.004
年级	.032	.025	.016	.008	.000	-.007	.013	.006	.020	.010
信息公布		.071*		.068*		.085**		.113***		.113***
参与建设		.147***		.185***		.117***		.164***		.207***
征求意见		.078**		.074**		.107***		.040		.102***
R^2	.008	.058	.007	.070	.006	.056	.007	.069	.007	.108
调节 R^2	.006	.053	.004	.066	.003	.052	.005	.065	.005	.104
$\triangle R^2$	.008	.049	.007	.063	.006	.051	.007	.062	.007	.101
$\triangle F$	3.554*	22.109***	2.838*	28.789***	2.407*	22.763***	2.978*	28.347***	2.968*	47.911***

其他三个维度的影响也都显著。

2. 研究结论与讨论

学校与社区连接同样是一个不容忽视的连接通道，尤其是对于留守儿童群体。父母外出务工导致其家庭学校连接、家庭社区连接都不同程度地受损，但是学校社区连接却丝毫不受影响，继续在留守儿童情绪情感发展中发挥重要作用。布朗芬布伦纳认为当发展中的个体所熟悉的人同时出现在两个或两个以上的微系统时，微系统之间的连接就形成了。虽然学校向社区公布信息，鼓励社区人员参与学校建设以及就学校相关事宜征求社区人员意见都对留守儿童的情绪智力发展有益，但是明显地鼓励社区人员参与是更为显著的促进因素。这是因为信息公布和征求意见是一种连接的隐性促进因素，而鼓励社区人员参与学校活动则是显性促进因素。当儿童看到自己所熟悉的邻里街坊进入他们学校，便会产生一种支持性和安全性的环境感知。当个体身处一种安全和受保护的环境之中时，自身的发展潜能便会得到激发，情绪情感能力便会得到有效的促进。

三　外部系统的留守儿童情绪智力影响因素

（一）留守儿童外部系统各因素与情绪智力之间的相关分析

表 5-20 显示，人口学变量除了之前已经讨论过的与留守儿童情绪智力各因素之间相关外，性别与家长学校参与（$r = 0.125$，$p < 0.01$）、政府关爱（$r = 0.124$，$p < 0.01$）存在显著相关；年级与家长学校参与（$r = -0.126$，$p < 0.01$）、慈善关爱（$r = 0.213$，$p < 0.01$）、政府关爱（$r = -0.152$，$p < 0.01$）存在显著相关。

留守儿童情绪智力及四个分维度与家长学校参与都存在显著的正相关，相关系数在 0.111—0.251；除了情绪知觉，政府关爱与留守儿童情绪智力及其他三个分维度都存在显著的相关，相关系数在 0.094—0.166；除了情绪调控，父亲工作满意度与留守儿童情绪智力及其他三个分维度都存在显著的相关，相关系数在 0.099—0.189；需要注意的是，媒体关爱、政府关爱与留守儿童情绪智力及其四个分维度都不存在显著的相关。

（二）留守儿童外部系统各因素对情绪智力的影响

表 5 - 21 显示，回归分析可见外部系统能够解释留守儿童情绪智力变化的8%，其中家长学校参与（$\beta = 0.176$，$p < 0.001$）、政府关爱（$\beta = 0.130$，$p < 0.01$）、父亲工作满意度（$\beta = 0.109$，$p < 0.01$）具有显著影响。外部系统对留守儿童情绪智力的四个分维度也都具有显著影响，分别能够解释情绪知觉5.4%的变化，情绪调控4.4%的变化，情绪理解3.2%的变化，情绪利用7.4%的变化。

家长学校参与对情绪知觉（$\beta = 0.116$，$p < 0.01$）、情绪调控（$\beta = 0.164$，$p < 0.05$）、情绪理解（$\beta = 0.158$，$p < 0.01$）、情绪利用（$\beta = 0.251$，$p < 0.001$）都存在显著正向影响；政府关爱则对情绪调控（$\beta = 0.207$，$p < 0.001$）、情绪理解（$\beta = 0.113$，$p < 0.05$）、情绪利用（$\beta = 0.124$，$p < 0.05$）都存在显著正向影响；父亲工作满意度对留守儿童的情绪知觉（$\beta = 0.167$，$p < 0.001$）和情绪利用（$\beta = 0.149$，$p < 0.01$）都具有显著的正向影响。

（三）研究结论与讨论

家长学校参与是外部系统中影响留守儿童情绪智力发展最重要的因素。外部系统是发展生态系统中的第三级系统，儿童至少不经常参与其中一个系统，但是这个系统中发生的事件却影响着儿童身处的另一系统。这些外部部门或机构往往会通过一些规章、政策或不良行为对学生的思想发展产生影响。这也就是我们经常提及的"隐性课程"或"潜在课程"的影响。家庭成员参与家长学校之所以成为外部系统中影响留守儿童情绪智力发展的最重要因素，是因为它能有效地促成留守儿童家庭与学校的连接，促进家庭对学校资源的有效利用以及儿童学校和家庭生活经验的一致性，进一步地弥补留守儿童弱化的家庭功能。父母外出务工带来的一个突出问题，就是隔代教育的问题。祖父母限于自身的文化水平以及养育意识，"只养不教"在留守儿童中是比较普遍的现象，这使得留守儿童在情感成熟化和社会化的过程中缺少了成年人的有效教育和示范。而家长学校则能有效弥补这一不

表5—20　外部系统与留守儿童情绪智力的相关分析

	1	2	3	4	5	6	7	8	9	10	11	12	13
1 性别	1												
2 民族	-.005	1											
3 年级	-.025	.013	1										
4 情绪知觉	.053*	.016	.122**	1									
5 情绪调控	.032	.022	-.092**	.265**	1								
6 情绪理解	.093**	-.002	.077**	.390**	.376**	1							
7 情绪利用	.069*	.024	-.015	.368**	.489**	.327**	1						
8 情绪智力	.085**	.021	.027	.682**	.747**	.721**	.753**	1					
9 家长学校参与	.125**	-.013	-.126**	.111**	.173**	.121**	.251**	.223**	1				
10 媒体关爱	.003	-.006	-.036	.035	.039	.051	.023	.050	.082*	1			
11 慈善关爱	-.082*	.029	.213**	.068	-.031	.061	-.058	.011	-.230**	.163**	1		
12 政府关爱	.124**	.009	-.152**	.067	.166**	.094*	.128**	.155**	.128**	.052	.043	1	
13 父亲工作满意度	.027	.008	.046	.189**	.070	.099**	.163**	.174**	.088*	.057	.084*	.168**	1

表 5 - 21　　外部系统对留守儿童情绪智力影响因素

	情绪知觉		情绪调控		情绪理解		情绪利用		情绪智力	
	第一步	第二步	第一步	第二步	第一步	第二步	第一步	第二步	第一步	第二步
性别	.069	.048	.071	-.006	.180**	.138*	.077	.004	.110*	.057
民族	.039	.036	.253	.260	.046	.044	.266	.275	.179	.179
年级	.113**	.112**	-.066	-.022	.127**	.141**	-.044	-.006	.033	.057
家长学校参与		.116**		.164*		.158**		.251***		.176***
媒体关爱		.003		.042		.023		.019		.022
慈善关爱		.061		-.022		.059		-.030		.018
政府关爱		.057		.207***		.113*		.124*		.130**
父亲工作满意度		.167***		.032		.066		.149**		.109**
R^2	.019	.074	.009	.052	.024	.056	.008	.082	.013	.093
调节 R^2	.015	.063	.004	.041	.020	.045	.003	.071	.008	.083
$\triangle R^2$	.019	.054	.009	.044	.024	.032	.008	.074	.013	.080
$\triangle F$	4.585**	8.073***	2.018	6.382***	5.747**	4.697***	1.790	11.160***	2.989*	12.238***

足，学校教师掌握丰富的教育科学知识，对于留守儿童的家庭教育所存在的问题十分了解，对症下药能够有效地提升其家庭教育水平。

政府关爱也是外部系统中影响留守儿童情绪智力发展的重要因素。留守儿童教育问题的解决需要多方合力共同作用，而政府在解决留守儿童的教育问题中起着主导作用，政府切实履行其应有的职责，是有效解决农村留守儿童问题的重要保障。首先，政府的教育政策导向直接影响着留守儿童情绪情感问题的受重视程度。传统应试教育模式如果得不到根本的改变，学校仍会将学生的全部精力吸引到文化课程学习中去，社会情感学习等相关教育和活动得不到关注。其次，政府的教育投入决定着留守儿童情感关爱相关人员的配备、机构的设置、课程的开设、活动的组织以及专业服务的购买。目前经费投入不足，使得人员紧缺、相应管理机构，情感教育课程开设和课外活动组织严重不足等问题十分突出，迫切需要政府加大经费投入。最后，"两为主"政策始终得不到有效落实，使得"留守"转"流动"以解决留守儿童问题的主张难以实施。目前中国各级政府对留守儿童的教育问题的关注度还远远不够，这需要：首先，各级政府应该成立专门负责农村留守儿童教育问题的组织机构，安排专门工作人员；其次，政府要加大对农村中小学的经费投入，支持学校在正常的教学活动之外，安排常设部门和专职人员，在学习、生活和心理等多方面给予留守儿童特殊的保障与照顾；最后，政府应该补助接收流动儿童上学的城市公办中小学，并积极鼓励扶持社会民间资本办好打工子弟学校。

父亲工作满意度是外部系统中影响留守儿童情绪智力发展的另一个重要因素。布朗芬布伦纳认为父亲工作环境是影响儿童发展的重要因素，他多次举例如果父亲工作单位能够给予更多的休假或休息时间，那么父亲就会有更多的时间来关注子女的学业与情感发展问题。这就需要，一方面政府要加强立法，促进父母关注孩子的学校教育与发展。例如美国加州的《家庭学校合作法》就明确规定允许家长每月花 3 小时或每学年花 30 小时参加学校的校外教学、亲师座谈会、开放会议、毕业典礼、做义工、出游等活动，以更好地促进儿童的社会化与行为矫正，而雇主则要给予准假，不得扣发薪水，不得歧视，如拒绝福利发放、降职、解雇等。而中国鲜有此方面法律法规的制定和颁布。另一方面，改善外出务工人员的工作福利，使其有更多的时间陪伴子女或与远在家乡的子女进行学业与情感交流。

四　宏观系统的留守儿童情绪智力影响因素

（一）社会歧视知觉对留守儿童情绪智力的影响

1. 社会歧视知觉氛围与留守儿童情绪智力的相关分析

表 5 – 22 显示，人口学变量除了之前已经讨论过的与留守儿童情绪智力各因素之间的相关外，性别与人际孤立存在显著的负相关（$r = -0.095$，$p < 0.05$），留守女童更容易被人际孤立；民族与人际孤立（$r = -0.104$，$p < 0.01$）、言语中伤（$r = -0.085$，$p < 0.05$）、躯体伤害（$r = -0.105$，$p < 0.01$）存在显著的负相关，少数民族留守儿童更容易受到人际孤立、言语中伤和躯体伤害；学段与躯体伤害存在显著负相关（$r = -0.071$，$p < 0.05$），留守初中生更容易受到躯体伤害。

留守儿童社会歧视知觉的人际孤立、言语中伤、污名丑化、躯体伤害等四个维度与情绪智力的情绪知觉、情绪调控、情绪理解及情绪利用等四个维度都存在显著的负相关，其中人际孤立与情绪知觉的负向相关最为显著（$r = -0.235$，$p < 0.01$），而污名丑化则分别与情绪调控（$r = -0.375$，$p < 0.01$）、情绪理解（$r = -0.293$，$p < 0.01$）及情绪利用（$r = -0.301$，$p < 0.01$）的负向相关最为显著。

2. 社会歧视知觉对留守儿童情绪智力的影响

表 5 – 23 显示，对于情绪智力，总体而言，在控制性别、民族、学段等无关变量后，留守儿童社会歧视知觉对情绪智力的影响依然显著，能够解释其 18.5% 的变化。其中，人际孤立（$\beta = -0.324$，$p < 0.001$）、言语中伤（$\beta = -0.130$，$p < 0.01$）及污名丑化（$\beta = -0.237$，$p < 0.001$）都对情绪智力具有显著的负面影响，其中人际

孤立的负面影响最大，其次是污名丑化和言语中伤，躯体伤害对其影响并不显著（$\beta = 0.001$，$p > 0.05$）。

对于情绪知觉而言，人际孤立是社会歧视知觉中唯一对其负向影响显著的因子（$\beta = -0.309$，$p < 0.001$），其他言语中伤（$\beta = 0.094$，$p > 0.05$）、污名丑化（$\beta = -0.086$，$p > 0.05$）、躯体伤害（$\beta = 0.037$，$p > 0.05$）等因素对情绪知觉不存在显著影响。

对于情绪调控而言，污名丑化是对其负向影响最显著的因素（$\beta = -0.253$，$p < 0.001$），其次是人际孤立（$\beta = -0.229$，$p < 0.001$）和言语中伤（$\beta = -0.112$，$p < 0.05$），躯体伤害（$\beta = -0.087$，$p > 0.05$）对其影响不显著。

对于情绪理解而言，人际孤立是对其负向影响最显著的因素（$\beta = -0.291$，$p < 0.001$），其次是污名丑化（$\beta = -0.184$，$p < 0.001$）和言语中伤（$\beta = -0.153$，$p < 0.001$），躯体伤害（$\beta = -0.055$，$p > 0.05$）对情绪理解的影响不显著。

对于情绪利用而言，人际孤立是对其负向影响最显著的因素（$\beta = -0.296$，$p < 0.001$），其次是污名丑化（$\beta = -0.282$，$p < 0.001$），言语中伤（$\beta = 0.084$，$p > 0.05$）、躯体伤害（$\beta = 0.112$，$p > 0.05$）对情绪利用的影响不显著。

3. 研究结论与讨论

社会歧视知觉是留守儿童情绪智力发展的一个重要预测变量，能够解释留守儿童情绪智力变化的18.5%。作为一种压力性体验，遭受歧视的经历会强化个体对自身社会地位低下的评价，[1] 同时会产生因他人拒绝或排斥自己而带来的挫败感，[2] 进而威胁个体的情绪适

---

[1] DuBois, D. L., Burk-Braxton, C., Swenson, L. P., Tevendale, H. D., & Hardesty, J. L., "Race and Gender Inflences on Adjustment in Early Adolescence", *Child Development*, Vol. 73, No. 5, 2002.

[2] Perlow, H. M., Danoff-Burg, S., Swenson, R. R., & Pulgiano, D., "The Impact of Ecological Risk and Perceived Discrimination on the Psychological Adjustment of African American and European American Youth", *Journal of Community Psychology*, Vol. 32, No. 4, 2004.

表5-22　　社会歧视知觉与留守儿童情绪智力的相关分析

	性别	民族	学段	情绪知觉	情绪调控	情绪理解	情绪利用	人际孤立	言语中伤	污名丑化	躯体伤害
性别	1										
民族	-.011	1									
学段	.018	.214**	1								
情绪知觉	-.089**	-.009	.098**	1							
情绪调控	-.057	.130**	.082*	.573**	1						
情绪理解	-.085*	.063	.076	.705**	.693**	1					
情绪利用	-.010	.055	.131**	.655**	.664**	.694**	1				
人际孤立	-.095*	-.104**	.048	-.235**	-.346**	-.291**	-.289**	1			
言语中伤	-.027	-.085*	.005	-.126**	-.264**	-.185**	-.202**	.532**	1		
污名丑化	-.006	-.022	-.009	-.184**	-.375**	-.293**	-.301**	.545**	.638**	1	
躯体伤害	-.051	-.105**	-.071*	-.157**	-.352**	-.263**	-.239**	.587**	.702**	.785**	1

表5-23 社会歧视知觉对留守儿童情绪智力的影响

	情绪知觉		情绪调控		情绪理解		情绪利用		情绪智力	
	第一步	第二步	第一步	第二步	第一步	第二步	第一步	第二步	第一步	第二步
性别	-.074	-.079*	-.050	-.060	-.063	-.070*	-.003	-.007	-.054	-.062
民族	-.004	-.029	.136***	.113**	.068	.043	.048	.032	.074*	.049
年级	.096**	.117**	.046	.049	.040	.051	.107**	.129***	.081*	.097**
人际孤立		-.309***		-.229***		-.291***		-.296***		-.324***
言语中伤		.094		-.112*		-.153***		.084		-.130**
污名丑化		-.086		-.253***		-.184***		-.282***		-.237***
躯体伤害		.037		-.087		-.055		.112		.001
R^2	.014	.099	.026	.215	.011	.158	.016	.169	.017	.202
调节 R^2	.010	.091	.022	.207	.007	.150	.012	.161	.014	.195
$\triangle R^2$	.014	.085	.026	.189	.011	.147	.016	.153	.017	.185
$\triangle F$	3.652*	17.796***	6.645***	45.416***	2.846*	32.915***	4.092**	34.725***	4.484**	43.658***

应。[①] 目前为数不多的研究发现，社会歧视知觉会显著降低留守儿童的积极情绪，增加其消极情绪。[②] Hirokazu Yoshikawa 等以 192 名同性恋者为被试的研究发现，[③] 在控制了收入、种族、年龄等变量后，经历的种族歧视越多，抑郁的水平越高。Michael Dambrun 发现，[④] 个体知觉到针对个人的歧视能解释个体日常烦恼 5.4% 的方差；Ryff 等的研究结果表明，[⑤] 在控制性别、年龄、种族、职业、婚姻状况、受教育程度等变量后，日常生活中知觉到的歧视对自我接纳、环境控制、生活目标、与他人积极关系等心理幸福感均有负向预测作用。社会歧视知觉给受歧视者的心理健康造成了危害，而且这种危害具有跨性别、跨种族、跨年龄、跨群体等多方面的一致性。[⑥]

人际孤立是影响留守儿童情绪智力发展最为负面的社会歧视知觉因素。从脑神经科学的角度讲，负向的情绪性刺激不利于前额叶皮质的发展，而前额叶皮质的发展对青少年的情绪调节尤为重要。这不仅是因为情绪调节的使用最初依赖于额叶皮层控制的发展，[⑦] 还因为在青少年时期，个体会体验到更多由于人际关系和社

---

① 赵景欣、杨萍、马金玲、黄翠翠：《歧视知觉与农村留守儿童积极/消极情绪的关系：亲子亲合的保护作用》，《心理发展与教育》2016 年第 3 期。

② 苏志强、张大均、邵景进：《社会经济地位与留守儿童社会适应的关系：歧视知觉的中介作用》，《心理发展与教育》2015 年第 2 期。

③ Hirokazu Y. , Patrick A. W. , David H. C. , et al. , "Do Family and Friendship Networks Protect Against the Influence of Discrimination", *AIDS Education and Prevention*, Vol. 16, No. 1, 2004.

④ Michael D. , "Gender Differences in Mental Health: The Mediating Role of Perceived Personal Discrimination", *Journal of Applied Social Psychology*, Vol. 37, No. 5, 2007.

⑤ Ryff C. D. , Keyes C. L. , Hughes D. L. , "Status Inequalities, Perceived Discrimination, and Eudaimonic Wellbeing: Do the Challenges of Minority Life Hone Purpose and Growth?", *Journal of Health and Social Behavior*, Vol. 44, No. 3, 2003.

⑥ 方晓义、范兴华、刘杨：《应对方式在流动儿童歧视知觉与孤独情绪关系上的调节作用》，《心理发展与教育》2008 年第 4 期。

⑦ Lewis. , "Neurophysiological Correlates of Emotion Regulation in Children and Adolescents", *Journal of Cognitive Neuroscience*, Vol. 18, No. 3, 2006.

会环境改变而带来的负性情绪。① 青少年时期是前额叶皮质发展的第二个加速期，人际孤立会导致过多负性情绪刺激产生，像杏仁核这样的情绪处理系统的活动就容易出现紊乱，而前额叶皮质的发展还未达到成熟，使得青少年更容易受到情绪的干扰而出现各种各样的问题。因此，青少年情绪调节的发展就不可避免地需要以前额叶皮质的发展为基础。② 而根据相对剥夺理论，个体主要通过与他人进行社会比较来评价自己的地位和处境，处境不利成员被其他人孤立时会更加严重地体验到一种被剥夺基本权利的感觉，这种剥夺感会对其心理发展带来损害（如导致抑郁等消极情绪）。③ 实证研究也证实了该观点，社会歧视知觉可以显著正向预测青少年抑郁。④⑤⑥

污名丑化和言语中伤也是影响留守儿童情绪智力发展的重要社会歧视知觉因素。污名丑化和言语中伤都是人际冲突的某种形式，而人际冲突容易导致消极的情绪知觉体验与调节方式，并进一步产生问题行为。认知神经科学研究显示，青少年在面对恐惧等负性情绪刺激时的反应更慢，且前额叶皮质和杏仁核的活动之间关联更低，说明此时

---

① Christie, N. G., Dinham, S. M., "Institutional and External Influences on Social Integration in the Freshman Year", *Journal of Higher Education*, Vol. 62, 1991.

② Larson R. W., Moneta G., Richards M. H., Wilson S., "Continuity, Stability, and Change in Daily Emotional Experience across Adolescence", *Child Development*, Vol. 73, 2002, pp. 1151 – 1165.

③ Mummendey, A., Kessler, T., Klink, A., & Mielke, R., "Strategies to Cope with Negative Social Identity: Predictions by Social Identity Theory and Relative Deprivation Theory", *Journal of Personality and Social Psychology*, Vol. 76, No. 2, 1999.

④ Cooper, S. M., Brown, C., Metzger, I., Clinton, Y., & Guthrie, B., "Racial Discrimination and African American Adolescents' Adjustment: Gender Variation in Family and Community Social Support, Promotive and Protective Factors", *Journal of Child and Family Studies*, Vol. 22, No. 1, 2013.

⑤ Lambert, S. F., Robinson, W. L., & Ialongo, N. S., "The Role of Socially Prescribed Perfectionism in the Link between Perceived Racial Discrimination and African American Adolescents' Depressive Symptoms", *Journal of Abnormal Child Psychology*, Vol. 42, No. 4, 2014.

⑥ Pascoe, E. A., & Smart Richman, L., "Perceived Discrimination and Health: A Meta-analytic Review", *Psychological Bulletin*, Vol. 135, No. 4, 2009.

青少年的情绪调节效能更低。正因为青少年相比成年人更容易受到情绪的干扰，因此青少年在情绪调节时需要调用更多的前额叶皮质资源。① 而人际冲突所导致的前额叶皮质资源调动障碍不利于个体的情绪调节效能的发挥。

（二）寄宿政策是否是解决留守儿童情绪问题的一剂良药？②

政策是留守儿童情绪智力发展宏观系统中的重要构成要素，本章以寄宿政策为例进一步探讨宏观系统对留守儿童情绪情感发展的影响。中国有超过 6000 万个农村留守儿童，他们存在着自我封闭、胆小敏感，甚至悲观厌世等不良情绪，长期下去将引发大量的社会问题。如果教育不好这 6000 余万个孩子，一方面是国家人才的损失；另一方面这一庞大的群体将会对社会的和谐稳定造成强烈的冲击。部分学者认为目前解决农村"留守儿童"问题的最好方式是集中寄宿制，③④⑤ 寄宿制学校在培养学生自理能力与交往能力方面具有时间、空间和人三个方面的优势。⑥ 对留守儿童及其他处境不利儿童的健康成长，就目前来看或者从理论上讲寄宿制学校都是最好的选择和最有益的尝试。⑦ 而基于这样的观点，教育部也发文要求优先满足留守学生进入寄宿制学校的需求。⑧ 但问题

---

① Luna B., Sweeney J. A., "The Emergence of Collaborative Brain Function: FMRI Studies of the Development of Response Inhibition", *Ann N. Y. Acad Sci*, Vol. 1021, 2004.

② Wang, S., Dong, X., & Mao, Y., "The Impact of Boarding on Campus on the Social-emotional Competence of Left-behind Children in Rural Western China", *Asia Pacific Education Review*, Vol. 18, No. 3, 2017.

③ 刘允明：《关爱农村"留守儿童"》，《中国农业大学学报》2005 年第 3 期。

④ 李炳呈、任建东：《论解决农村留守儿童教育问题的最佳途径：集中寄宿制》，《长沙大学学报》2009 年第 1 期。

⑤ 严鸿和、朱霞桃：《寄宿制学校对农村"留守儿童"教育影响的调查》，《现代中小学教育》2006 年第 1 期。

⑥ 盛鸿森：《着力教会学生自理与交往——寄宿制学校教育优势探析》，《教育发展研究》2000 年第 7 期。

⑦ 杨兆山、王守纪、张海波：《农村寄宿制学校学生的适应问题》，《东北师大学报》（哲学社会科学版）2011 年第 3 期。

⑧ 教育部：《中共教育部党组关于学习贯彻胡锦涛总书记等中央领导同志教师节期间贺信和讲话精神的通知》，《中国教育部》2012 年 9 月 13 日。

是，寄宿果真是解决留守儿童问题，尤其是情感与社会化问题的有效政策吗？

1. 寄宿对留守儿童社会情感能力的影响

如表 5-24 所示，留守对儿童的社会情感能力具有显著影响，留守与非留守儿童的社交技能（$t = 5.026$，$p < 0.001$）、负责任的决定（$t = 3.225$，$p < 0.01$）以及社会情感能力（$t = 2.303$，$p < 0.05$）存在显著差异。非留守儿童拥有更高水平的社交技能、负责任的决定以及社会情感能力。这两个群体在自我认知（$t = 0.079$，$p > 0.05$）、他人认知（$t = 1.602$，$p > 0.05$）以及自我管理（$t = 0.919$，$p > 0.05$）等维度不存在显著差异。

寄宿与非寄宿儿童的社会情感能力有着显著的差异，非寄宿儿童拥有更高水平的社会情感能力（$t = 8.009$，$p < 0.001$）、自我认知（$t = 3.878$，$p < 0.001$）、他人认知（$t = 9.261$，$p < 0.01$）、自我管理（$t = 5.058$，$p < 0.001$）以及社交技能（$t = 6.592$，$p < 0.001$）。但是二者在负责任的决定方面不存在显著的差异。

方差分析显示（表 5-24），在社会情感能力（$F_{3,6638} = 19.683$，$p < 0.001$）及其五个分维度自我认知（$F_{3,6638} = 4.177$，$p < 0.01$）、他人认知（$F_{3,6638} = 26.987$，$p < 0.001$）、自我管理（$F_{3,6638} = 6.556$，$p < 0.001$）、社交技能（$F_{3,6638} = 18.006$，$p < 0.001$）以及负责任的决定（$F_{3,6638} = 2.988$，$p < 0.05$）方面，不同群体存在显著的差异。事后多重检验发现，留守且寄宿的儿童比留守非寄宿和非留守非寄宿的儿童拥有更低水平的社会情感能力，他们在他人认知、自我管理以及社交技能维度表现出相似的差异。值得注意的是留守但非寄宿的儿童比非留守但寄宿的儿童拥有更高水平的社会情感能力，二者在自我认知、他人认知以及自我管理上也表现出相似的差异。这说明寄宿是一个比留守更为负面的影响因素。非留守但寄宿的儿童拥有比非留守非寄宿儿童更低水平的社会情感能力及社交技能。虽然没有证据表明留守但非寄宿群体比非留守非寄宿群体拥有更低水平的社会情感能力，但是在社交技能与负责任的决定维度，

二者差异显著。

我们还使用与儿童社会情感能力相关的两个变量：食物质量和看护者的服务态度来检验寄宿的影响。结果发现，14.45%的学生认为寄宿学校提供的食物质量良好，48.08%的学生认为中等，35.47%的学生认为差。方差分析结果表明，不同食物质量评价的学生在总社会情感能力（$F = 7.465$，$p < 0.01$）、自我认知（$F = 82.263$，$p < 0.001$）、他人认知（$F = 24.978$，$p < 0.001$）、自我管理（$F = 3.129$，$p < 0.05$）和负责任的决定（$F = 3.396$，$p < 0.05$）上存在显著差异。研究显示，那些认为食物质量好或中等的学生比那些认为食物质量差的学生具有更高的社会情感能力、自我认知和他人认知水平。报告中等和良好的食物质量的学生也比那些报告坏的食物质量的学生有更好的自我管理和负责任的决定。看护人员的服务态度也是影响学生社会情感能力的一个重要因素。我们发现，43.62%的学生说他们在学校受到照顾者的良好对待，而56.38%的学生说他们的服务很差。服务良好的学生社会情感能力（$t = 13.751$，$p < 0.001$）、自我认知（$t = 20.336$，$p < 0.001$）、他人认知（$t = 8.581$，$p < 0.001$）、自我管理（$t = 7.914$，$p < 0.001$）、社交技能（$t = 5.510$，$p < 0.001$）和负责任决定（$t = 5.094$，$p < 0.001$）显著高于认为服务差的学生。

2. 较差的农村的寄宿学校条件

寄宿之所以对留守儿童的社会情感能力具有显著的负面影响，其中一个重要的原因在于农村学校的寄宿条件较差：

寄宿设施存在的问题。西部农村寄宿制学校平均每个宿舍住宿14.25 ± 6.86人，按照教育部、卫生部联合下发的《农村寄宿制学校生活卫生设施建设与管理规范》（以下简称《规范》）关于"人均居室使用面积不宜小于3平方米"的规定，西部农村学校每个宿舍的建筑面积应当在43平方米以上，这在西部农村是远远达不到的。一张床睡1人的占57.7%，睡2人及以上的占42.3%。宿舍有卫生间的只占51.8%，这也达不到《规范》关于学生宿舍设有附建式厕所的

表 5 - 24　　不同群体的社会情感能力差异

	N	自我认知		他人认知		自我管理		社交技能		负责任的决定		社会情感能力	
		M	SD	M	SD	M	SD	M	SD	M	SD	M	SD
留守/非留守儿童													
非留守儿童	3641	3.07	0.58	4.20	0.65	4.02	0.67	3.76	0.75	3.39	0.76	3.71	0.44
留守儿童	2997	3.06	0.59	4.17	0.68	4.00	0.70	3.66	0.77	3.32	0.79	3.68	0.46
t		0.079		1.602		0.919		5.026***		3.225**		2.303*	
寄宿/非寄宿儿童													
非寄宿儿童	2372	3.10	0.53	4.27	0.6	4.06	0.64	3.78	0.73	3.37	0.74	3.72	0.42
寄宿儿童	3791	3.04	0.56	4.12	0.67	3.98	0.67	3.66	0.73	3.35	0.73	3.63	0.43
t		3.878***		9.261**		5.058***		6.592***		1.352		8.009***	
留守 * 寄宿													
留守且寄宿	1960	3.05	0.56	4.12	0.69	3.99	0.67	4.02	0.66	3.71	0.73	3.63	0.44
留守非寄宿	956	3.10	0.52	4.29	0.58	4.07	0.64	3.64	0.73	3.34	0.74	3.70	0.42
非留守寄宿	1617	3.04	0.56	4.14	0.65	3.98	0.66	3.74	0.74	3.32	0.79	3.64	0.43
非留守非寄宿	1277	3.09	0.54	4.28	0.59	4.06	0.64	3.69	0.72	3.36	0.73	3.73	0.42
$F_{(3, 6638)}$		4.177**		26.987***		6.556***		18.006***		2.988*		19.683***	
事后多重检验				LB<LNB		LB<LNB		LB<LNB				LB<LNB	
				LB<NLNB		LB<NLNB		LB<NLNB				LB<NLNB	
		NLB<LNB		NLB<LNB		NLB<LNB						NLB<LNB	

续表

	N	自我认知		他人认知		自我管理		社交技能		负责任的决定		社会情感能力	
		M	SD	M	SD	M	SD	M	SD	M	SD	M	SD
								LNB<NLNB NLB<NLNB		LNB<NLNB		NLB<NLNB	
饭菜质量													
好	608	3.19	0.55	4.18	0.70	3.92	0.66	3.64	0.74	3.41	0.72	3.65	0.41
中	1777	3.11	0.55	4.20	0.68	4.00	0.69	3.66	0.74	3.37	0.75	3.66	0.46
差	1311	2.90	0.55	4.08	0.62	3.88	0.64	3.68	0.70	3.34	0.72	3.60	0.41
F (2, 3696)		82.263***		24.978***		3.129*		1.048		3.396*		7.465***	
事后多重比较		好>中 好>差 中>差		好>差 中>差		中>差				好>差		好>差 中>差	
看护者态度													
好	1620	3.25	0.51	4.23	0.69	4.08	0.67	3.73	0.74	3.42	0.75	3.74	0.44
差	2094	2.89	0.55	4.04	0.64	3.90	0.66	3.60	0.72	3.29	0.72	3.55	0.41
t		20.336***		8.581***		7.914***		5.510***		5.094***		13.751***	

LBC＝留守儿童；NLBC＝非留守儿童；BC＝寄宿；NBC＝非寄宿；LB＝留守且寄宿；LNB＝留守但寄宿；NLB＝非留守寄宿；NLNB＝非留守非寄宿

标准。《规范》对寄宿制学校的浴室建设从建筑与布局到浴室设施及卫生管理都有专门的规定，但调查显示西部农村学校只有 31.4% 的学校有浴室；另外 14% 的寄宿学校厕所没有长明灯，15.1% 的学校没有灭火器，有 29.1% 的寄宿制学校冬天不能提供热水。

寄宿管理存在的问题。在伙食提供方面，西部农村寄宿制学校的伙食质量不高，34.4% 的留守儿童认为学校的伙食没有家里好，而只有 15.9% 的留守儿童认为学校的伙食比家里好；53.8% 的留守儿童认为学校食堂、宿管人员态度总是或有时很凶；36.9% 的留守儿童认为学校的公共设施（如水龙头、用电插座等）得不到经常维修；37.7% 的留守儿童认为学校不会经常进行防火、防盗安全教育，尤其是 56.1% 的学校从来没有进行过灭火器使用方法的教育，这对于寄宿制学校来讲是个较大的安全隐患。另外，91.6% 的留守儿童认为其学校配有生活教师，但在访谈中实际上多为任课教师兼任照顾他们的生活起居。

寄宿生活存在的问题。只有 5.0% 的留守儿童每周洗三次或三次以上澡，29.7% 的每周只洗一次或两次，高达 57.7% 的留守儿童没在学校洗过澡；而在问及多长时间回一次家时，97% 的学生一周及以上回家一次，这说明留守儿童在寄宿制学校的卫生状况堪忧。92.3% 的留守儿童表示有时或经常会想家，这种渴望得到家庭亲情温暖的需求应被关注，应适当缩短放假周期。被问及学校是否有同学夜间趁管理员不注意跑出去打游戏时，14.6% 的留守儿童报告学校有同学出去打游戏，这说明寄宿制学校学生安全管理存在漏洞。留守儿童在寄宿制学校的伙食标准，每天 5 元以下的占 19.0%，6—8 元的占 20.1%，9—11 元的占 34.6%，12 元及以上的占 26.3%，这说明部分留守儿童的伙食费用标准处于偏低的状态，尤其近 20% 的留守儿童每天只有 5 元的伙食标准，这部分贫困留守儿童的身心发展需要更加关注。另外，61.8% 的留守儿童在学校没有零食吃，这在某种程度上也反映了其生活标准偏低与支持缺乏。

3. 研究结论与讨论

留守是影响农村学生社会情感能力的关键因素。这一发现得到先前一项研究的支持，在墨西哥，有研究发现留守儿童遭受虐待、忽视和剥削，并且被照顾者视为弃儿，使得留守儿童面临情绪危机。[①] 父母关爱在孩子的社会情感发展，尤其是情感互动过程中起到至关重要的作用。[②] 留守儿童他们与父母的情感互动缺乏，情感需求得不到满足。这种情感交流的缺乏可能会造成其负面的亲子关系并重塑其人格。这些儿童被普遍贴上潜在问题或危险群体的标签，遭受亲子关系欠缺的痛苦，这限制了他们的社会情感交流。[③] 此外，这种歧视使儿童感到难以形成足够好的自我概念、安全感和自尊，容易遭受焦虑、害羞、敌意和其他社会情绪障碍。[④]

寄宿是另一个影响儿童社会情感能力发展的负面因素。与寄宿学生相比，那些非寄宿学生的社会情感能力水平相对较高。留守非寄宿的儿童，其社会情感能力高于非留守但寄宿的儿童。寄宿学校经历的负面影响也被以前的研究证实，该研究发现人们在儿童时期寄宿在学校更容易患上非法药物和酒精使用障碍，更可能拥有自杀想法和企图。那些在寄宿学校长大的学生，与其他人相比，更容易产生焦虑症、创伤后应激障碍（PTSD）和自杀念头。[⑤]

良好的住宿条件（例如，食物和服务）对父母外出务工的孩子的

① Givaudan, M., & Pick, S., "Children left behind: How to mitigate the effects and facilitate motional and psychosocial development", *Child Abuse & Neglect*, Vol. 37, No. 12, 2013.

② Grusec, J. E., "Socialization processes in the family: Social and emotional development", *Psychology*, Vol. 62, No. 1, 2011.

③ Sandstrom, M. J., & Coie, J. D., "A developmental perspective on peer rejection: Mechanisms of stability and change", *Child Development*, Vol. 70, No. 4, 1999.

④ Battaglia, M., Ogliari, A., Zanoni, A., Vilia, F., Citterio, A., Binaghi, F., Fossati, A., & Maffei, C., "Children's discrimination of expressions of emotions: Relationship with indices of social anxiety and shyness", *Journal of the American Academy of Child & Adolescent Psychiatry*, Vol. 43, No. 3, 2004.

⑤ Evans-Campbell, T., Walters, K. L., Pearson, C. R., & Campbell, C. D., "Indian boarding school experience, substance use, and mental health among urban two-spirit American Indian/Alaska natives", *The American Journal of Drug and Alcohol Abuse*, Vol. 38, No. 5, 2012.

情绪发展有益处。[1] 我们的发现支持了这一点，即被提供优质或中等质量的食物，并且被照顾者良好对待的学生，具有较高的社会情感能力水平。然而，许多学生报告食物质量中等（48.08%）和差（35.47%），56.38%报告服务差，这反映了住宿条件较差。农村的一些寄宿学校没有足够的专业照顾者来照顾孩子。在某些情况下，由于缺乏专门的照顾者，教师在课后管理学生的住宿。较差的食物和服务可能会导致孩子想家，[2] 使他们感到孤独、无助，并导致他们营养不良。[3] 为了减少不安全的隐患，看护人员也可能严格控制儿童的行为，增加对儿童的控制。这种控制可能会影响儿童的社会情感能力，并导致其抑郁和焦虑。此外，在许多情况下，学校预算不足以提高看护老师的工资水平，这可能会降低他们设计和组织娱乐活动的动力，而这些娱乐活动可以帮助儿童表达情感，并与同龄人建立良好的关系。[4]

值得怀疑的是，寄宿能否发挥对家庭功能缺失的替代作用？家庭在人格形成和儿童情感发展中起着至关重要的作用。家庭中的爱和情感，尤其是父母的关怀，对儿童的自我概念有积极的影响，并且可以预测社会适应和行为问题，如孤独。[5] 在没有父母照顾的情况下，留守儿童从祖父母或亲戚那里得到的情感支持也比从服务较差的寄宿学校那里得到的要多。许多研究都认为寄宿制有利于留守儿童的情绪发展。但其结论的真实性是存疑的。例如，有的研究缺乏寄宿和非寄宿

---

① Xiao, M., Ge, Y., & Cao, C. G., "Correlation study about emotional management ability and mental health of the boarding countryside civilian workers' children", *Chinese Journal of School Health*, Vol. 31, No. 11, 2010. (in Chinese).

② Fisher, S., Frazer, N., & Murray, K., "Homesickness and health in boarding school children", *Journal of Environmental Psychology*, Vol. 6, No. 1, 1986.

③ Luo, R., Shi, Y., Zhang, L., Liu, C., Rozelle, S., & Sharbono, B., "Malnutrition in China's rural boarding schools: The case of primary schools in Shaanxi Province", *Asia Pacific Journal of Education*, Vol. 29, No. 4, 2009.

④ Yang, L., "Teacher allocation should meet the special needs of students in rural boarding school", *Elementary and Middle School Administration*, Vol. 1, 2013. (in Chinese).

⑤ Steinberg, L., Elmen, J. D. & Mounts, N. S., "Authoritative parenting, psychological maturity and academic success among adolescents", *Child Development*, Vol. 60, No. 6, 1989.

留守儿童之间的比较，① 这意味着他们的结论，寄宿减少孤独是没有充分根据的。其他研究主要是基于思辨，缺乏实证支持。② 本书以西部农村留守儿童为样本，比较寄宿和非寄宿儿童的社会情感能力，发现寄宿儿童的社会情感能力、他人认知、自我管理和社交技能显著低于非寄宿儿童。这表明学校寄宿对儿童有负面影响，在可能的情况下，留守儿童应该与亲戚一起生活，在家与学校之间走读。

　　对于留守儿童，寄宿造成了与家庭的第二次分离，对他们的社会情感能力发展产生了负面影响。然而，随着越来越多的农村学校因为布局调整政策而关闭，家庭和学校之间的距离意味着许多孩子不能走读，不得不在学校寄宿。因此，寄宿制学校应加强设施建设，提高服务和管理水平。近年来，我国农村寄宿制学校虽有所改善，但仍存在许多问题和不足，如宿舍和学生食堂设施不足，服务质量差，不能满足学生发展的需要。③ 这些问题在中国西部欠发达地区尤为突出。如前所述，寄宿学校往往没有足够的看护者，这意味着一些教师也必须作为看护者进行工作。这些教师负责学生课外生活以及课堂教学，并承担着沉重的日常工作量。这种双重角色却没有补贴，这意味着他们可能缺乏组织学生课外活动的热情。而缺乏有计划和多样化的课外活动会影响学生的社会情感行为和学校成绩。④ 陈旧的寄宿管理方式也是一个影响因素，许多学校采用传统的管理模式和"看"学生的理念，以确保"没有麻烦"，⑤ 这导致了军营式的管理模式。

---

① Yan, H. H. & Zhu, X. T., "A survey on the impact of rural boarding schools on left-behind children", *Modern Primary and Secondary Education*, Vol. 143, No. 1, 2006. (in Chinese).

② Liu, Y. M., "Care for rural left-behind children", *Journal of China Agricultural University*, Vol. 60, No. 3, 2005. (in Chinese).

③ Luo, R., Shi, Y., Zhang, L., Liu, C., Rozelle, S., & Sharbono, B., "Malnutrition in China's rural boarding schools: The case of primary schools in Shaanxi Province", *Asia Pacific Journal of Education*, Vol. 29, No. 4, 2009.

④ Metsäpelto, R., & Pulkkinen, L., "Socioemotional behavior and school achievement in relation to extracurricular activity participation in middle childhood", *Scandinavian Journal of Educational Research*, Vol. 56, No. 2,

⑤ Yang, L., "Teacher allocation should meet the special needs of students in rural boarding school", *Elementary and Middle School Administration*, Vol. 1, 2013. (in Chinese).

第四节　留守儿童情绪智力的影响作用

一　留守儿童情绪智力对学业成绩的影响

（一）留守儿童情绪智力与学业成绩的相关分析

表 5 - 25 显示，除了之前所分析的性别、民族、学段等与情绪智力各维度存在着相关外，性别与语文成绩和总学习成绩存在着显著正相关，留守女童的语文成绩和总学习成绩要好于留守男童；民族与数学成绩存在显著负相关，汉族留守儿童比少数民族留守儿童的数学学习成绩更好；学段与语文、数学及总学习成绩都不存在显著相关。

情绪知觉、情绪调控、情绪理解、情绪利用与留守儿童语文成绩都存在显著正相关，相关系数从 0.069—0.247；只有情绪知觉与留守儿童数学成绩存在显著正相关，情绪调控、情绪理解、情绪利用与留守儿童数学成绩都不存在显著相关；情绪知觉、情绪理解、情绪利用与留守儿童总学习成绩都存在显著正相关，相关系数从 0.070—0.225，但情绪调控与总学习成绩不存在显著相关。相关统计分析为进一步回归分析奠定了基础。

（二）留守儿童情绪智力对学业成绩的影响

表 5 - 26 显示，在控制了性别、民族、学段等无关变量对留守儿童学业成绩的影响后，情绪智力仍然对留守儿童学业成绩具有显著影响（$\triangle F = 18.127$，$p < 0.001$），能够影响留守儿童学业成绩变化的 8.9%。具体来讲，情绪知觉（$\beta = 0.400$，$p < 0.001$）和情绪调控（$\beta = 0.132$，$p < 0.05$）对学业成绩具有显著正向影响。在情绪智力中，情绪知觉是最接近认知智力的因素，因此和学生的学业成绩也最为相关。而情绪调控则涉及对自身和他人情绪的双重调节和控制，这一能力有助于留守儿童降低自身的负面情绪，增进其与外界的交流和关系，有助于其更好地与同学、教师学业合作，因而能够提升其学业成绩。情绪理解（$\beta = -0.056$，$p > 0.05$）和情绪利用（$\beta = -0.044$，$p > 0.05$）则对留守儿童的学业成绩不具有显著影响。

表5-25　留守儿童情绪智力与学业成绩的相关分析

	性别	民族	学段	情绪知觉	情绪调控	情绪理解	情绪利用	语文成绩	数学成绩	学业成绩
性别	1									
民族	-.011	1								
学段	.018	.214**	1							
情绪知觉	-.089**	-.009	.098**	1						
情绪调控	-.057	.130**	.082*	.573**	1					
情绪理解	-.085*	.063	.076*	.705**	.693**	1				
情绪利用	-.010	.055	.131**	.655**	.664**	.694**	1			
语文成绩	.154**	.050	.042	.247**	.069*	.133**	.107**	1		
数学成绩	.032	-.138**	-.052	.170**	-.058	.032	.027	.706**	1	
学业成绩	.095**	-.058	-.011	.225**	.000	.086*	.070	.907**	.939**	1

具体来讲，情绪知觉对留守儿童的语文成绩（$\beta = 0.386$，p < 0.001）和数学成绩（$\beta = 0.353$，p < 0.001）都具有显著的正向影响，而情绪调控则只对数学成绩具有显著正向影响，对语文成绩不具有显著影响（$\beta = -0.070$，p > 0.05）。情绪理解、情绪利用对语文成绩和数学成绩都不具有显著的影响。

表5-26　　　　　　　留守儿童情绪智力对学业成绩的影响

	语文成绩		数学成绩		学业成绩	
	第一步	第二步	第一步	第二步	第一步	第二步
性别	.165***	.188***	.035	.049	.102**	.121**
民族	.051	.068	-.123**	-.093*	-.049	-.022
年级	.024	.004	-.036	-.054	-.011	-.031
情绪知觉		.386***		.353***		.400***
情绪调控		-.070		.163**		.132*
情绪理解		-.028		-.071		-.056
情绪利用		-.066		-.021		-.044
R^2	.031	.121	.019	.088	.013	.102
调节 R^2	.027	.113	.015	.079	.009	.093
$\triangle R^2$	.031	.090	.019	.068	.013	.089
$\triangle F$	7.881***	18.770***	4.854**	13.748***	3.210*	18.127***

（三）研究结论与讨论

情绪智力对留守儿童的学业成绩具有显著预测作用，能够解释留守儿童学业成绩变化的8.9%，其中情绪知觉对留守儿童学业成绩的影响最为显著，其次为情绪调控。Mavroveli 等人采用全国统考的数学成绩对3—6年级小学生进行调查，[1] 发现三年级学生的特质情绪智力与数学学业成绩呈显著正相关；Banjac 等人则采用学校期末数学成绩

---

[1] Mavroveli S., Sánchez-Ruiz M. J., "Trait Emotional Intelligence Influences on Academic Achievement and School Behaviour", *British Journal of Educational Psychology*, No. 1, 2011.

对 606 名 8—12 岁小学生进行调查,[1] 通过控制样本的智商、人格、自我概念等变量,发现特质情绪智力与数学成绩显著正相关。国内的研究则显示,情绪自我激励对计算流畅性具有显著的预测作用,情绪知觉对数值运算具有显著预测力,情绪自我激励、低冲动性和情绪适应性能有效预测数学推理。[2]

已有研究证实,越能准确地识别自己的情绪、控制冲动和自我激励的学生,在学习任务上取得的成绩就越高。具有高水平情绪智力的个体通常意志坚定,肯为实现目标做出更多的努力,故能取得好的成绩;而低水平情绪智力学生选择不适合自己的成就目标,无法合理地调节自己的行为,执行意愿不强,成绩不理想。那些具有高水平情绪智力的个体倾向于延迟瞬时满足,从而追求既定目标。反之,具有低水平情绪智力的个体更易冲动,沉溺于即时满足的诱惑。这使得自我控制水平高的个体能在追求更高目标的同时,始终远离诱惑刺激。[3]

二 留守儿童情绪智力对网络成瘾的影响

(一) 留守儿童情绪智力与网络成瘾的相关分析

表 5 - 27 显示,除了之前所分析的性别、民族、学段等与情绪智力各维度存在着显著相关外,性别与突显性($r = -0.082$, $p < 0.05$)、强迫戒断($r = -0.099$, $p < 0.01$)、心境改变($r = -0.100$, $p < 0.01$)存在着显著负相关,留守男童表现出更多的网络突显性、强迫戒断和心境改变;民族与突显性($r = -0.100$, $p < 0.01$)、耐受性($r = -0.169$, $p < 0.01$)、强迫戒断($r = -0.149$, $p < 0.01$)、社交抚慰($r = -0.123$, $p < 0.01$)等存在显著负相关,

---

① Banjac S., Hull L., Petrides K. V., Mavroveli S., "Validation of the Serbian Adaptation of the Trait Emotional Intelligence Questionaire-Child Form (TEIQue-CF)", *Psihologija*, No. 4, 2016.

② 柳笛:《特质情绪智力如何影响学生的学业成就》,《湖南师范大学教育科学学报》2017 年第 6 期。

③ 柳笛:《特质情绪智力如何影响学生的学业成就》,《湖南师范大学教育科学学报》2017 年第 6 期。

表5-27　留守儿童情绪智力与网络成瘾的相关分析

	性别	民族	学段	情绪知觉	情绪调控	情绪理解	情绪利用	突显性	耐受性	强迫戒断	心境改变	社交抚慰	消极后果
性别	1												
民族	-.011	1											
学段	.018	.214**	1										
情绪知觉	-.089**	-.009	.098**	1									
情绪调控	-.057	.130**	.082*	.573**	1								
情绪理解	-.085*	.063	.076*	.705**	.693**	1							
情绪利用	-.010	.055	.131**	.655**	.664**	.694**	1						
突显性	-.082*	-.100**	-.012	-.053	-.270**	-.230**	-.194**	1					
耐受性	-.042	-.169**	-.011	-.143**	-.352**	-.250**	-.280**	.700**	1				
强迫戒断	-.099**	-.149**	-.038	-.137**	-.364**	-.274**	-.302**	.811**	.865**	1			
心境改变	-.100**	-.030	.095**	-.056	-.187**	-.097**	-.111**	.704**	.659**	.758**	1		
社交抚慰	-.067	-.123**	-.005	-.128**	-.316**	-.234**	-.233**	.696**	.765**	.825**	.784**	1	
消极后果	-.037	-.061	-.038	-.102**	-.295**	-.239**	-.217**	.737**	.862**	.837**	.660**	.749**	1

汉族留守儿童具有更强的网络突显性、耐受性、强迫戒断、社交抚慰；学段与心境改变具有显著的正相关（r＝0.095，p＜0.01），留守初中生网络成瘾所导致的心境改变更为强烈。

除了情绪知觉与网络突显性、心境改变不存在显著相关外，情绪知觉、情绪调控、情绪理解、情绪利用等情绪智力各维度与留守儿童的网络突显性、耐受性、强迫戒断、心境改变、社交抚慰及消极后果等都存在显著负相关，相关系数从 －0.053——－0.364，这为进一步的回归分析奠定了基础。

（二）留守儿童情绪智力对网络成瘾的影响

表 5－28 显示，网络成瘾的总维度，在控制留守儿童性别、民族、年级等人口学变量对网络成瘾的影响后，情绪智力对其总体影响仍然显著（$\triangle F＝32.903$，p＜0.001），所有因素能够解释网络成瘾变化的 14.5%。具体来讲，情绪调控能力（$\beta＝－0.302$，p＜0.001）和情绪理解（$\beta＝－0.122$，p＜0.05）对于留守儿童网络成瘾具有显著的负向影响，良好的情绪调控和情绪理解能力有助于降低留守儿童的网络成瘾。而情绪知觉对留守儿童网络成瘾具有显著正向影响（$\beta＝0.148$，p＜0.01），对自己或他人情绪敏感的知觉能力会进一步推动留守儿童陷入网络成瘾。前面章节统计分析显示，留守儿童比非留守儿童具有更为强烈的人际疏离和歧视知觉，以及更少的社会支持感，因此在这里良好情绪知觉反而可能进一步恶化留守儿童的处境。统计显示情绪利用对留守儿童的网络成瘾影响不显著（$\beta＝－0.095$，p＞0.05），这也从另一个角度反映了留守儿童在困境中缺乏唤醒正向思维，改善负面情绪的能力。

具体在网络突显性方面，情绪调控（$\beta＝－0.227$，p＜0.001）、情绪理解（$\beta＝－0.240$，p＜0.001）与留守儿童网络突显性呈负相关，良好的情绪调控和情绪理解能力能够有效降低留守儿童对网络使用时的痴迷投入和忘乎所以；而情绪知觉对留守儿童的网络突显性具有显著的正向影响（$\beta＝0.214$，p＜0.001），较好的情绪知觉使得留守儿童更易知觉到所遭受的歧视与疏离，这会加深留守儿童对网络使用的痴迷。

在网络耐受性方面，情绪调控（$\beta = -0.304$，$p < 0.001$）和情绪利用（$\beta = -0.152$，$p < 0.01$）与留守儿童网络耐受性具有显著的负相关，有效地调控自身的负面情绪，转化并形成积极的思维品质有助于降低网络使用时的时间忍耐力和满足感延迟。情绪知觉对网络耐受性具有显著正向影响（$\beta = 0.127$，$p < 0.05$），知觉到更多的不利处境和负面情绪使得留守儿童更加沉浸于网络之中，网络满足延迟。

在网络强迫戒断方面，情绪调控（$\beta = -0.279$，$p < 0.001$）、情绪理解（$\beta = -0.126$，$p < 0.05$）和情绪利用（$\beta = -0.159$，$p < 0.01$）都与留守儿童网络强迫戒断存在显著负相关，低水平的情绪调控、情绪理解与情绪利用能力会使留守儿童表现出更强烈的情绪低落、坐立不安、毫无乐趣、上网冲动、失魂落魄等问题，而这些问题的出现也可能与留守儿童较高水平的情绪觉察能力有关，统计分析发现这一能力与留守儿童网络强迫戒断存在显著的正相关（$\beta = 0.151$，$p < 0.01$）。

在网络心境改变方面，只有情绪调控与留守儿童的网络心境改变存在显著负相关（$\beta = -0.240$，$p < 0.001$），说明良好的情绪调控能力使得留守儿童在处理情绪烦躁、低落、抑郁、孤独时，不再依赖于网络的虚拟麻痹。情绪知觉（$\beta = 0.042$，$p > 0.05$）、情绪理解（$\beta = -0.006$，$p > 0.05$）、情绪利用（$\beta = -0.022$，$p > 0.05$）等都与留守儿童网络心境改变不存在显著相关。

在社交抚慰方面，情绪调控与留守儿童网络社交抚慰具有显著的负相关（$\beta = -0.314$，$p < 0.001$），留守儿童自身负面情绪调控能力的提升会减少对网络社交抚慰的依赖。情绪知觉与网络社交抚慰具有显著正相关（$\beta = 0.107$，$p < 0.05$），对疏离、歧视知觉的强烈知觉会使留守儿童在虚拟世界中寻找安慰和关怀。情绪理解（$\beta = -0.082$，$p > 0.05$）和情绪利用（$\beta = -0.079$，$p > 0.05$）对留守儿童的网络社交抚慰不具有显著的影响。

表5-28　　留守儿童情绪智力对网络成瘾的影响

	突显性		耐受性		强迫成瘾		心境改变		社交抚慰		消极后果		网络成瘾	
	第一步	第二步	第一步	第二步	第一步	第二步	第一步	第二步	第一步	第二步	第一步	第二步	第一步	第二步
性别	-.066	-.077*	-.027	-.038	-.076*	-.087*	-.099**	-.108**	-.072*	-.086*	-.030	-.041	-.069	-.082*
民族	-.134***	-.084*	-.172***	-.118**	-.167**	-.113**	-.043	-.009	-.132***	-.079*	-.053	-.004	-.131***	-.077*
年级	.027	.030	.021	.042	-.004	.017	.088**	.098**	.012	.028	-.028	-.018	.023	.038
情绪知觉		.214***		.127*		.151**		.042		.107*		.156**		.148**
情绪调控		-.227***		-.304***		-.279***		-.240***		-.314***		-.271***		-.302***
情绪理解		-.240***		-.063		-.126*		-.006		-.082		-.134*		-.122*
情绪利用		-.036		-.152**		-.159**		-.022		-.079		-.068		-.095
R^2	.022	.138	.029	.183	.034	.203	.018	.072	.022	.159	.005	.120	.021	.167
调节R^2	.018	.130	.025	.175	.030	.196	.014	.063	.018	.151	.001	.112	.018	.159
$\triangle R^2$	.022	.117	.029	.154	.034	.169	.018	.055	.022	.137	.005	.115	.021	.145
$\triangle F$	5.573***	25.521***	7.591***	35.463***	8.973***	39.945***	4.509***	11.094***	5.723***	30.717***	1.326	24.642***	5.525**	32.903***

在网络消极后果方面，情绪调控（$\beta = -0.271$，$p < 0.001$）和情绪理解（$\beta = -0.134$，$p < 0.05$）与留守儿童网络消极后果具有显著负面影响，较好的负面情绪调控及对他人设身处地地理解有助于减少网络所带来的负面影响，如与家人和朋友的交流显著减少，为上网而更多地逃课，以及更多的学业困难，等等。情绪知觉对网络消极后果存在显著的正向影响（$\beta = 0.156$，$p < 0.01$），对外界疏离、歧视的强烈知觉会进一步恶化网络所带来的负面后果。情绪利用对留守儿童网络消极后果不存在显著影响（$\beta = -0.068$，$p > 0.05$）。

（三）研究结论与讨论

情绪智力对留守儿童网络成瘾具有显著的负向影响，所有因子能够解释留守儿童网络成瘾变化的 14.5%。即情绪智力越低的个体网络成瘾行为水平越高，这与前人的研究较一致。[1][2] 情绪智力高的留守儿童能够更好地知觉、表达、运用和调控自己的情绪，也更能知觉和理解他人的情感，社会支持感知、社会适应能力和主观幸福感都比较好，个体心理健康水平更高，[3] 因此，拥有高水平情绪智力的留守儿童不容易网络成瘾。

情绪知觉得分较高的留守儿童反而网络成瘾的危险较大。这可能是因为留守儿童更多的是一种非适应性的认知模式，这使得其情绪能力越强，反而越容易被负面情绪控制，转而寻求网络世界的抚慰。Davis 的网络成瘾"认知—行为"理论模型认为，非适应性认知（如自我怀疑和否定，认为自己被社会孤立或缺少社会支持等）位于 PIU 病因链近端，影响个体的行为，是 PIU 发生的充分条件。[4] Loytsker 和

----

① 李永占：《河南高中生社交焦虑、情绪智力与网络成瘾的关联》，《中国学校卫生》2015 年第 11 期。

② 肖雯、侯金芹：《高职生情绪智力与网络成瘾行为的关系》，《中国特殊教育》2017 年第 10 期。

③ 罗楱、金灿灿：《中国背景下情绪智力与心理健康关系的元分析》，《心理发展与教育》2016 年第 5 期。

④ 龚牟利、何晶：《社会支持与自尊对大学生网络成瘾的影响》，《中国青年社会科学》2015 年第 2 期。

Aiell 认为，高水平孤独、社交焦虑及自我封闭均可预测网络成瘾的发生。Young 的研究也显示，导致网络成瘾的因素可能是逃避某种不良感觉和获取某种需要。网络成瘾者正是由于逃避罪恶感、无助感、抑郁和焦虑而在网上寻找慰藉。[①]

情绪调控和情绪理解能力对留守儿童的网络成瘾具有显著的负面影响。情绪调控有助于减少个体的负面情绪，保持个体的情绪稳定性。有研究指出，情绪的稳定性能够显著预测网络成瘾，网络成瘾者的焦虑程度在特质性焦虑水平和状态焦虑水平均显著高于非成瘾者。另有研究也发现了类似的结论，社交焦虑水平与网络成瘾倾向具有显著性相关，焦虑水平越高，网络成瘾倾向越高。[②] 而情绪理解能力有助于增进对外界支持的感知，降低留守儿童的网络成瘾。前面有研究就显示，留守儿童比非留守儿童具有更为强烈的人际疏离和歧视知觉，以及更少的社会支持感，需要更好的情绪调控能力以优化留守儿童的心理处境。

三　留守儿童情绪智力对问题行为的影响

（一）留守儿童情绪智力与问题行为的相关分析

表 5 – 29 显示，除了之前所分析的性别、民族、学段等与情绪智力各维度存在着相关外，性别与学习适应不良（$r = -0.126$，$p < 0.01$）、攻击行为（$r = -0.086$，$p < 0.05$）、违纪行为（$r = -0.096$，$p < 0.01$）存在着显著负相关，留守男童表现出更多的学习适应不良、攻击行为和违纪行为；民族与学习适应不良存在显著的正相关（$r = 0.120$，$p < 0.01$），而与违纪行为（$r = -0.165$，$p < 0.01$）、退缩行为（$r = -0.072$，$p < 0.05$）、神经质（$r = -0.095$，$p < 0.01$）等存在显著的负相关，少数民族留守儿童有更多的违纪行

① Young, K. S., "Internet addiction: The emergence of a new clinical disorder", *Cyber Psychology and Behavior*, Vol. 1, No. 3, 1996.

② 李涛、张兰君：《大学生网络成瘾倾向与父母教养方式关系研究》，《心理科学》2004 年第 3 期。

表5－29　留守儿童情绪智力与问题行为的相关分析

	性别	民族	学段	情绪知觉	情绪调控	情绪理解	情绪利用	学习适应不良	攻击行为	违纪行为	退缩行为	神经质	考试焦虑
性别	1												
民族	-.011	1											
学段	.018	.214**	1										
情绪知觉	-.089**	-.009	.098**	1									
情绪调控	-.057	.130**	.082*	.573**	1								
情绪理解	-.085*	.063	.076	.705**	.693**	1							
情绪利用	-.010	.055	.131**	.655**	.664**	.694**	1						
学习适应不良	-.126**	.120**	.204**	-.151**	-.214**	-.203**	-.199**	1					
攻击行为	-.086*	-.047	.041	-.132**	-.394**	-.259**	-.282**	.554**	1				
违纪行为	-.096**	-.165**	-.031	-.086*	-.399**	-.243**	-.292**	.451**	.794**	1			
退缩行为	-.011	-.072*	.027	-.145**	-.408**	-.279**	-.300**	.455**	.647**	.725**	1		
神经质	-.013	-.095**	-.039	-.156**	-.376**	-.267**	-.287**	.500**	.563**	.613**	.780**	1	
考试焦虑	-.025	.029	.099**	-.102**	-.123**	-.132**	-.115**	.423**	.184**	.259**	.480**	.563**	1

为、退缩行为、神经质等特征；学段与学习适应不良（r = 0.204，p < 0.01）、考试焦虑（r = 0.099，p < 0.01）等存在显著的正相关，留守初中生有更多的学习适应不良和考试焦虑。

情绪知觉、情绪调控、情绪理解、情绪利用等情绪智力的四个维度与留守儿童的学习适应不良、攻击行为、违纪行为、退缩行为、神经质、考试焦虑等都存在显著负相关，相关系数在 −0.086——−0.408，这为进一步的回归分析打下基础，防止虚假回归的出现。

（二）留守儿童情绪智力对问题行为的影响

表 5 − 30 显示，在控制了性别、民族、学段等无关变量对留守儿童问题行为的影响后，情绪智力仍然对留守儿童问题行为产生显著影响（$\triangle F = 53.256$，$p < 0.001$），能够影响留守儿童问题行为变化的 21.8%。具体来讲，留守儿童情绪调控（$\beta = -0.352$，$p < 0.001$）、情绪理解（$\beta = -0.138$，$p < 0.05$）、情绪利用（$\beta = -0.132$，$p < 0.01$）都对留守儿童问题产生显著的负面影响，但是情绪知觉对留守儿童问题行为产生显著的正面影响（$\beta = 0.151$，$p < 0.01$）。

在学习适应不良方面，在控制了无关变量后，情绪调控仍然对留守儿童学习适应不良具有显著的负面影响（$\beta = -0.140$，$p < 0.01$），较差的情绪调控能力会使得留守儿童在学习时更容易分心、泄气和缺乏计划性，学习缺乏自觉性、坚持性、忍耐力，不能有效地安排时间，不能就学业问题与他人做有效的交流沟通。情绪知觉、情绪理解、情绪利用对留守儿童学习适应不良不具有显著影响。

在攻击行为方面，在控制了无关变量后，情绪调控（$\beta = -0.401$，$p < 0.001$）、情绪理解（$\beta = -0.108$，$p < 0.05$）、情绪利用（$\beta = -0.116$，$p < 0.05$）仍然对留守儿童攻击行为具有显著负面影响，对自身负面情绪较好地调控，设身处地地对他人情感的理解，有效地运用情绪促进思维都能减少留守儿童行为冲动、粗鲁，欺负同学，脾气暴躁、骂人讲脏话等攻击性行为。情绪知觉对留守儿童攻击行为具有显著的正向影响（$\beta = 0.185$，$p < 0.001$），对外界疏离、歧视的知觉

能够引发其更多的攻击性行为。

在违纪行为方面，在控制了无关变量后，情绪调控（$\beta = -0.417$，$p < 0.001$）、情绪利用（$\beta = -0.169$，$p < 0.01$）对留守儿童违纪行为具有显著的负向影响，良好的情绪调控和情绪利用有助于减少留守儿童吸烟、喝酒、考试作弊、早恋、欺骗、抄袭作业等违纪行为。而这些违纪行为并未随留守儿童情绪知觉能力的提升而减少，大量的负面处境和负面情绪的知觉反而进一步助长其违纪行为，研究发现情绪知觉对留守儿童问题行为的正向影响（$\beta = 0.268$，$p < 0.001$）就是很好的证据。

在退缩行为方面，在控制了无关变量的影响后，情绪调控（$\beta = -0.376$，$p < 0.001$）、情绪利用（$\beta = -0.135$，$p < 0.01$）仍然对留守儿童退缩行为具有显著的负面影响，良好的情绪调控和情绪利用有助于降低留守儿童在人际交往中的恐惧、害羞、自卑，对别人友好的怀疑，对他人尤其是异性强烈的社交退缩和回避。对外界疏离和歧视的清晰知觉则助推了这些退缩行为（$\beta = 0.195$，$p < 0.001$），反而不利于留守儿童人际关系的改善。

在神经质方面，在控制了无关变量的影响后，情绪调控（$\beta = -0.317$，$p < 0.001$）、情绪利用（$\beta = -0.114$，$p < 0.05$）仍然对留守儿童的神经质维度具有显著的负面影响，较好的情绪调控与情绪利用能力有助于降低留守儿童产生抑郁、孤独、焦虑情绪的概率，降低他们对外界产生的不满和易激惹以及对外界缺乏信任感等。而对于外界负面因素的知觉则加剧这些神经质因素（$\beta = 0.121$，$p < 0.05$），激发了问题情绪的产生。情绪理解则对这些神经质因素不产生显著影响（$\beta = -0.093$，$p > 0.05$）。

在考试焦虑方面，在控制了无关变量的影响后，情绪理解（$\beta = -0.144$，$p < 0.05$）仍然对留守儿童的考试焦虑具有显著的负面影响，缺少对自己及他人情绪的理解会使留守儿童更容易对学习和考试成绩产生担忧，更容易表现出考试前失眠、焦虑和考试发挥失常的现象。这是一个有趣的结果，影响留守儿童考试焦虑的竟然不是情

表 5-30　留守儿童情绪智力对问题行为的影响

	学习适应不良		攻击行为		违纪行为		退缩行为		神经质		考试焦虑		问题行为	
	第一步	第二步	第一步	第二步	第一步	第二步	第一步	第二步	第一步	第二步	第一步	第二步	第一步	第二步
性别	-.146***	-.162***	-.063	-.077*	-.075	-.082*	-.006	-.017	-.002	-.016	-.042	-.054	-.071*	-.087**
民族	.106***	.136***	-.055	.013	-.157***	-.086***	-.086*	-.021	-.080*	-.024	.024	.037	-.052	.012
年级	.178***	.199***	.044	.061	-.007	.008	.032	.049	-.043	-.024	.079*	.090*	.061	.083*
情绪知觉		-.027		.185***		.268***		.195***		.121*		-.019		.151**
情绪调控		-.140**		-.401***		-.417***		-.376***		-.317***		-.021		-.352***
情绪理解		-.105		-.108*		-.079		-.106		-.093		-.144*		-.138*
情绪利用		-.075		-.116*		-.169***		-.135**		-.114*		-.016		-.132**
R^2	.071	.163	.008	.223	.031	.249	.007	.208	.010	.170	.009	.043	.010	.228
调节 R^2	.068	.155	.004	.216	.027	.242	.003	.201	.006	.162	.005	.034	.006	.221
ΔR^2	.071	.091	.008	.215	.031	.218	.007	.201	.010	.160	.009	.034	.010	.218
ΔF	19.402***	20.601***	2.010	52.237***	8.098***	54.732***	1.857	47.853***	2.457	36.475***	2.373	6.716***	2.564*	53.256***

绪调控和情绪利用，而是对他人情绪的理解和管理。可能原因是留守儿童倾向于在他人眼中留下较好的印象，这种偏好使得自身在考试中压力倍增。

（三）研究结论与讨论

留守儿童情绪调控、情绪理解、情绪利用都对留守儿童问题产生显著的负面影响。情绪调控和情绪利用包含能力和策略两个方面，不良的调控和利用能力容易引发个体情绪的不稳定性，产生冲动、愤怒、焦虑等情绪。Craig 和 Eric 对冲动、愤怒和青少年问题行为的交互作用进行了纵向研究，结果表明愤怒和冲动均能预测青少年的问题行为。[1] Carolyn 等认为问题行为与冲动性、语言学习迟滞、冲突处理不良有关。[2] 情绪调节和利用策略也是一个显著的影响因素，刘志军等人对初中生情绪调节策略与问题行为的关系进行了探讨，发现初中生的情绪调节策略和问题行为之间存在着密切的关系，重新评价、表达抑制策略对问题行为均具有较强的预测力。[3]

情绪理解是指儿童理解情绪的原因和结果的能力，以及应用这些信息对自我和他人产生合适的情绪反应的能力。对他人情绪的不良认知和缺乏理解往往容易导致攻击性行为和人际焦虑，导致留守儿童与家长、教师和同伴产生矛盾和冲突。而良好情绪理解能力对儿童的同伴接纳水平具有重要作用，它能够促进儿童间的社会互动，能够产生较多表情和确认较多表情的儿童更受同伴欢迎。[4] Villanueva 等人的研究也发现，儿童的情绪理解能力越高，他们在同伴群体中

---

① Craig R. Colder, Eric Stice., "A longitudinal study of the interactive effects of impulsivity and anger on adolescent problem behavior", *Journal of Youth and Adolescence*, Vol. 27, No. 3, 1998.

② Carolyn Webster Stratton, Ted Taylor, "Nipping early risk factors in the bud: Preventing substance abuse, delinquency, and violence in adolescence through interventions targeted at young children (0 – 8years)", *Prevention Science*, Vol. 2, No. 3, 2001.

③ 刘志军、刘旭、冼丽清：《初中生情绪调节策略与问题行为的关系》，《中国临床心理学杂志》2009 年第 2 期。

④ Denham S., McKinley M., Couchoud E., Holt R., "Emotional and behavioral predictors of preschool peer ratings", *Child Development*, Vol. 61, 1990.

越受欢迎。①

意外的是，情绪知觉对留守儿童问题行为具有显著的正面影响。这意味着，情绪知觉越高的留守儿童，问题行为发生的概率越高。对自己不良情绪与不利处境的知觉可能会加速留守儿童的现实性回避行为。Young 和 Davis 就认为导致网络成瘾的因素可能是逃避某种不良感觉和获取某种需要，正是由于在现实世界中知觉到了内心的罪恶感、无助感、抑郁和焦虑，留守儿童更加倾向于选择逃避并在网上寻找慰藉。②

四 留守儿童情绪智力对应对方式的影响

（一）留守儿童情绪智力与应对方式的相关分析

表 5 - 31 显示，除了之前所分析的性别、民族、学段等与情绪智力各维度存在着相关外，性别与幻想存在着显著正相关，留守女童在面临困境时更倾向于使用幻想这一问题应对方式；民族与求助存在显著负相关，汉族留守儿童比少数民族留守儿童在面对问题时更倾向于使用求助的问题解决方式；学段与求助、忍耐存在显著负相关，与退避、幻想存在显著正相关，留守小学生在遇到问题时更倾向于采用求助或忍耐的问题解决方式，而留守初中生则更倾向于使用退避或幻想的问题解决方式。

情绪智力的四个维度与留守儿童问题解决、求助、忍耐等问题解决方式都存在显著正相关，相关系数在 0.169—0.373；而与退避、发泄都存在显著负相关，相关系数在 -0.073——0.209；对于幻想来讲，则只有情绪利用与幻想存在显著的负相关，其他情绪智力维度与其并不存在显著相关。

（二）留守儿童情绪智力对应对方式的影响

表 5 - 32 显示，在问题解决的应对方式上，在控制了性别、民

① Villanueva L., Clemente R., Garcia F., "Theory of mind and peer rejection at school", *Social Development*, Vol. 9, 2000.

② Young, K. S., "Internet addiction: The emergence of a new clinical disorder", *Cyber Psychology and Behavior*, Vol. 1, No. 3, 1996.

族、学段等无关变量的影响后，情绪知觉（$\beta = 0.079$，$p < 0.05$）、情绪调控（$\beta = 0.157$，$p < 0.001$）、情绪理解（$\beta = 0.185$，$p < 0.001$）、情绪利用（$\beta = 0.119$，$p < 0.001$）等对留守儿童问题解决的应对方式具有显著正向影响，留守儿童良好的情绪知觉、情绪调控、情绪理解与情绪利用有助于留守儿童在陷入困境时采取积极的问题解决的应对方式。

在求助的应对方式上，在控制了性别、民族、学段等无关变量的影响后，情绪理解对留守儿童求助的应对方式具有显著正向影响（$\beta = 0.281$，$p < 0.001$），留守儿童良好的情绪理解能力有助于其在面临困难时采取向外求助的问题应对方式。

在退避的问题应对方式上，在控制了性别、民族、学段等无关变量的影响后，情绪知觉（$\beta = -0.067$，$p < 0.05$）、情绪调控（$\beta = -0.118$，$p < 0.001$）、情绪理解（$\beta = -0.064$，$p < 0.05$）、情绪利用（$\beta = -0.062$，$p < 0.05$）等对留守儿童退避的问题应对方式具有显著负向影响，留守儿童良好的情绪知觉、情绪调控、情绪理解与情绪利用有助于留守儿童在陷入困境时减少采取退避的应对方式。

在发泄的问题应对方式上，在控制了性别、民族、学段等无关变量的影响后，情绪知觉（$\beta = -0.106$，$p < 0.001$）、情绪理解（$\beta = -0.124$，$p < 0.001$）等对留守儿童发泄的问题应对方式具有显著负向影响，留守儿童良好的情绪知觉、情绪理解有助于留守儿童在陷入困境时减少采取发泄的应对方式。

在幻想的问题应对方式上，在控制了性别、民族、学段等无关变量的影响后，情绪理解对留守儿童幻想的问题应对方式具有显著正向影响（$\beta = 0.062$，$p < 0.05$），留守儿童良好的情绪理解有助于留守儿童在陷入困境时采取幻想的问题应对方式。情绪利用对留守儿童幻想的问题应对方式具有显著负向影响（$\beta = -0.120$，$p < 0.001$），留守儿童良好的情绪利用有助于留守儿童在陷入困境时减少采取幻想的问题应对方式。

在忍耐的应对方式上，在控制了性别、民族、学段等无关变量的

表 5—31　留守儿童情绪智力与问题行为的相关分析

	性别	民族	学段	情绪知觉	情绪调控	情绪理解	情绪利用	问题解决	求助	退避	发泄	幻想	忍耐
性别	1												
民族	-.080**	1											
学段	-.027	.030	1										
情绪知觉	-.027	.021	.179**	1									
情绪调控	-.017	.007	.031	.391**	1								
情绪理解	.091**	-.056*	.058*	.398**	.507**	1							
情绪利用	-.011	.013	.124**	.444**	.473**	.454**	1						
问题解决	.000	-.044	.012	.273**	.347**	.373**	.326**	1					
求助	.003	-.075*	-.080**	.169**	.253**	.346**	.245**	.445**	1				
退避	-.003	-.021	.052*	-.170**	-.209**	-.192**	-.206**	-.331**	-.344**	1			
发泄	-.007	.016	.020	-.144**	-.073**	-.164**	-.131**	-.246**	-.389**	.318**	1		
幻想	.054*	-.003	.138**	-.036	-.010	.021	-.113**	-.106**	-.238**	.375**	.263**	1	
忍耐	-.002	.014	-.094**	.182**	.221**	.225**	.231**	.475**	.307**	-.402**	-.256**	-.269**	1

表5-32　留守儿童情绪智力对问题行为的影响

	问题解决		求助		退避		发泄		幻想		忍耐	
	第一步	第二步	第一步	第二步	第一步	第二步	第一步	第二步	第一步	第二步	第一步	第二步
性别	.008	-.006	.027	.003	-.002	-.002	-.018	-.010	.059*	.051*	.002	-.006
民族	-.040	-.039	-.023	-.012	-.024	-.025	.014	.010	-.003	.002	.035	.033
年级	.012	-.027	-.090**	-.115***	.067*	.088*	.030	.057*	.154***	.169***	-.119***	-.151***
情绪知觉		.079*		.033		-.067*		-.106***		-.042		.082*
情绪调控		.157***		.055		-.118***		.044		.035		.067*
情绪理解		.185***		.281***		-.064*		-.124***		.062*		.110**
情绪利用		.119***		.045		-.062*		-.041		-.120***		.093**
R^2	.002	.177	.010	.133	.005	.062	.002	.039	.026	.040	.015	.088
调节 R^2	.000	.172	.008	.129	.003	.058	.000	.035	.025	.036	.013	.083
$\triangle R^2$	.002	.175	.010	.123	.005	.057	.002	.038	.026	.014	.015	.073
$\triangle F$	.777	68.621***	4.331*	45.975***	2.489	23.060***	.768	14.719***	13.711	5.400***	6.612***	25.918***

影响后，情绪知觉（$\beta = 0.082$，$p < 0.05$）、情绪调控（$\beta = 0.067$，$p < 0.05$）、情绪理解（$\beta = 0.110$，$p < 0.01$）、情绪利用（$\beta = 0.093$，$p < 0.01$）等对留守儿童忍耐的应对方式均具有显著正向影响，留守儿童良好的情绪知觉、情绪调控、情绪理解与情绪利用有助于留守儿童在陷入困境时采取更为忍耐的应对方式。

（三）研究结论与讨论

研究表明，情绪智力对留守儿童积极的应对方式（如问题解决、求助、忍耐等）具有显著的正向预测作用，而对消极的应对方式（如退避、发泄、幻想）等具有显著的负向预测作用。这与之前的研究结论一致，王叶飞、谢光荣等人的研究也表明，情绪智力对积极的问题应对方式具有显著预测作用。[①] Austin 则对大学生情绪智力与考试压力应对方式的关系进行了研究，结果也发现了情绪智力对考试压力应对方式的显著预测作用。[②] Douglas 等人认为，压力的应对过程包括评估、情绪和应对三个部分，且这三个部分在压力应对的过程中会不断循环。个体在应激情境下，对情境首先作出评估，然后由此产生的情绪信息会影响着他们的应对方式。[③] 这说明，高情绪智力的个体，其对情绪的感知更为灵敏，更善于调节和控制自己及他人的情绪，并且能够准确地在学习和生活中表达自己的情绪，在应激情境下情绪较为稳定，即较少地受到应激事件的影响，倾向于采用积极的应对方式。相反，低情绪智力的个体，其对情绪的感知较为迟钝，不擅长调节和控制自己及他人的情绪，对情绪的表达运用较为不擅长，在应激情境下多表现为情绪的不稳定，如产生焦虑、抑郁等情绪，倾向于采用消极的应对方式。[④]

---

① 王叶飞、谢光荣：《情绪智力、自我领导与大学生压力应对方式的关系：积极情感与自我效能感的中介作用》，《中国临床心理学杂志》2016 年第 3 期。

② Austin, E. J., Saklofske, D. H., Mastoras, S. M., "Emotional intelligence, coping and exam-related stress in Canadian undergraduate students", *Aust J Psychol*, Vol. 62, No. 1, 2010.

③ Douglas, M. K., Meleis, A. I., & Eribes, C., & Kim, S., "The work of auxiliary nurses in Mexico: stressors, satisfiers and coping strategies", *International Journal of Nursing Studies*, Vol. 33, No. 5, 1996.

④ 杨婕：《大学生情绪智力、心理韧性与应对方式的关系研究》，河北大学，硕士学位论文，2014 年。

尽管众多研究表明了情绪智力对个体应对方式的显著预测作用，但是这种作用往往不是直接的，而是受到其他因素的中介作用。例如，杨婕的研究就发现心理韧性在大学生情绪智力与应对方式之间发挥着显著的中介作用，情绪智力和心理韧性影响个体作出应对方式的选择，情绪智力的培养可以促进积极应对，但要减少消极应对，无疑要增强心理韧性无疑才是最重要的。[1] 王叶飞等人则发现，自我效能感在情绪智力与积极应对关系之间具有中介作用。[2] 随着此类研究的趋于精细化，情绪智力与留守儿童应对方式的影响机制将会得到越来越清晰的剖析，有助于促进留守儿童积极应对方式的建立。

第五节　本章小结

本章从微观系统、中间系统、外部系统及宏观系统四个方面考察了留守儿童的发展生态系统，并探索了影响留守儿童情绪智力发展的生态系统要素以及情绪智力的作用。结果发现：

留守与非留守儿童的教育支持系统存在显著的差异。微观系统中，留守儿童与非留守儿童的人际支持知觉存在显著差异，非留守儿童要显著高于留守儿童，这说明留守儿童所感受到来自各方面的人际支持要少于非留守儿童。不仅留守儿童所感受到的家庭支持显著低于非留守儿童，留守儿童的同伴支持、教师支持也显著低于非留守儿童。留守儿童与非留守儿童的人际疏离也存在显著的差异，留守儿童所感受到的人际疏离要显著高于非留守儿童。具体来讲，虽然父母的外出务工使得留守儿童比非留守儿童产生更高的父母人际疏离，但这在二者之间的差异里不仅不是最高的，反而是最低的。二者之间差异最大的是同伴疏离，留守儿童比非留守儿童产生更高的同伴人际疏

---

① 杨婕：《大学生情绪智力、心理韧性与应对方式的关系研究》，河北大学，硕士学位论文，2014 年。

② 王叶飞、谢光荣：《情绪智力、自我领导与大学生压力应对方式的关系：积极情感与自我效能感的中介作用》，《中国临床心理学杂志》2016 年第 3 期。

离，其次是教师人际疏离。中间系统中，留守与非留守儿童情绪智力发展的中间系统具有显著差异，非留守儿童的中间系统要显著高于留守儿童。这说明父母外出务工不仅弱化了家庭功能，而且弱化了家庭、学校、社区之间的连接，使得代与代之间的闭合被破坏或弱化。分维度中，父母外出务工负面影响最大的是亲师关系，留守与非留守儿童之间存在显著差异，非留守儿童要显著高于留守儿童。这说明父母在家有助于亲师关系的巩固，而父母外出务工则不利于这种连接。另外，父母外出务工对家校合作的负面影响也较显著，非留守儿童与留守儿童的家校合作也存在显著差异，非留守儿童父母对学校建设、管理的参与要显著高于留守儿童。外部系统中，留守与非留守儿童的外部系统支持度具有显著差异，非留守儿童要显著好于留守儿童。在分维度，留守与非留守儿童的家长学校、父亲工作满意度都具有显著差异，非留守儿童要显著好于留守儿童。但在媒体关爱、慈善组织关爱、教育行政部门关爱，留守与非留守儿童不存在显著差异。宏观系统中，留守儿童与非留守儿童的社会歧视知觉存在显著差异，留守儿童的社会歧视知觉显著高于非留守儿童。这说明相比非留守儿童，留守儿童在日常生活学习中更容易遭受歧视。具体表现在，比非留守儿童遭受更多的躯体伤害，二者在此维度上差异最为显著。其次是留守儿童遭受更多的人际孤立，受到更多的人际排斥。最后是留守儿童更容易被污名丑化，也更容易被言语中伤。

教育支持的各个系统都对留守儿童的情绪智力发展具有显著的影响。微观系统中，家庭支持、朋友支持和教师支持对留守儿童情绪知觉存在显著正向影响，能够解释留守儿童情绪智力36.8%的变化，其中朋友支持对留守儿童情绪智力的影响最为显著，其次是家庭支持，最后是教师支持。而留守儿童的人际疏离，如父母疏离、教师疏离、同伴疏离及自我疏离都对情绪智力存在显著负向影响，其中同伴疏离的负向影响最为显著，其次是自我疏离，教师疏离的负面影响最小，但仍保持显著。中间系统连接度对留守儿童情绪智力具有显著的正向影响，能够解释留守儿童情绪智力20.3%的变化。中间系统的5

个因子家庭学校参与、学校社区互动、教师家庭关系、家庭社区互动、同伴父辈关系对留守儿童情绪智力都具有显著正向影响。外部系统也对留守儿童情绪智力具有显著的正向影响，能够解释留守儿童情绪智力变化的8%，其中家长学校参与、政府关爱、父亲工作满意度都对留守儿童情绪智力具有显著影响。宏观系统的社会歧视知觉对留守儿童情绪智力的影响显著，能够解释其变化的18.5%。其中，人际孤立、言语中伤及污名丑化都对情绪智力具有显著的负面影响，人际孤立的负面影响最大，其次是污名丑化和言语中伤，躯体伤害对其影响并不显著。

情绪智力对留守儿童的发展具有显著的影响。在控制了性别、民族、学段等无关变量对留守儿童学业成绩的影响后，情绪智力仍然对留守儿童学业成绩具有显著影响，能够影响留守儿童问题行为变化的8.9%。对网络成瘾也比较显著，所有因素能够解释网络成瘾变化的14.5%。对留守儿童问题行为产生显著影响，能够影响留守儿童问题行为变化的21.8%。对留守儿童问题解决的应对方式、求助、退避、发泄、幻想及忍耐等都具有显著影响。

第六章　留守儿童情绪智力发展的
教育支持系统建构

第一节　父母外出务工弱化的是留守儿童
整个发展生态系统

　　个体的生存环境是一个完整的生态系统，人类发展就是在与环境的多层系统密切互动中形成的。布朗芬布伦纳在他的《人类发展生态学》中将其描述为微观系统、中间系统、外部系统以及宏观系统这样一个"俄罗斯套娃式"的发展生态系统。在布朗芬布伦纳看来，任何行为的形成都是个体与环境之间、环境与环境之间的相互作用所致。他从系统论的角度看待个体发展的原因，即将原因看成一个系统性的存在，而不是孤立的因素。它对留守儿童情绪问题成因分析的最大启示是不应仅仅从单一水平来进行，不能只简单考虑某一事件或某一环境的影响，而更应该从多重系统以及系统之间的相互作用来结构化和深入化地进行原因探讨。前面实证研究发现，留守不仅仅导致儿童家庭支持功能的弱化，家庭疏离负面作用的增强，而更从微观系统、中间系统、外部系统到宏观系统导致儿童整个发展生态系统的恶化。

一　留守导致儿童微观教育支持系统弱化

　　微观系统中留守儿童与非留守儿童的人际支持知觉存在显著差异，非留守儿童要显著高于留守儿童，这说明留守儿童所感受到来自各方面的人际支持要少于非留守儿童。不仅留守儿童所感受到的家庭支持显著低于非留守儿童，留守儿童的同伴支持、教师支持也显著低于非留守儿童。留守儿童与非留守儿童的人际疏离同样存在显著差异，留守儿童所感受到的人际疏离要显著高于非留守儿童。具体来讲，虽然父母的外出务工使得留守儿童比非留守儿童产生更高的父母疏离，但这在二者之间的差异里不仅不是最高的，反而是最低的。二者之间差异最大的是同伴疏离，留守儿童比非留守儿童产生更高的同伴疏离，其次是教师疏离。

这说明父母的外出务工不仅弱化了亲子支持，同时也削弱了整个微观生态系统的支持，表现为更少的同伴支持、教师支持和其他社会支持，而表现为更多的同伴疏离、教师疏离。这是值得我们反思的，因为教师和同伴的支持本应成为弥补留守儿童父母关爱弱化或缺失的重要因素，却成为甚至比父母外出更为负面的力量，形成对留守儿童情感的二次伤害，这些疏离最终导致了留守儿童的自我疏离水平的提高。与此同时，这说明父母的外出给留守儿童发展的整个微观生态系统造成了损害，我们在修复留守儿童微观发展环境时同样要秉持系统论的思维。

二 留守导致儿童中间教育支持系统弱化

留守与非留守儿童情绪智力发展的中间系统具有显著差异，非留守儿童的中间系统连接要显著优于留守儿童。这说明父母外出务工不仅弱化了家庭功能，而且弱化了家庭、学校、社区之间的连接，使得代与代之间的闭合被破坏或弱化。首先，分维度中，父母外出务工负面影响最大的是亲师关系，留守与非留守儿童之间存在显著差异，非留守儿童要显著高于留守儿童。这说明父母在家有助于亲师关系的巩固，而父母外出务工则不利于这种连接。其次，父母外出务工对家校合作的负面影响也较显著，非留守儿童与留守儿童的家校合作也存在显著差异，非留守儿童父母对学校建设、管理的参与要显著高于留守儿童。

之前的理论往往持家庭、学校、社区分离的倾向，孩子在未进入学校之前，家庭教育是孩子的主体性教育，家长拥有极高的威信，是孩子行为模仿的对象。在进入学校后，家庭教育退到了次要位置，学校成为孩子受教育的主体场所。在这一阶段，虽然学校和家庭都负有对孩子的责任，但他们并非天然的合作者，家长的参与会被视为对学校教育的干涉，双方缺乏真正意义上的合作与交流。究其深层次原因，一方面，缺乏文化培养或学历水平低的家庭，家中由于缺少教育传统，父母不重视教育，知识掌握不足，缺乏长远的教育成就追求动机，因此较少参与孩子教育；另一方面，教育机构对来自较低阶层父母和孩子存在偏见，抱有歧视的态度，忽视他们的需要。学校一些隐晦的歧视氛围或排斥措施，把处境不利的父母拒斥于外，使他们不能有效地参与子女教育。研究发现，来自较低阶层的父母与教师交往时缺乏自信，甚至逃避与教师会面的机会，形成家长"自我淘汰"的现象；而教育机构的歧视则贬低了家长参与的潜力，最终导致其对参与子女教育失去信心和兴趣。

三 留守导致儿童外部教育支持系统弱化

外部系统是中间系统的扩展，往往是两个或更多系统间的联动过程，儿童至少不经常参与其中一个系统，但是这个系统中发生的事件却影响着儿童所身处的另一系统。比如父母的工作场所与家庭之间的关系，这些外部部门或机构往往会通过一些规章、政策或不良行为对学生的思想发展产生影响。如父母的工作单位能够给员工提供良好的福利和充足的休息时间，会在一定程度上加深父母与子女之间的亲子关系，进而有利于青少年的身心健康发展。在本书中，留守与非留守儿童的外部系统支持度具有显著差异，非留守儿童要显著好于留守儿童。在分维度，留守与非留守儿童的家长学校参与、父亲工作满意度都具有显著差异，非留守儿童要显著好于留守儿童。但在媒体关爱、慈善组织关爱、教育行政部门关爱方面，留守与非留守儿童不存在显著差异。可以预见，留守儿童家长（往往是祖父母或亲戚）更多地参与家长学校会有助于其儿童教育意识、知识与技能的改进；而父亲工作环境的改善势必让其有更多的闲暇来关心孩子的成长，也有助于其将更多正向的情感传递给孩子。

四　留守导致儿童宏观教育支持系统弱化

布朗芬布伦纳指出，宏观系统是留守儿童所处的社会文化或亚文化所形成的总体制度模式，与此同时他又强调宏观系统中的信念系统，尤其是作为儿童"重要他人"的信念系统将决定其儿童教育的目标、风险与实践。在宏观系统，信念模式将通过家庭、学校、邻里、工作场所的文化氛围得到传播，这些氛围将塑造儿童的生活模式，并最终影响儿童的发展。

留守儿童对于宏观社会文化氛围的感知往往是对"重要他人"认知行为的知觉与体验。本书检验了留守与非留守儿童对于社会歧视氛围的知觉差异，结果发现留守儿童与非留守儿童的歧视知觉存在显著差异，留守儿童的歧视知觉显著高于非留守儿童。这说明相比非留守儿童，留守儿童在日常生活学习中更容易遭受歧视。具体表现在，首先，比非留守儿童遭受更多的躯体伤害，二者在此维度上差异最为显著。其次是留守儿童遭受更多的人际孤立，受到更多的人际排斥。最后是留守儿童更容易被污名丑化，也更容易被言语中伤。

第二节　留守儿童情绪智力发展的教育支持系统建构

学校教育变革的研究，正经历着由学校内部到整个教育生态系统的视野转向。在此背景下，需要从整个生态系统关注新的未被充分利用的变革力量。由于教育变革的复杂性，一方面需要从宏观到微观整个教育生态系统的多维角度去推动学校的变革与发展，因为这项工作过于复杂，只有实现整个生态的推进，学校的变革才具有可持续性；另一方面学校必须将自己融入社会环境之中，将自己的目标与社会利益结合起来，从自身的内部变革转向与外界建立起一种互惠共生关系。

本部分以布朗芬布伦纳的发展生态理论框架为指导，根据留守儿童的特殊情况，为提升其情绪智力发展建构一个包含微观系统、中间系统、外部系统、宏观系统的教育支持生态系统实践框架。

一 留守儿童情绪智力发展的微观教育支持系统建构

（一）形成对留守儿童支持性的学校生态系统

学校支持系统是体现儿童发展学校支持的一个综合性概念，社会学家早在20世纪30年代就发现了学校支持系统的重要性，但是直到70年代教育学学者才开始研究学校支持系统与教育成就之间的联系。"学校效能运动之父"哈佛大学学者 Ron Edomonds 明确指出"安全、有序的学校支持系统有助于学习"并"有益于教育的未来"。[①] 一个精心塑造的学校支持系统对留守儿童情绪智力发展有着更为特殊的意义。学校支持对留守儿童情绪智力及大多数子维度的影响都大于非留守儿童，支持性因素对留守儿童的影响更为积极，控制性因素对留守儿童的影响则更为消极。之前的研究也表明学校支持对处境不利学生的影响更大，[②] 学校的情感支持对于处境不利学生的学校表现具有更为积极的影响。[③] 从风险防御理论来看，因为风险与防御性因素的累积对学生的学校表现更具预测作用，不良学校环境增加的学业失败风险可能会成为压垮处境不利儿童身上的"最后一根稻草"，加速其情绪与问题行为的产生，而良好的学校支持则能帮助其抵御家庭方面的压力源，为那些心理脆弱的学生提供广泛的社会支持，使学生的问题

---

① Edmonds, R. , "Some schools work and more can", *Social Policy*, Vol. 9, No. 5, 1979.

② Becker, B. B. , & Luthar, S. S. , "Social-emotional factors affecting achievement outcomes among disadvantaged students: Closing the achievement gap", *Educational Psychologist*, Vol. 37, No. 4, 2002.

③ Griffith, J. , "School Climate as 'Social Order' and 'Social Action': A Multi-Level Analysis of Public Elementary School Student Perceptions", *Social Psychology of Education*, No. 2, 1999.

解决技能得到提升，信任网络得到建立，进一步促进他们生成面对挫折时的复原力。从心理资源理论来看，人的心理生活是生成性和创造性的，这一过程需要特定的资源。所谓心理资源是个体心理生活建构的基础、生成的养分及拓展的依据。正如人的物质生活需要自然资源，人的心理生活则需要文化资源、社会资源等。[①] 现实中因分配不公，弱势群体始终处于资源严重缺乏的弱势地位，像留守儿童这一类群体获取文化社会资源的途径十分狭窄，无法从家庭、学校、社区等系统获取资源。[②] 而中国现行学校体制与弱势群体和经济上处于不利地位学生的经济、文化不相匹配，学校不能适应这些学生的心理、文化与发展的需要，为他们提供的资源和服务太少。[③] 当他们的资源需要得不到满足时，心理生活的生成和创造自然会迟缓甚至陷入停滞。学校作为一个资源的供给场所，能够调节不利处境与学生不良情绪及问题行为之间的关系，积极的学校支持感知能够使不利处境的学生表现出与优越处境的学生一样积极的情绪与行为。[④] 因此，学校应该积极作为，加强支持性的学校环境建设，弥补该学生群体家庭功能与自身资源的不足。具体应该从以下几个方面着手：

1. 增进教师对留守儿童的情感支持

教师支持或师生关系良好是促进留守儿童情绪智力发展的显著因素。积极的师生关系往往与良好的学校教育结果相关联，因为这些获得教师积极支持的学生会积极参与学校的活动，并避免问题行为。[⑤]

---

① 葛鲁嘉：《心理资源论》，《陕西师范大学学报》（哲学社会科学版）2008 年第 6 期。

② 陈钟林、吴伟东：《情境、资源与交流：生态系统视角下的弱势青少年研究》，《中国青年研究》2007 年第 5 期。

③ 王后雄：《从社会学视角看弱势群体"差生群"生成原因及对策》，《教育科学》2005 年第 10 期。

④ Laura，M. H.，Eunju L.，"Mitigating the effect of family poverty on academic and behavioral outcomes：The role of school climate in middle and high school"，*Children and Youth Services Review*，No. 33，2011.

⑤ Powers，J. D.，Bowen，G. L.，& Rose，R. A.，"Using social environment assets to identify intervention strategies for promoting school success"，*Children and Schools*，No. 27，2005.

另外，当前的留守儿童"问题化"也容易导致教师对这部分学生产生低期望，无意为他们塑造有效的教学环境和高质量的课堂情感氛围，并给予较少和较低质量的额外教学投入、反馈和师生交流，进而恶性循环地导致这部分学生低水平的学校参与与自我期望。在缺乏支持的氛围中，缺少自信的状态下，个体难以较好地识别和利用自己和他人的情绪，往往因为刻板的负面认知和行为倾向降低对情绪的识别和利用效果。

教师应从以下方面着手促进留守儿童情绪智力发展：（1）营造有利于学生情绪智力发展的班级环境，从桌椅摆放、座位安排、环境建设、师生互动等方面营造有利于促进学生情感发展与社会化的环境，例如桌椅的摆放有利于学生之间的沟通和合作，座位的安排不考虑学生的社会背景，墙上的标语传递着关爱和鼓励，师生交往强调平等和谐的交流，减少学生对教师的畏惧感，鼓励学生对教师提意见。（2）开设培养学生情绪智力的相关课程，鼓励将学生情绪智力培养融入日常的教学并进行教学课程的改革，营造学生情绪智力培养的课程氛围。学校既可以开发学生情绪智力培养的专门课程，通过校本教研、教师群策群力开发校本教材，设置专门的课程培养学生的情绪智力，也可以将情绪智力培养融入原有的诸如语文、数学、思品、心理等课程中，发掘课程中的文章、举例、现象等所蕴含的情感、价值观和行为，鼓励学生合作与讨论促进情绪情感发展。（3）纠正以往的错误认识和行为模式，反思诸如仍然强调教师"传道、授业、解惑"的教师角色，教师对学生的权威地位，教学中对于唯一正确答案的强调等，与此同时对促进学生情绪情感发展的教师态度与行为予以及时的肯定，并在教师会议上公开表扬，在教师中传达对学生情绪智力发展的信念和重视。（4）在家校合作中重点沟通学生情绪智力的发展，鼓励教师向家长传达情绪智力之于学生及学校发展的意义，与家长一起讨论形成促进学生情绪智力发展的家庭养育方案，鼓励家长亲子沟通，一起游戏，鼓励孩子参与家庭会议与重大事件的家庭决策。（5）学校将学生的情绪智力发展纳入教师的考核体系，将其与教师的年终绩效、评奖、评优挂钩，鼓励教师设定自己的学生情绪智力促进计划和方案，通过校长、家长的监督与合作，促进工作的有序展开。

学校后勤职工也应从以下方面展开工作：（1）校园环境的建设要符合学生情绪智力发展的需要，例如标语、墙报、雕像、树木、花草等蕴藏着关爱的理念，诸如标语、墙报等充满对学生的关爱、支持与鼓励，强调学生是学校的主人，鼓励他们参与学校的建设；雕像不应一味摆放一些传统的人物或物品，应多摆一些体现关怀倾向的雕像；树木、花草的栽种不应过度地强调方圆，传递一种遵守规矩的理念，更应该强调自然，鼓励学生顺从内心，不要被过度束缚；（2）为学生服务时，向学生传递增进情绪智力的态度、行为与价值观，比如宿管人员在培养学生按时作息、生活自理等习惯时不应只是强调规章制度，而应从学生身心成长发育方面进行更多的沟通和交流，培养学生的责任意识及对生活的自信；再比如中午学生打饭时，鼓励学生自己合作完成，从人员安排、饭菜分发、餐具回收等，培养学生的合作意识、沟通意识；（3）将促进学生情绪智力发展纳入该类职工的年终考核，考察其年度的学生服务态度、行为与价值观，考察其服务方案的执行情况。

2. 增进同伴对留守儿童的支持

前面的研究发现，同伴支持是影响留守儿童情绪智力发展的最重要因素。之前少有的研究也发现同伴接纳程度对儿童情绪理解等情绪智力因素具有显著预测作用，受欢迎的幼儿在情绪理解任务上显著高于被拒绝、被忽视和矛盾型的幼儿。但它对不同处境儿童情绪智力的影响是否一致，并未被做出比较。笔者之前的研究发现同伴关系对留守儿童这样的处境不利儿童的情绪智力影响显著，但对非留守儿童不显著。① 这可能是因为对留守儿童来讲，父母外出务工导致他们与父

---

① 王树涛：《学校氛围对留守与非留守儿童情绪智力影响的比较及启示》，《现代教育管理》2018 年第 4 期。

母长期分离，使得他们在尚无"缓冲"和做好准备的情况下就提前"独立"出来，与父母的亲子依恋关系被"生硬"地破除。在这一背景下，同伴就可能成为满足其社会交往需要、获得支持和安全感、实现积极发展的重要源泉。[①] 而对于非留守儿童，由于能够从父母身上获得相对充足的情感支持，他们表现得不像留守儿童那样对同伴产生依赖。这揭示了同伴支持对留守儿童等处境不利儿童情绪情感发展的重要意义。

学校中的同伴尤其是同学，是儿童所有同伴中最重要的组成部分，他们的情感支持对于留守儿童情绪智力的发展具有重要意义。同学关系是学生班级日常生活中最基本的关系形态之一。相对于师生关系而言，无论就时间的持续性、交往的密切性，还是就内容的丰富性来说，同学关系都达到了"最高级"；即便教师不在场，这一关系都保持在场状态。这一关系的形成与发展，具有直接生成学生的情感形态与发展内涵的可能性。[②]

3. 组织丰富多彩的课外游戏活动，使留守儿童获得多样性的学校生活

学校应该为留守儿童提供丰富的资源，尊重学生的自主性，使学生获得多样性的学校生活并得到全面的发展。这是一种积极和支持性的学校环境，之前的研究发现尤其是对于那些心理与社会处境不利的儿童而言，这种积极和支持性的知觉对他们的心理发展具有保护作用。[③] 自我决定理论认为人具有积极地自我整合、自我完善和不断学习的倾向，但这种倾向的发生并非自然而然的，需要外部环

---

① Wen, M., & Lin, D. H., "Child development in rural China: Children left behind by their migrant parents and children of nonmigrant families", *Child Development*, Vol. 83, No. 1, 2012.

② 李家成：《学生发展在班级生活中的实现》，《四川师范大学学报》（社会科学版）2015 年第 1 期。

③ Gabriel P. Kuperminc., "School Social Climate and Individual Differences in Vulnerability to Psychopathology among Middle School Students", *Journal of School Psychology*, Vol. 39, No. 2, 2001.

境的支持和给养才能实现。只有当外界满足个体的心理需求时，个体才会朝向积极的方向发展，否则将朝向消极方向发展或产生功能性障碍。① 自主是自我决定理论认为的人先天的三种基本心理需求之一，它假定人们都希望在行为中感到自由和不受压制，希望通过自身的行动拉近与重要人物的距离，并在行动中体会到力量和能力。相比父母在身边的儿童，留守儿童更加能够感受到外界的束缚，这些束缚可能因为外界的歧视、嘲弄与欺侮而产生，也可能是因为缺少家庭足够的资源与情感支持而自我设限而产生。当留守儿童感受到学校对其自主发展的鼓励与资源的支持时，他们的束缚更容易被打开，潜能也更容易被激发。

要使留守儿童获得多样性的学校生活，扩展留守儿童的情感支持，丰富的课外活动必不可少，尤其是富有意义的游戏活动的组织。布朗芬布伦纳特别注重持续且富有意义的活动对儿童微观系统建设的意义，并且认为诚然教学和艺术活动对学习和发展的作用不言而喻，但课外游戏活动被明显地忽视，而正如维果茨基认为它们是儿童认知、动机和社会性发展的重要活动。在学校里，游戏不仅是一种活动，更是一种体现留守儿童天性，促使其获得自由发展的特殊教育形式：（1）游戏具有自由性。一切游戏都是一种自愿的活动，留守儿童自由放松地加入并形成自组织的游戏过程，不存在外在的强迫。（2）游戏具有超功利性。伽达默尔认为，游戏是通过游戏者来表现的，游戏的主体是游戏本身。游戏重过程而轻结果，没有外在目的，游戏本身就是目的。基于这种超功利性，留守儿童被仅仅看作游戏中的儿童，而脱掉了外在因素所造成的处境不利的"外衣"。（3）游戏具有愉悦性。留守儿童对游戏流连忘返，忘乎所以，是因为游戏能够给儿童带来身心放松和精神愉悦，使其忘掉现实困境所带来的忧伤。（4）游戏具有合作性、平等性。留守儿童在游戏中体验到快乐、自

---

① 钟伯光、姒刚彦：《自我决定理论在中国人人群的应用》，《心理科学进展》2013年第10期。

由、愉悦，也体验着与其他儿童一样的平等与尊严。

之前有针对多是留守儿童的寄宿制学校调研发现，由学校组织的课余活动主要是体育活动（占83.7%），形式过于单调。此外，在询问寄宿学生自主进行哪些课余活动时，答案为：同学们一起玩（66.3%），看课外书（51.7%），温习功课（43.9%），看电视（14.2%）。可见，寄宿制学校学生课余活动很单调，除了玩耍，基本就是学习，很少有其他活动形式。究其原因，生均公用经费标准过低，学校没有经费用于改善学生课余游戏活动；生活教师不足甚至缺编，教师对学生课余游戏活动管理基本处于一般性看管等原因不一而足。因此，国家应大幅提升贫困地区农村留守儿童比例较高的小学、初中生均公用经费标准，保证学校有专项经费用于加强留守学生课余游戏活动资源建设；设立农村寄宿制学校生活教师编制，保障对学生课余游戏活动的管理；提高农村寄宿制学校教师待遇，提高教师组织学生课余游戏活动的积极性。

（二）完善留守儿童弱化的家庭支持系统

留守家庭是一个不完整的系统，家庭重要成员外出务工导致家庭结构失衡、功能退化，这种家庭结构的不健全与家庭功能的缺失是导致留守儿童不安全生活环境、较低生活质量以及心理、行为障碍的主要原因。因此，如何健全留守儿童残缺的家庭结构与弱化的家庭功能是完善留守儿童家庭支持系统的重要着力点，需要从以下几个方面着手：

完善留守儿童监护的法律制度。我国没有专门针对留守儿童监护的法律法规，虽然未成年相关法律法规对儿童监护人及其权利、义务、方式等都做了相关的规定，但仍存在法律制度不完善、可操作性不强，甚至形同虚设等现象。对监护权的规定大多是原则性规定，没有具体可操作性内容。虽然法律规定了监护人需要监护能力，但对"监护能力"的概念却没有明确界定，这使孩子被一些不具有监护能力的人监护，导致权益受损；虽然规定了委托监护的内容，但过于笼统，操作过程中许多问题都没有法律的明确规定，无法使委托监护达到预期的效果，不能较好地保障孩子的权益。[①]

加强留守儿童监护监督。留守儿童因其父母常年在外，孩子大多是委托他人监护，但因人情、能力等导致监护不到位问题，直接或间接地导致不履职或失职现象时常发生，造成孩子的权益受损。这就需要制定完善的监督制衡机制，设立特定监督机构对监护权的行使进行监督和制约，依法追究失职监护人的责任。[②]

帮助家长协调工作任务与家庭责任。帮助家庭成员在工作与家庭责任之间实现平衡，如政府制定相关政策并实施监管，促使企业充分考虑进城务工人员的家庭责任；而一些社会服务组织，亦可以通过一些替代性监管服务、社区发展项目等，弥补或替代留守儿童部分缺失的家庭功能。[③]

（三）健全被忽视的留守儿童社区支持系统

社区是留守儿童家庭的重要支持载体，在社区建设中应动员其内部各种资源关照留守儿童，将增强家庭功能与促进儿童发展作为社区建设的重要内容。

首先，发挥社区的照顾功能，切实加强社区家庭服务功能。在服务内容上包括儿童保护以及照顾服务、家政服务、家庭应急服务等；在服务方式上不仅涵盖补救性服务，还应包括预防性帮助；在服务对象上不仅为留守儿童服务，更为家庭整体提供服务，因为家庭需求的满足更有利于儿童发展；在服务主体上不仅包括政府的直接服务，而且鼓励民间组织、企业提供间接服务。

其次，发挥社区的文化教育功能。通过社区文化活动，不仅可以丰富社区居民生活，提升社区凝聚力，增强邻里之间的联系与沟通，形成互帮互助的社会支持网络，更可以对留守儿童进行日常教化，促

---

① 郭淑容：《农村留守儿童监护权相关问题及思考》，https：//www.chinacourt.org/article/detail/2016/06/id/1890077.shtml。

② 郭淑容：《农村留守儿童监护权相关问题及思考》，https：//www.chinacourt.org/article/detail/2016/06/id/1890077.shtml。

③ 聂飞：《基于家庭视角下的留守儿童关爱服务体系构建》，《新疆社会科学》2014年第4期。

进留守儿童社会化，为农村儿童创造健康成长的社区文化环境。

最后，建立农村社区监护体系。基层社区应牵头，联合妇联、村委会、学校，共同构建农村儿童健康发展的监护体系，了解家庭基本情况，关心留守儿童安全，帮助他们解决实际困难，共同为儿童营造积极向上的安全成长环境。

二 留守儿童情绪智力发展的中间教育支持系统建构

布朗芬布伦纳强调中间系统（微观系统要素之间的连通）的重要性，认为这可能是比微观系统更为重要的连接。三者之间关联的重点是人的关联，科尔曼的代际闭合理论就认为学生家长与教师、其他学生的家长成为朋友，可以形成一个闭合的人际交往圈和支持性的社群，这种代际闭合关系有利于各种知识和信息的交流和传递，从而可以监督、鼓励和促进学生更加努力和更有效地学习，以及获得更高的学业成就与发展。

1. 形成"学校—家庭—社区"交叠参与的留守儿童关爱体系

爱普斯坦认为"家校分离"的学校"视孩子为学生"，而"家校合作"的学校"视学生为孩子"。如果学校仅仅将孩子视为学生，就会期望家庭做好自己该做的事，而家庭则将教育孩子的责任丢给学校，家庭和学校在这种认识下自然是分离的；如果学校将学生视为孩子，他们将发现家庭和社区是学校在孩子的教育发展过程中的合作者。合作伙伴认识到他们共同的利益以及对孩子的责任，从而通力合作为孩子创造更好的机会。基于以上的认识，爱普斯坦提出了交叠影响域理论（Over-lapping Spheres of Influence）。她认为，孩子们成长发展所依托的家庭、学校与社区都抱有相同的目标，承担着共同的任务，它们之间经常进行高质量的沟通和互动。如此，学生就可以从各种机构中感受到关怀，从各种人那里接收到相同的有关学校重要、要努力学习等信息概念，这样学校、家庭和社区三个背景实际上对孩子以及三者的状况、关系就发生了重叠的影响。爱普斯坦的理论将社会资本的概念放到了更为广阔的理论背景之中。她分析认为，家庭、学校、个体与其他社会组织对于学生的发展与教育的影响力是重叠且不断累积的，将成为新的社会资本而储藏在交叠影响域理论的内部结构之中，然后通过社会联络或社会活动等形式去消费、投资、再投资。那么，经过良好设计的家庭与学校伙伴关系将使学生学业进步、家庭关系得到加强、学校教育质量得以提高、社区生活变得丰富多彩，这样就实现了社会资本的增值。①

　　借鉴爱普斯坦的交叠影响域理论，本书建构出留守儿童教育支持的中间教育支持系统。在这一系统中，学校、家庭和社区三个微观系统要素成为一个交互重叠的教育支持共同体，留守儿童在这一交叠影响域中处于中心地位，在家庭功能弱化的情况下，学校作为唯一发挥教育影响力的制度化机构在交叠影响域中发挥主导作用，以期形成"家庭般学校""学校般家庭"以及"学习型社区"和"关爱型社区"，通过一体化的关爱保护，促进其情绪智力发展。

　　学生在家庭、学校和社区的交叠影响域中处于中心地位。学生是学校教育、发展和成功过程中的主角，家庭、学校和社区的合作伙伴关系不是简单地"生产"成功学生，而是交叠地影响、吸引、引导、激励和激发学生去创造成功。在强有力的合作关系中，教师帮助学生理解并与家庭成员交流。如果学生们感到有人关爱他们并鼓励他们努力学习，他们就会尽全力去学习阅读、写作和计算，并坚持在学校中学习而不会辍学。家庭和学校的伙伴关系并不是保证学生一定成功，而是在这样的三方伙伴关系模式下，吸引、指导、激励、激发学生自己取得成功。这样教育者将会把学生看作孩子，把家庭和社区看成学校的伙伴，并且后者可以在孩子的教育和发展方面发挥重要作用，同样家庭父母与社区人员都会认识到他们对孩子们有着共同的兴趣和责任，积极地为孩子在学校学习创造更好的机会。

　　学校在交叠影响域中起主导作用。学校在家庭、学校、社区三方

----

　　①　吴重涵、王梅雾、张俊：《家校合作：理论、经验与行动》，江西教育出版社2013年版，第12页。

连接中起到纽带的作用，如果学校很少与家庭或者社区进行交流互动，这三个直接影响学生学习和发展的影响域就会保持相对分离。三者的频繁互动则会使学生可以从形形色色的人身上获得有关学校努力学习的、创造性思维的、互相帮助以及上学重要性的观念一致的信息。

形成"家庭般学校"和"学校般家庭"。家庭般学校的建设要求学校秉持"爱生"的理念，塑造关怀的校园环境。因此学校要建成关怀学生的学校，通过提供安全、积极、关怀的学习环境来促进儿童的心理发展，包括课间游戏、帮助后进及家校之间的沟通等。[①] 学校般家庭的建设则要求家庭视每个孩子为学生，强调学校、家庭作业以及开展培养学生技能和成功体验活动的重要性，并在促进学生学习方面积极支持教师的工作，甚至使子女在家庭中也像在学校中那样表现。

学校、家庭与社区交叠参与儿童情感发展，形成"学习型社区"和"关爱型社区"。社区可以创造学校般的机会、活动和项目，以此加强、认可并奖励学生的进步、创造力、贡献和优秀表现。社区也创造家庭般的环境、服务和活动，以使家庭能够更好地支持孩子。

2. 重视并吸引留守儿童家长参与家庭、学校、社区合作

重视家庭、学校、社区合作对儿童情绪智力发展的意义。促进儿童情绪智力的发展需要家庭、学校、社区的通力合作，形成和谐的互动关系。以往国内的家庭、学校、社区合作往往流于形式，学校意识不到家庭、学校、社区合作对儿童智力以及情绪智力发展的重要意义，以及不知道如何开展家庭、学校、社区合作。并且在以往的合作中，学校具有绝对的主导权，处于高高在上的绝对地位，学校甚至认为家长、社区人员文化层次低，不懂学校教育，排斥家长和社区人员对于学校运营的参与，不尊重家长的主体地位以及社区人员的重要辅

---

① 毛亚庆：《教育研究的三个视域》，安徽教育出版社 2012 年版，第 191 页。

助作用。学校的主导作用并不等于学校在家庭、学校、社区合作中处于高高在上的绝对地位，这是因为家庭、学校、社区之间不应是一种单向灌输的训导关系，而应是一种双向互动的民主平等合作关系。只有这样学生作为中间者才能感受到双方积极、正向的关系，放下防卫心理，形成安全感，否则两头受气的结果只会使其产生如履薄冰的紧张感以及不信任感。学校应当合理地摆正自身在家庭、学校、社区合作中的角色定位，扮演服务而非指导的角色。传统的家庭、学校、社区合作模式也体现在家长会上，教师在会上始终处在教育者、训导者的地位，学生家长只能恭敬地记住教师对学生的学习评价及对家长的要求，很少有教师主动向家长了解学生的家庭表现、情绪情感，这种家长会完全变成了一种单向灌输式的信息发布会，不存在教师和家长之间双向互动的信息沟通，对学生教育与发展不能够起到促进的作用。学校应该转变理念，充分认识到家长参与能够显著促进儿童情绪和社会性的发展，促进亲子交流的质量和亲子融合度，提高儿童自尊心和满足感，[1] 提高学生的幸福感体验，有助于学生获得积极的学校归属感，[2] 从而摆正位置，积极推动家庭、学校、社区合作教育的开展。

用精心的活动设计吸引亲子参与，促进其情感互动。学校、社区组织活动吸引家长参与是当前家庭、学校、社区合作的一种常见的方式，也是家长喜闻乐见的方式。但是当前的活动设计往往停留在学校、社区举办，家长观看的水平，不能很好地发挥学校、社区与家庭教育的协同效用。良好的活动设计应该是由家长和孩子们共同参与活动，旨在培养家长和孩子之间亲密的亲子关系以及通过一些现场的操作指导让家长学习有效教养子女的正确方式。例如亲子营等，家长和

---

① Gonzalez, A. R., "Parental involvement: Is Contribution to High School Syudents' Motivation", *Cleaning House*, Vol. 75, 2002.

② Kupermic, G. P., Darnell, A. J., Alvarez-Jmenez, A., "Parent Involvement in the Academic Adjust of Latino Middle and High Uouth: Teacher Expectations and School Belonging as Mediators", *Journal of Adolescence*, No. 31, 2008.

孩子共同参与其中，学校的教师或者社区专业人员作为主持人和援助者给予引导和帮助活动，可以设计一些趣味性较强的需要多人合作的小游戏、小活动，家长通过和孩子一起进行活动促进亲子情感互动，增进亲子感情，同时也互相观摩并分享一些自己的相关经验。若在活动中有做得不对的地方或遇到困难则由教师或者专业人员在现场进行有针对性的系统指导，使家长从操作实践中学习。另外，学校和社区可以邀请相关领域内的专家以及感兴趣的家长，开展各种工作坊。活动方式由专家拟定一个研习主题作为活动的内容，再由对这个主题有兴趣的家长主动参与进来，通过团体互动交流的方式使家长认识到自己的家庭教育误区，或者也可以让家长接受一些如何与孩子互动的实际操作训练。这种方式能够略带针对性地帮助家长解决一些遇到的教育问题。

开放学校管理，让家长和社区人员在参与中帮助提升儿童情绪智力水平。中国家长和社区人员参与学校教育主要限于低层次的参与，如学生课余学习辅导、配合学校的家长会等，而对于校内部分的学校课程与教学、学校管理和决策的参与相对较少。在欧美国家，家长和社区人员参与学校教学与管理不仅被看作是法律赋予其的一种权利，对社会、下一代负责任的社会责任感的表现，更是促进学校教学、改善学校管理与学生综合素质发展的一种有效方式。美国西南教育发展实验室一项基于十年家长参与学校的综合研究发现：当家庭和社区共同参与学校管理时，儿童在学校的学习、情绪与社会交往表现更好，愿意待在学校的时间更长，也更喜欢学校。中国学校可以学习前面提到的英国赫里福郡吸收学生家长担任"教学助手"的做法，让家长与教师结成伙伴关系，除了帮助教师更好地实施教学，学生更好地学习之外，还对于社交障碍的儿童在学校的行为进行监督，了解他们如何与其他儿童和成人交往，帮助他们选择玩伴，有意识地鼓励他们与其他儿童交往，并与教师交流、互相配合，通过家庭、学校、社区联系将信息传达给其他父母，共同帮助儿童克服困难。

深化家长教育机制，帮助家长做好孩子情绪智力发展的"第一位老师"。目前中国许多学校虽然设立了"家长学校"，但大多数徒有虚名，根本没有实质性的运行。而实际上，家长教育是家庭、学校、社区合作的一项重要内容，对于促进家长更好地参与学校教育，改进家庭育儿理念和技能，促进儿童人格、情感与社交技能的发展具有重要的意义。首先要重视家长普遍技能的培训。美国学校的家长教育就倡导"帮助家长当好孩子的第一位老师"，由教育工作者和心理学家设计了一系列的父母教育培训课程，通过"工作坊"或研讨班的形式，向家长提供作为孩子合格的"家庭教师"和学校教育合作者所应具备的知识和技能。课程中渗透不少帮助家长如何与孩子沟通的技巧，如何培养孩子良好的学习、生活习惯等。其次是针对学生不良行为的特殊应对方式培训。受某些不良社会风气的影响，某段时间学生可能会出现一些比如反社会、社交攻击、吸烟、不良嗜好等不良行为，针对这种不良行为学校应组织家长教育，聘请心理从业者为家长讲解应对方式，并制订学生不良行为的家庭、学校、社区应急方案。另外，学校还应为家长提供更多的学生情感、社交技能的诊断和培养知识，例如如何识别儿童的抑郁、焦虑、社交退缩等的症状以及如何进行干预，等等。

三　留守儿童情绪智力发展的外部教育支持系统建构

留守儿童教育支持的外部系统主要是一种教育资源支持网络。布迪厄的网络社会资源理论关注的教育支持是指通过社会关系网络所能获得的资源的数量和质量，他认为家庭教育支持在子女受教育中扮演了重要的角色，通过这种社会资源支持网络的代际传递，可以为子女提供更多更好的机会使其获得更高的教育成就，从而以一种隐秘的方式实现社会再生产。留守儿童一方或双方父母外出务工使得其本就并不占优势的教育资源支持网络变得更加脆弱，亟须通过外界的力量进行完善和加强。加强家长学校建设，提升留守儿童情绪智力发展的家庭资源供给。加强学校组织的家长学校建设，学校组织的家长学校具有天然的优势，家长学校的培训活动有助于唤醒家长的责任意识，家长对学校召集的会议或者活动往往比较配合，参与度也比较高。充分利用这一优势，加强家长学校建设，让家长充分了解留守儿童的情感现状、情感渴望和身心成长状态，了解未成年人合法权益保护的法律法规，将留守儿童教育和监护中的缺陷及建议对策告知家长，调动家长做好留守儿童家庭教育工作的积极性和主动性。学校开办留守儿童教育和保护专题讲座，告诉家长教育留守儿童的方法和技能，改善和丰富其教育和照料方式，提高家长及监护人的素质和能力。① 《中华人民共和国未成年人保护法》首次将"父母学习"以法律的形式明确说明："父母或者其他监护人应当学习家庭教育知识，正确履行监护职责，抚养教育未成年人。有关国家机关和社会组织应当为未成年人的父母或者其他监护人提供家庭教育指导。"《中国儿童发展纲要（2001—2010 年）》明确指出十年里的发展目标之一是："提高家庭教育水平。建立多元化的家长学校办学体制，增加各类家长学校的数量。"②

优化父母工作环境，密切亲子沟通，提升影响留守儿童情绪智力发展的外出务工父母资源供给。优化外出务工人员的工作环境，外出务工父母虽然身在外地，但他们的情绪情感仍然对留守儿童的情感发展发挥着十分重要的作用。务工是留守儿童父母外出的主旋律，工作环境的优劣直接影响着他们的幸福感受。而只有当他们拥有足够的正向情感资源时，他们才能有能力将这些资源传递给自己的孩子们。布朗芬布伦纳也认为，虽然儿童并不参与到父母的工作环境中去，但是父母工作环境却对儿童的发展具有显著的间接影响。有调查显示，工作环境是影响外来务工人员身心健康的重要因素，农民工工作环境普遍较差，工作环境中的不利因素对外来务工人员身心健康具有重要的

---

① 黄颖、叶敬忠：《家长学校在留守儿童教育中的作用研究》，《中小学管理》2007年第 9 期。

② 邓惠明：《关于构建社区家长学校的思考》，《中共福建省委党校学报》2012 年第 9 期。

负面影响，其中不利的工作环境的作用更加突出。[1] 因此，应完善农民工的劳动权益保障的法律制度，加强对诸如劳动时间、生产安全、劳动保护、职业病防治等方面的法律保护，加大用工单位对劳动权益损害的法律责任承担成本；劳动执法部门须加强对务工人员工作场所的监管力度，督促用工单位根据工作环境的现实要求设置必要的劳动保护设施，努力改善农民工的生产条件和劳动环境；通过各种手段规范企业用工行为，合理控制工作时间，保障农民工的休息权益。[2] 密切亲子沟通，有研究显示亲子沟通与儿童行为和情绪问题存在显著的负相关，[3] 与青少年的学业成就、[4] 自尊[5]和心理健康[6]呈正相关。父母与孩子沟通频率越高，留守儿童的行为越健康，社会能力越强。[7] 在留守儿童亲子沟通弱化的情况下，学校一方面要积极"补位"，加强对留守儿童的情感关爱。另一方面也要积极地创造条件加强留守儿童的亲子沟通，例如设立留守儿童亲子热线，在外出务工人员节假日返乡之际加强亲子沟通活动的举办及对家长的亲子沟通教育等。

充分发挥教育行政部门作用，提升留守儿童情感发展的政府资源供给。前面研究显示，教育行政部门关爱对留守儿童情绪智力发展具有显著的正面影响。这说明教育行政部门在促进留守儿童情绪情感发展过程中扮演着重要的角色，需要进一步发挥其重要作用。学校的办

---

[1] 牛建林、郑真真、张玲华、曾序春：《城市外来务工人员工作和居住环境及其健康效应》，《人口研究》2011 年第 3 期。

[2] 俞林伟：《居住条件、工作环境对新生代农民工健康的影响》，《浙江社会科学》2016 年第 5 期。

[3] Hartos, J. L., Power, T. G., "Relations among single mothers' awareness of their adolescents' stressors, maternal monitoring, mother-adolescent communication, and adolescent adjustment", *Journal of Adolescence*, Vol. 15, No. 5, 2000.

[4] Rueter, M., Conger, R. D., "Antecedents of Parent-adolescent disagreements", *Journal of Marriage and the Family*, Vol. 57, 1995.

[5] 辛自强、陈诗芳、俞国良：《小学学习不良儿童家庭功能研究》，《心理发展与教育》1999 年第 1 期。

[6] Brage, D., Meredith, W., "A causal model of adolescent depression", *Journal of Psychology*, Vol. 128, 1994.

[7] 李翠英：《农村外出务工父母与留守子女沟通频率对子女行为的影响研究》，《长沙铁道学院学报》（社会科学版）2006 年第 2 期。

学方针和教育理念受教育行政部门的影响较大，教育行政部门如何看待留守儿童问题，如何看待学校在应对留守儿童问题中发挥的作用直接影响了学校在留守儿童教育关爱行动中的所作所为。对此，教育行政部门应加强学校对留守儿童教育关爱的行政督导，并着力从以下几个方面展开：首先，加强校长专业发展督导，促进校长秉持"爱生"的理念，塑造关怀的校园环境。其次，加强学校氛围建设督导，督导学校反思学校传统与习俗，重新审视学校教育的功能与价值，寻回教育的理想；督导学校反思学校环境的设置，反思学校的各个角落，从墙角、道路到雕像、树木、花草等是否传递着对留守儿童关爱的价值观；督导学校反思教师与学生的关系，教师在面对留守儿童时的教育姿态、意识理念等。再次，加强教师教育教学督导，促使教师认识到留守儿童应受到教师平等的关爱和鼓励，享受平等的学校管理、课程教学、课外活动参与权。教师教学中任何对留守儿童的挖苦与不平等的对待都会导致留守儿童不平等的认知并伤害着学生的自尊和自信。最后，为外来务工子女入学提供便利。有学者提出，解决留守儿童问题的最好办法是将留守儿童流动化，但这同样困难重重。2001年，中央政府出台了《关于基础教育改革与发展的决定》，其中第14条规定："要重视解决流动儿童少年接受义务教育问题，以流入地区政府管理为主，以全日制公办中小学为主，采取多种形式，依法保障流动儿童少年接受义务教育的权利。"这就是解决流动儿童入学难问题的"两为主"政策，但在实际实施中流入地政府往往以流动儿童义务教育经费不在流入地为由拒绝为流动儿童提供公平的受教育机会。为解决这一问题，2015年11月颁布的《国务院关于进一步完善城乡义务教育经费保障机制的通知》提出：统一城乡义务教育经费保障机制，实现"两免一补"和生均公用经费基准定额资金随学生流动可携带。但在实践中，流动儿童教育问题涉及流入地和流出地政府的财政责任，由谁承担、怎么承担、承担比例的具体问题仍缺乏具体细则，导致义务教育经费随学生流动可携带的好政策迟迟得不到有效执行。这就需要流入地教育行政部门贯彻落实相关法律法规，切实承担起外来务工子女的受教育责任，为他们平等享受受教育权提供便利。

四　留守儿童情绪智力发展的宏观教育支持系统建构

留守儿童情绪智力发展的宏观教育支持系统建构需要从以下几个方面入手：

（一）优化文化风气，为留守儿童塑造无歧视的社会氛围

要为留守儿童塑造无歧视的文化氛围，首要是加强平等全纳的学校氛围建设。中国当前的义务教育学校标准化建设正如火如荼地展开，硬件设施取得了显著的进步，但是"软件"建设仍然滞后。学校氛围作为"软件"建设的重要组成部分，其相关研究揭示，一个安全、支持、参与及有助于应对挑战的学校氛围能有效地促进青少年的积极发展、危机预防及学业进步。本书也发现，学校氛围对儿童尤其是留守儿童这样的处境不利儿童的情绪智力发展更具意义。这给我们一个明显的启示是，学校氛围是学校质量建设和效能提升的重要支撑，是我们今后学校管理改进的一个重要方面；另外，这启示我们似乎无须刻意地将目光聚焦在对留守等处境不利儿童的资源倾斜和处境改善上，这可能会导致对他们的"问题化"和"标签化"，或许切实地加强学校氛围等软件质量建设本身就具有增进公平的功能。加强学校氛围建设，中国应着力在以下方面做出努力：第一，各级政府应重视平等全纳的学校氛围建设，颁布相关政策，使学校明白学校氛围建设的意义及愿景，并做出行动承诺；第二，制定学校建设的标准，并将其纳入学校质量建设之中，制定相应的评估工具，并委托第三方机构对学校适时做出评估；第三，与高等院校或其他研究机构合作，从中央到地方成立学校氛围建设的研究与资源支持中心，为学校氛围建设提供基于证据的指导和技术支持。

加强学校、社区合作，营造关爱无歧视的社区文化氛围。"社会生活中的任何一类因素都会或主或次，或隐或现，或直接或间接地影响留守儿童的成长与发展，绝大多数农村留守儿童的心理障碍和失范行为，都可以从他们现实生活环境的差异、矛盾和冲突中找到

原因。"① 这说明仅仅建设平等全纳的学校氛围是不够的，当留守儿童走出学校大门，面对更大范围不友好的社区环境时，学校的努力可能迅速化为乌有。学校对于一个社区的文化和氛围的营造往往具有较大的影响力，尤其是在农村，一所学校往往是一个村落的文化中心。充分发挥这一影响力，加强学校与社区的合作，加强社区留守儿童情感关爱教育与宣传，对于营造关爱无歧视的社区文化氛围具有重要的意义。

（二）优化宏观政策结构，弥补宏观政策的系统缺失

前面研究显示，中国中央一级留守儿童关爱政策对中间系统的政策关注严重不足，只有6%的留守儿童关爱政策关注到这一系统。对于仅有的政策设计，中国中央政府也主要使用的是命令工具，能力建设工具和权威重组工具使用较少。这就要：（1）加快专项政策法规的出台。随着社会的发展，人们越来越认识到儿童的问题不能与其亲友、学校及社区割裂开来，青少年的生活、学习与家庭密切相关，而学校和社区则是为其家庭提供各种服务的机构。《国家中长期教育改革和发展规划纲要（2010—2020）》明确指出，在人才培养上要"树立系统培养的方针"，推进"学校、家庭、社会密切配合"，"形成体系开放、机制灵活、渠道互通、选择多样的人才培养体制"。在现代学校制度建设方面，强调要"构建政府、学校、社会之间新型关系"，"完善中小学学校管理制度"，"建立中小学家长委员会"。但对这一政策进一步贯彻落实的专项政策并不多见，少有的要求加强学校、家庭、社区合作的政策也都是附属在其他颁布的政策之中。政府部门应加强对国家相关法律法规与政策的学习，深刻理解三方合作的重要意义，积极出台贯彻落实规划纲要关于加强学校、家庭、社区教育合作的指示，加快贯彻落实专项政策法规的出台，主动赋予家长、社区参与学校教育的权利，强化法律的保障作用，使学校的管理真正

---

① 范先佐：《农村留守儿童教育面临的问题及对策》，《国家教育行政学院学报》2005年第7期。

实现民主化，使学校教育更好地满足人们的需要。（2）加强能力建设工具和权威重组工具的使用。当前学校、家庭、社区三方教育合作存在严重的"共识不足"，家长不愿参与学校教育，教师则不情愿家长参与学校教育，社区则没有时间参与学校教育，三方合作的路径单一且家长的权益得不到保障。① 这需要一方面加强对相关人员的能力建设，为他们提供充足的培训和学习机会，转变他们的教育观念；另一方面，需要设立专门的行政主管部门主抓学校、家庭、社区教育合作，推动相关工作的开展。

第三节　本章小结

在前面国际比较、政策梳理以及实证研究的基础上，本章形成了一个包含微观系统、中间系统、外部系统、宏观系统的教育支持生态系统框架，并就如何促进各个系统的建设提出了政策和实践建议。

---

① 吴霓、叶向红：《学校、家庭、社区三方联动促进教育协调发展的现状及对策》，《教育研究》2012 年第 12 期。

参考文献

中文文献

白勤、林泽炎、谭凯鸣：《中国农村留守儿童培养模式实验研究——基于现场干预后心理健康状况前后变化的数量分析》，《管理世界》2012 年第 2 期。

蔡永红、毕妍：《美国国家质量奖学校质量标准对我国的启示》，《比较教育研究》2011 年第 12 期。

曹慧、关梅林、张建新：《青少年暴力犯的情绪调节方式》，《中国临床心理学杂志》2007 年第 5 期。

陈慧、邓慧华、钟萍等：《青少年早期的抑郁与生活事件的交叉滞后分析》，《中国临床心理学杂志》2012 年第 1 期。

陈亮、张丽锦、沈杰：《亲子关系对农村留守儿童主观幸福感的影响》，《中国特殊教育》2009 年第 3 期。

陈世海：《留守儿童的社会建构：媒介形象的内容分析》，《新闻与传播研究》2012 年第 2 期。

陈欣欣、张林秀、罗斯高、史耀疆：《父母外出和农村留守子女的学习表现——来自陕西省和宁夏回族自治区的调查》，《中国人口科学》2009 年第 5 期。

陈钟林、吴伟东：《情境、资源与交流：生态系统视角下的弱势青少年研究》，《中国青年研究》2007 年第 5 期。

程玉洁、邹泓：《中学生人际适应的特点及其与家庭功能、情绪智力的关系》，《中国特殊教育》2011 年第 2 期。

储婷婷：《浙江省留守儿童情绪智力、自我和谐与心理健康的关系研究》，硕士学位论文，浙江师范大学，2011 年。

崔丽娟：《留守儿童心理发展及其影响因素研究》，《上海教育科研》2009 年第 4 期。

邓惠明：《关于构建社区家长学校的思考》，《中共福建省委党校学报》2012 年第 9 期。

邓林园、张锦涛、方晓义、刘勤学、汤海艳、兰菁等：《父母冲突与青少年网络成瘾的关系：冲突评价和情绪管理的中介作用》，《心理发展与教育》2012 年第 5 期。

段宝霞：《农村留守儿童教育和管理探析》，《河南师范大学学报》（哲学社会科学版）2006 年第 5 期。

段成荣、赖妙华、秦敏：《21 世纪以来我国农村留守儿童变动趋势研究》，《中国青年研究》2017 年第 6 期。

段成荣、周福林：《我国留守儿童状况研究》，《人口研究》2005 年第 1 期。

范会勇：《大学生情绪智力的测量学研究》，博士学位论文，西南大学，2010 年。

范会勇：《情绪智力的结构与功用》，中央编译出版社 2014 年版。

范先佐：《农村"留守儿童"教育面临的问题及对策》，《国家教育行政学院学报》2005 年第 7 期。

范兴华、方晓义：《不同监护类型留守儿童与一般儿童问题行为比较》，《中国临床心理学杂志》2010 年第 2 期。

范兴华、方晓义：《流动儿童、留守儿童与一般儿童社会适应比较》，《北京师范大学学报》（社会科学版）2009 年第 5 期。

范兴华、何苗、陈锋菊：《父母关爱与留守儿童孤独感：希望的作用》，《中国临床心理学杂志》2016 年第 4 期。

方晓义、范兴华、刘杨：《应对方式在流动儿童歧视知觉与孤独情绪关系上的调节作用》，《心理发展与教育》2008 年第 4 期。

葛鲁嘉：《心理资源论》，《陕西师范大学学报》（哲学社会科学版）

2008 年第 6 期。

龚牟利、何晶：《社会支持与自尊对大学生网络成瘾的影响》，《中国青年社会科学》2015 年第 2 期。

谷禹、王玲、秦金亮：《布朗芬布伦纳从襁褓走向成熟的人类发展观》，《心理学探新》2012 年第 2 期。

郭素然、伍新春、郭幽圻、王琳琳、唐顺艳：《大学生反刍思维对消极情感和积极情感的影响——以孤独感和情绪智力为例》，《心理发展与教育》2011 年第 3 期。

何安明、惠秋平：《大学生自我和谐与感恩：物质主义价值观和情绪智力的调节与中介作用》，《教育研究与实验》2015 年第 2 期。

何奕敏：《加强对农村"留守幼儿"的教育》，《学前教育研究》2004 年第 6 期。

何资桥、曹中平、刘永刚、李子鹏、谢兴华：《湖南农村"留守孩"心理健康状况调查分析》，《中国健康教育》2006 年第 6 期。

侯洋等：《留守儿童心理健康水平的情绪管理团体咨询效果研究》，《中国学校卫生》2009 年第 3 期。

胡心怡、刘霞、申继亮、范兴华：《社会支持、应对方式对留守儿童心理健康的影响》，《第十一届全国心理学学术会议论文摘要集》2007 年 11 月 1 日。

黄芳、凌辉：《幼儿同伴关系与情绪理解能力关系的研究》，《心理科学》2009 年第 2 期。

黄颖、叶敬忠：《家长学校在留守儿童教育中的作用研究》，《中小学管理》2007 年第 9 期。

贾海艳、方平：《青少年情绪调节策略和父母教养方式的关系》，《心理科学》2004 年第 5 期。

蒋忠、柏跃斌：《"民工潮"下的农村家庭教育现状及思考》，《江西教育科研》1998 年第 3 期。

金灿灿、屈智勇、王晓华：《留守与流动儿童的网络成瘾现状及其心理健康与人际关系》，《中国特殊教育》2010 年第 7 期。

赖雪芬、王艳辉、王媛媛、张卫、杨庆平：《父母控制与青少年网络成瘾：情绪调节的中介作用》，《中国临床心理学杂志》2014 年第 3 期。

雷万鹏、杨帆：《对留守儿童问题的基本判断与政策选择》，《教育研究与实验》2009 年第 2 期。

李强：《大国空村：农村留守儿童、妇女与老人》，中国经济出版社 2015 年版。

李庆海、孙瑞博、李锐：《农村劳动力外出务工模式与留守儿童学习成绩——基于广义倾向得分匹配法的分析》，《中国农村经济》2014 年第 10 期。

李涛、张兰君：《大学生网络成瘾倾向与父母教养方式关系研究》，《心理科学》2004 年第 3 期。

李幼穗、赵莹：《幼儿同伴关系与情绪理解能力关系的研究》，《心理科学》2009 年第 2 期。

李幼穗：《儿童社会性发展及其培养》，华东师范大学出版社 2004 年版。

梁凤华、程肇基：《大学生人际依恋风格与主观幸福感：情绪智力的中介效应》，《教育学术月刊》2012 年第 5 期。

梁宏：《生命历程视角下的"流动"与"留守"》，《人口研究》2011 年第 4 期。

梁文艳：《"留守"对西部农村儿童学业发展的影响》，《教育科学》2010 年第 5 期。

梁晓燕、汪岑：《留守儿童情绪智力对幸福感的影响：情绪体验及心理健康的中介作用》，《中国临床心理学杂志》2018 年第 2 期。

凌辉、张建人、钟妮、易艳、周立健、洪婉妍、文晶：《留守儿童的孤独感与友谊质量及社交地位的关系》，《中国临床心理学杂志》2012 年第 6 期。

凌辉等：《分离年龄和留守时间对留守儿童行为和情绪问题的影响》，《中国临床心理学杂志》2012 年第 5 期。

刘成斌、吴新慧：《流动好？留守好？农民工子女教育的比较》，《中国青年研究》2007 年第 7 期。

刘霞、申继亮：《流动儿童的歧视知觉及其与自尊的关系》，《心理科学》2010 年第 3 期。

刘霞、赵景欣、申继亮：《农村留守儿童的情绪与行为适应特点》，《中国教育学刊》2007 年第 6 期。

刘志军、刘旭、冼丽清：《初中生情绪调节策略与问题行为的关系》，《中国临床心理学杂志》2009 年第 2 期。

柳笛：《特质情绪智力如何影响学生的学业成就》，《湖南师范大学教育科学学报》2017 年第 6 期。

卢俊勇、陶青：《农村学校中的家校合作：本质、意义与策略》，《现代教育管理》2018 年第 6 期。

罗静、王薇、高文斌：《中国留守儿童研究述评》，《心理科学进展》2009 年第 5 期。

罗晓路、李天然：《家庭社会经济地位对留守儿童同伴关系的影响》，《中国特殊教育》2015 年第 2 期。

罗榛、金灿灿：《中国背景下情绪智力与心理健康关系的元分析》，《心理发展与教育》2016 年第 5 期。

吕吉、刘亮：《农村留守儿童家庭结构与功能的变化及其影响》，《中国特殊教育》2011 年第 10 期。

吕利丹：《从"留守儿童"到"新生代农民工"》，《人口研究》2014 年第 1 期。

马忠虎：《家校合作》，教育科学出版社 2001 年版。

毛亚庆：《教育研究的三个视域》，安徽教育出版社 2012 年版。

聂飞：《基于家庭视角下的留守儿童关爱服务体系构建》，《新疆社会科学》2014 年第 4 期。

牛建林、郑真真、张玲华、曾序春：《城市外来务工人员工作和居住环境及其健康效应》，《人口研究》2011 年第 3 期。

彭建兰：《和谐的亲子活动是培养留守儿童良好个性的教育之道——

对 100 余位留守儿童两年教育的实验研究报告》,《教育学术月刊》2010 年第 1 期。

彭明、原琳、周仁来:《学校恐惧倾向儿童的情绪识别能力》,《中国特殊教育》2012 年第 1 期。

乔虹:《农村留守儿童教育中家长参与"家校合作"的案例研究》,《基础教育研究》2015 年第 13 期。

乔建中、饶虹:《国外儿童情绪调节研究的现状》,《心理发展与教育》2000 年第 2 期。

佘凌、罗国芬:《日本"单身赴任"研究对我国留守子女研究的启示》,《青年研究》2005 年第 10 期。

申继亮、胡心怡、刘霞:《留守儿童歧视知觉特点及与主观幸福感的关系》,《河南大学学报》(社会科学版)2009 年第 6 期。

盛鸿森:《着力教会学生自理与交往——寄宿制学校教育优势探析》,《教育发展研究》2000 年第 7 期。

苏志强、张大均、邵景进:《社会经济地位与留守儿童社会适应的关系:歧视知觉的中介作用》,《心理发展与教育》2015 年第 2 期。

谭深:《中国农村留守儿童研究述评》,《中国社会科学》2011 年第 1 期。

王后雄:《从社会学视角看弱势群体"差生群"生成原因及对策》,《教育科学》2005 年第 10 期。

王淑红:《领导者的情绪智力与领导有效性的关系研究》,湖北人民出版社 2009 年版。

王树涛、毛亚庆:《寄宿对留守儿童社会情感能力发展的影响:基于西部 11 省区的实证研究》,《教育学报》2015 年第 5 期。

王树涛、毛亚庆:《美英国家儿童非智力因素培养的家校合作研究》,《现代中小学教育》2015 年第 8 期。

王树涛:《学校氛围对留守与非留守儿童情绪智力影响的比较及启示》,《现代教育管理》2018 年第 4 期。

王树涛:《美国 K-12 学校氛围改进:重点、标准及实施策略》,《比较教育研究》2018 年第 2 期。

王艳玲：《英国家校合作的新形式——家长担任"教学助手"现象述评》，《比较教育研究》2004 年第 7 期。

王叶飞、谢光荣：《情绪智力、自我领导与大学生压力应对方式的关系：积极情感与自我效能感的中介作用》，《中国临床心理学杂志》2016 年第 3 期。

王玉龙、袁燕、唐卓：《留守儿童亲子依恋与情绪健康的关系：情绪调节能力的中介和家庭功能的调节》，《心理科学》2017 年第 4 期。

王振宏、郭德俊：《Gross 情绪调节过程与策略研究述评》，《心理科学进展》2003 年第 6 期。

吴霓、叶向红：《学校、家庭、社区三方联动促进教育协调发展的现状及对策》，《教育研究》2012 年第 12 期。

吴霓：《农村留守儿童问题调研报告》，《教育研究》2004 年第 10 期。

吴重涵、王梅雾、张俊：《家校合作：理论、经验与行动》江西教育出版社 2013 年版。

肖聪阁、陈旭：《农村留守初中生依恋与应对方式的关系研究》，《心理发展与教育》2009 年第 1 期。

肖雯、侯金芹：《高职生情绪智力与网络成瘾行为的关系》，《中国特殊教育》2017 年第 10 期。

辛自强、陈诗芳、俞国良：《小学学习不良儿童家庭功能研究》，《心理发展与教育》1999 年第 1 期。

薛烨、朱家雄：《生态学视野下的学前教育》，华东师范大学出版社 2007 年版。

杨汇泉、朱启臻：《农村留守儿童家庭抚育策略的社会学思考——一项生命历程理论视角的个案考察》，《人口与发展》2011 年第 2 期。

杨雄、刘程：《关于学校、家庭、社会"三位一体"教育合作的思考》，《社会科学》2013 年第 1 期。

杨兆山、王守纪、张海波：《农村寄宿制学校学生的适应问题》，《东北师大学报》（哲学社会科学版）2011 年第 3 期。

姚云：《农村留守儿童的问题及教育应对》，《教育理论与实践》2005 年第 4 期。

叶敬忠、王伊欢、张克云、陆继霞：《对留守儿童问题的研究综述》，《农业经济问题》2005 年第 10 期。

叶敬忠、王伊欢、张克云、陆继霞：《父母外出务工对留守儿童情感生活的影响》，《农业经济问题》2006 年第 4 期。

殷世东、靳玉乐：《回归与运作：生态取向学生发展》，《东北师大学报》（哲学社会科学版）2015 年第 2 期。

俞国良、李建良、王勍：《生态系统理论与青少年心理健康教育》，《教育研究》2018 年第 3 期。

俞林伟：《居住条件、工作环境对新生代农民工健康的影响》，《浙江社会科学》2016 年第 5 期。

詹启生、武艺：《留守经历大学生家庭教养方式对情绪调节策略的影响：亲子沟通的中介作用》，《中国特殊教育》2016 年第 10 期。

张海娟：《农村留守儿童报道的媒体社会责任研究》，硕士学位论文，山西大学，2013 年。

张建荣、陈树婷、何贤晨、陈定湾：《学生情绪智力与学业成绩、心理健康的相关研究》，《浙江社会科学》2008 年第 9 期。

张秋艳、张卫等：《中学生情绪智力与应对方式的关系》，《中国心理卫生杂志》2004 年第 8 期。

张若男、张丽锦、盖笑松：《农村留守儿童是否有心理健康问题？》，《中国心理卫生杂志》2009 年第 6 期。

张显宏：《农村留守儿童教育状况的实证分析》，《中国青年研究》2009 年第 9 期。

张艳萍：《农村"留守子女"的教育问题及对策研究》，《当代教育科学》2005 年第 13 期。

赵建敏、解志韬、祝金龙：《大学生情绪智力、孤独感与网络成瘾的个体差异及其关系研究》，《思想理论教育》2010 年第 9 期。

赵景欣、杨萍、马金玲、黄翠翠：《歧视知觉与农村留守儿童积极／消极情绪的关系：亲子亲合的保护作用》，《心理发展与教育》2016年第3期。

周宗奎：《农村留守儿童心理发展与教育问题》，《北京师范大学学报》（社会科学版）2005年第1期。

朱丹：《初中阶段留守儿童安全感的特点及弹性发展研究》，《中国特殊教育》2009年第2期。

朱科蓉、李春景、周淑琴：《农村"留守子女"学习状况分析与建议》，《教育科学》2002年第4期。

［美］杰夫·威克利、罗伯特·普劳哈特：《情境判断测验：理论、测量与应用》，复旦大学出版社2013年版。

［美］劳拉·E. 贝克：《儿童发展》，江苏教育出版社2002年版。

英文文献

Andrew, H. K., & Nicholas, J. C., "Toward an Intergrated Profile of EmotionalIntelligence: Introducing a Brief Measure", *Journal of Integrative Neuroscience*, Vol. 4, No. 1, 2005.

Anonymous, M., "Bread for the World Calls on U. S. and World Leaders to Improve Nutrition for Women and Children", *Politics & Government Business*, Vol. 10, 2011.

Banjac, S., Hull, L., Petrides, K. V., Mavroveli S., "Validation of the Serbian Adaptationof the Trait Emotional Intelligence Questionaire-Child Form (TEIQue-CF)", *Psihologija*, No. 4, 2016.

Barbara, M., & Shilpa, P., "Relationship between Emotional Intelligence and Transformation Leadership Style: A gender conparision", *Business and Psychology*, Vol. 17, No. 3, 2003.

Bar-On, R., *Bar-On Emotional Quotient Inventory: Technical Manaual*, Toronto, ON: Multi-Health Systems Ins., 1997.

Battaglia, M., Ogliari, A., Zanoni, A., Vilia, F., Citterio, A.,

Binaghi, F. , Fossati, A. , & Maffei, C. , "Children's discrimination of expressions of emotions: Relationship with indices of social anxiety and shyness", *Journal of the American Academy of Child & Adolescent Psychiatry*, Vol. 43, No. 3, 2004.

Becker, B. B. , & Luthar, S. S. , "Social-emotional factors affecting achievementoutcomes among disadvantaged students: Closing the a-chievement gap", *Educational Psychologist*, Vol. 37, No. 4, 2002.

Block, J. H. , & Block, J. , "The role of ego control and ego-resiliency in theorganization of behavior", In W. A. Collins (Ed.), Development of cognition, affect, and social relation, *Minnesota Symposium on Child Psychology*, Vol. 13, 1980.

Bracket, M. A. , & Geher, G. , "A new field guid to emotional intelligence", In Brackett, M. A. , & Mayer, J. D. , Convergent, discriminant, and incremental validity of competing measures of emotional intelligence, *Personality and Social Psychology Bulletin*, Vol. 29, 2003.

Brage, D. , Meredith, W. , "A causal model of adolescent depression", *Journal of Psychology*, Vol. 128, 1994.

Bronfenbrenner, U. , *The Ecology of Human Development*, MA: Harvard University Press, 1979.

Bryant, J. , *Children of international migrants in Indonesia, Thailand and the Philippines: A review of evidence and policies: Innocenti working paper no.* 2005 – 05, Florence, Italy: UNICEF.

Campbell, J. P. , Dunnette, M. D. , Lawler, E. E. , Weick, K. E. , *Managerial Behavior, Performance and Effectiveness*, McGraw-Hill, 1970.

Carolyn, W. S. , & Ted, T. , "Nipping early risk factors in the bud: Preventing substance abuse, delinquency, and violence in adolescence through interventions targeted at young children (0 – 8years)", *Prevention Science*, Vol. 2, No. 3, 2001.

Christie, N. G. , Dinham, S. M. , "Institutional and external influences on socialintegration in the freshman year", *Journal of Higher Education*, Vol. 62, 1991.

Ciarrochi, J. V. , Chan, A. Y. , & Caputi, P. , "A critical evaluation of the emotional intelligence concept", *Personal Individual Difference*, Vol. 28, 2000.

Cohen, J. , "School Climate Policy and Practice Trends: A Paradox", *Teachers College Record*, Vol. 2, 2014.

Cohen, J. , "Social, emotional, ethical, and academic education: Creating a climate for learning, participation in democracy, and well-being", *Harvard Educational Review*, Vol. 76, No. 2, 2006.

Cohen, J. , Mccabe, E. M. , Michelli, N. M. , & Pickeral, T. , "School climate: Research, policy, practice, and teacher education. School Climate Research and Educational Policy", *Teachers College Record*, Vol. 111, No. 1, 2009.

Coleman, J. , *Equality and Achievement in Education*, San Francisco & London: Westview Press, 1990.

Cooper, S. M. , Brown, C. , Metzger, I. , Clinton, Y. , & Guthrie, B. , "Racial discrimination and African American adolescents' adjustment: Gender variation in family and community social support, promotive and protective factors", *Journal of Child and Family Studies*, Vol. 22, No. 1, 2013.

Craig, R. C. , & Eric, S. , "A longitudinal study of the interactive effects of impulsivity and anger on adolescent problem behavior", *Journal of Youth and Adolescence*, Vol. 27, No. 3, 1998.

Dabbs, J. M. , *Making thing visible*, In Maanen, J. V. eds. , *Varieties of Qualitative Research*, Beverly Hills, CA: Sage, 1982.

David, M. , & Hillel, R. , "Can migration reduce educational attainment? Evidence from Mexico", *Journal of Population Economics*,

Vol. 24, No. 4, 2011.

Denham S. , McKinley M. , Couchoud E. , Holt R. , "Emotional and be-havioral predictors of preschool peer ratings", *Child Development*, Vol. 61, 1990.

Diener E. , "Subjective well-being: The science of happiness and a pro-posal for a national index", *American Psychologist*, Vol. 55, No. 1, 2000.

Douglas, M. K. , Meleis, A. I. , Eribes, C. , & Kim, S. , "The work of auxiliary nurses in Mexico: stressors, satisfiers and coping strate-gies", *International Journal of Nursing Studies*, Vol. 33, No. 5, 1996.

DuBois, D. L. , Burk-Braxton, C. , Swenson, L. P. , Tevendale, H. D. , & Hardesty, J. L. , "Race and gender inflences on adjustment in early adolescence", *Child Development*, Vol. 73, No. 5, 2002.

Eccles, J. S. , & Roeser, R. W. , "Schools as developmental contexts during adolescence", *Journal of Research on Adolescence*, Vol. 21, No. 1, 2011.

Edmonds, R. , "Some schools work and more can", *Social Policy*, Vol. 9, No. 5, 1979.

Eisenberg, N. , Fabes R. A. , Losoya S. , *Emotional responding: Regu-lation, social correlations, and socialization*, In Salovey P. , Sluyter D. J. eds. , *Emotional development and emotional intelligence educational implication*, Basicbooks Inc. , 1997.

Eisenberg, N. , Fabes, R. A. , Murphy, B. , Maszk, P. , Smith M. , Karbon, M. , "The role of emotionality and regulation in children's so-cial functioning: a longitudinal study", *Child Development*, Vol. 66, 1995.

Epstein J. L. , Sheldon S. B. , *School, Family, and Community Partner-ships: Your Handbook for Action*, SAGE Publications, 2008.

Evans-Campbell, T. , Walters, K. L. , Pearson, C. R. , & Campbell,

C. D. , "Indian boarding school experience, substance use, and mental health among urban two-spirit American Indian/Alaska natives", *The American Journal of Drug and Alcohol Abuse*, Vol. 38, No. 5, 2012.

Fisher, S. , Frazer, N. , & Murray, K. , "Homesickness and health in boarding school children", *Journal of Environmental Psychology*, Vol. 6, No. 1, 1986.

Fox, N. A. , Schmidt, L. A. D. , Calkins, S. D. , Rubin, K. H. , & Coplan, R. J. , "The role of frontal activation in the regulation and dysregulation of social behavior during the preschool years", *Development and Psychology*, Vol. 8, 1996.

Gabriel, P. K. , "School Social Climate and Individual Differences in Vulnerability to Psychopathology among Middle School Students", *Journal of School Psychology*, Vol. 39, No. 2, 2001.

Gardner, H. , *Frames of mind: The theory of multiple intelligences*, New York: Basic Books, 1983.

Givaudan, M. , & Pick, S. , "Children left behind: How to mitigate the effects and facilitate motional and psychosocial development", *Child Abuse & Neglect*, Vol. 37, No. 12, 2013.

Goleman, D. , *Emotional Intelligence*, New York: Bantam Books, 1995.

Gonzalez, A. R. , "Parental involvement: Is Contribution to High School Syudents' Motivation", *Cleaning House*, Vol. 75, 2002.

Griffith, J. , "School Climate as 'Social Order' and 'Social Action': A Multi-Level Analysis of Public Elementary School Student Perceptions", *Social Psychology of Education*, Vol. 2, 1999.

Gross J. J. , John O. P. , "Individual differences in two emotion regulation processes: Implications for affect, relationships, and well-being", *Journal of Personality and Social Psychology*, Vol. 85, No. 2, 2003.

Grusec, J. E. , "Socialization processes in the family: Social and emotional development", *Psychology*, Vol. 62, No. 1, 2011.

Harden R. M. , "Stress, pressure and burnout in teachers: Is the swan exhausted", *Medical Teacher*, Vol. 21, No. 3, 1999.

Harrigan, D. C. , "The relationship between emotional intelligence scores and self-ratings of physical health: a regressional approach", *Dissertation Abstracts International: Section B: The sciences & Engineering*, Vol. 63, No. 1, 2002.

Hartos, J. L. , Power, T. G. , "Relations among single mothers' awareness of their adolescents' stressors, maternal monitoring, mother-adolescent communication, and adolescent adjustment", *Journal of Adolescence*, Vol. 15, No. 5, 2000.

Hirokazu Y. , Patrick A. W. , David H. C. , Yoshikawa, H. , Wilson, P. A. , Chae, D. H. , Cheng, J. F. , "Do family and friendship networks protect against the influence of discrimination", *AIDS Education and Prevention*, Vol. 16, No. 1, 2004.

Hoy, W. K. , & Hannum, J. , "Middle school climate: An empirical assessment of organizational health and student achievement", *Educational Administration Quarterly*, Vol. 33, 1997.

Jane, T. , Jane, A. , & Marilyn, H. , "Improving Children's Services Networks: Lessons from Family Centres", *British Journal of Social Work*, Vol. 37, No. 6, 2007.

Kafetsios K. , "Attachment and emotional intelligence abilities across the life course", *Personality and Individual Differences*, Vol. 37, 2004.

Karma, H. , & Maliha, S. , "Adapting and Validating the BarOn EQ-i: YV in the Lebanese Context", *International Journal of Testing*, Vol. 5, No. 3, 2005.

Kemp, S. P. , Marcenko, M. O. , Hoagwood, K. , Vesneski, W. , "Engaging Parents in Child Welfare Services: Bridging Family Needs and Child Welfare Mandates", *Children Welfare*, Vol. 1, 2009.

Kim Y. , "Emotional and cognitive consequences of adult attachment: The mediating effect of the self", *Personality and Individual Differences*, Vol. 39, 2005.

Kupermic, G. P., Darnell, A. J., Alvarez-Jmenez, A., "Parent Involvement in the Academic Adjust of Latino Middle and High Youth: Teacher Expectations and School Belonging as Mediators", *Journal of Adolescence*, No. 31, 2008.

Larson R. W., Moneta G., Richards M. H., Wilson S., "Continuity, Stability, and change in daily emotional experience across adolescence", *Child Development*, Vol. 73, 2002, pp. 1151 – 1165.

Laura, M. H., Eunju L., "Mitigating the effect of family poverty on academic and behavioral outcomes: The role of school climate in middle and high school", *Children and Youth Services Review*, No. 33, 2011.

Lewis M. D., Steinberg J., "Emotion regulation in the brain: Conceptual issues and directions for developmental research", *Child Development*, Vol. 75, No. 2, 2004.

Liau, A. K., Liau, A. W. L., Teoh, G. B. S., et al., "The case for emotional literacy: the influence of emotional intelligence on problem behaviours in Malaysian secondary school students", *Journal of Moral Education*, Vol. 32, No. 1, 2003.

Liu, Y. M., "Care for rural left-behind children", *Journal of China Agricultural University*, Vol. 60, No. 3, 2005. (in Chinese).

Lopes, P. N., Salovey, P., & Straus, R., "Motional intelligence, personality, and the perceived quality of social relationships", *Personal and Individual Difference*, Vol. 35, 2003.

Luna B., Sweeney J. A., "The emergence of collaborative brain function: FMRI studies of the development of response inhibition", *Ann N. Y. Acad Sci*, Vol. 1021, 2004.

Luo, R., Shi, Y., Zhang, L., Liu, C., Rozelle, S., & Sharbono, B., "Malnutrition in China's rural boarding schools: The case of primary schools in Shaanxi Province", *Asia Pacific Journal of Education*, Vol. 29, No. 4, 2009.

Mavroveli S., Sánchez-Ruiz M. J., "Trait Emotional Intelligence Influences on Academic Achievement and School Behaviour", *British Journal of Educational Psychology*, No. 1, 2011.

Mayer, J. D., Salovey, P., *What is emotional intelligence?* In Salovey, P. & Sluyter, D. (Eds.), *Emotional development and emotional Intelligence: Implications for educators*, New York, NY, USA: Basicbooks, Inc, 1997.

McDaniel, M. A., Deborah, L. W., "Situational judgment tests research: Informing the debate on practical intelligence theory", *Intelligence*, Vol. 33, 2005.

McDaniel, M. A., Nguyen N. T., "Situational Judgment Tests: A review of practice and constructs assessed", *International Journal of Selection and Assessment*, Vol. 9, 2001.

Metsäpelto, R., & Pulkkinen, L., "Socioemotional behavior and school achievement in relation to extracurricular activity participation in middle childhood", *Scandinavian Journal of Educational Research*, Vol. 56, No. 2,

Michael D., "Gender Differences in Mental Health: The Mediating Role of Perceived Personal Discrimination", *Journal of Applied Social Psychology*, Vol. 37, No. 5, 2007.

Moss, F. A., "Do you know how to get along with people? Why some people get ahead in the world while others do not", *Scientific American*, Vol. 135, 1926.

Mummendey, A., Kessler, T., Klink, A., & Mielke, R., "Strategies to cope with negative social identity: Predictions by social identity theory and relative deprivation theory", *Journal of Personality and Social Psychology*, Vol. 76, No. 2, 1999.

Nguyen, N. T. , Biderman, M. D. , & Mcdaniel, M. A. , "Effects of Response Instructions on Faking a Situational Judgment Test", *International Journal of Selection & Assessment*, Vol. 13, No. 13, 2005.

Parker, J. D. A. , Saklofske, D. H. , Wood, L. M. , Easeabrook, J. M. , Taylor, R. N. , "Stability and Change in Emotional Intelligence: Exploring the Transition to Young Adulthood", *Journal of Individual differences*, Vol. 26, No. 2, 2005.

Pascoe, E. A. , & Smart Richman, L. , "Perceived discrimination and health: A meta-analytic review", *Psychological Bulletin*, Vol. 135, No. 4, 2009.

Perlow, H. M. , Danoff-Burg, S. , Swenson, R. R. , & Pulgiano, D. , "The impact of ecological risk and perceived discrimination on the psychological adjustment of African American and European American youth", *Journal of Community Psychology*, Vol. 32, No. 4, 2004.

Perna, L. W. & Titus, M. A. , "The relationship between parental involvement as social capital and college enrollment: An Examination of racial group difference", *Journal of Higher Education*, Vol. 76, No. 5, 2005.

Petrides, K. V. , Furnham, A. , "Trait emotional intelligence: Psychometric investigation with reference to established trait taxonomies", *European Journal of Personality*, No. 15, 2001.

Ployhart, R. E. & Ehrhart, M. G. , "Be careful what you ask for: Effects of reponse in structions on the construct validity and reliability of situational judgment tests", *International Journal of Selection and Assessment*, Vol. 11.

Powers, J. D. , Bowen, G. L. , & Rose, R. A. , "Using social environment assets to identify intervention strategies for promoting school success", *Children and Schools*, Vol. 27, 2005.

Rich, D. , *Mega Skills*, New York, NY: Houghton Mifflin, 1992.

Rubin, K. H. , Coplan, R. J. , Fox, N. , Calins, S. D. , "Emotionality, Emotion regulation, and Preschoolers' Social Adaptation", *Developmental Psychology*, Vol. 7, 1995.

Rueter, M. , Conger, R. D. , "Antecedents of Parent-adolescent disagreements", *Journal of Marriage and the Family*, Vol. 57, 1995.

Ryff, C. D. , Keyes, C. L. , Hughes, D. L. , "Status inequalities, perceived discrimination, and eudaimonic wellbeing: Do the challenges of minority life hone purpose and growth?", *Journal of Health and Social Behavior*, Vol. 44, No. 3, 2003.

Sackett, P. R. & Wilk, S. L. , "Within-group norming and other forms of score adjustment in preemployment testing", *American Psychologist*, Vol. 49, 1994.

Salovey, P. , & Mayer, J. D. , "Emotional intelligence", *Imagination, Cognition, and Personality*, Vol. 9, 1990.

Sandstrom, M. J. , & Coie, J. D. , "A developmental perspective on peer rejection: Mechanisms of stability and change", *Child Development*, Vol. 70, No. 4, 1999.

Schutte, N. S. , Malouff, J. M. , Hall, L. E. , "Development and validation of a measure of emotional intelligence", *Personality and Individual Differences*, Vol. 25, 1998.

Spear, L. P. , "Neurobehavioral changes in adolescence", *Current Directions in Psychological Science*, Vol. 9, No. 4, 2000.

Steankova, Z. , "Attachment in childhood and adolescence in relation to emotional regulation", *Ceskoslovenska Psychologie*, Vol. 49, 2005.

Steinberg, L. , Elmen, J. D. & Mounts, N. S. , "Authoritative parenting, psychological maturity and academic success among adolescents", *Child Development*, Vol. 60, No. 6, 1989.

VanDerZee, K. , Thijs, M. , Schakel, L. , "The Relationship of Emotional Intelligence with Academic Intelligence and the Big Five", *Europe-

an Journal of Personality, Vol. 16, 2002.

Villagrana, M. , "Pathways to Mental Health Services for Children and Youth in the Child Welfare System: A Focus on Social Workers' Referral", *Child & Adolescent Social Work Journal*, Vol. 27, No. 6, 2010.

Wang, S. , Dong, X. , & Mao, Y. , "The impact of boarding on campus on the social-emotional competence of left-behind children in rural western China", *Asia Pacific Education Review*, Vol. 18, No. 3, 2017.

Wanner, B. M. , & Phillips, D. A. , "Beyond beliefs: parent and child behaviors and children's perceived academic competence", *Child Development*, Vol. 63, 1999.

Weekley, J. A. , & Jones, C. , "Further studies of situational tests", *Personnel Psychology*, Vol. 52, 1999.

Weekly, J. A. & Ployhart, R. E. , "Situational Judgment: Antecedent and relationship with performance", *Human Performance*, Vol. 18, 2005.

Wen, M. , & Lin, D. H. , "Child development in rural China: Children left behind by their migrant parents and children of nonmigrant families", *Child Development*, Vol. 83, No. 1, 2012.

Wills, T. A. , & Cleary, S. D. , "How are social support effects mediated? a test with parental support and adolescent substance use", *Journal of Personality and Social Psychology*, Vol. 71, No. 5, 1996.

Young, K. S. , "Internet addiction: The emergence of a new clinical disorder", *Cyber Psychology and Behavior*, Vol. 1, No. 3, 1996.